Nettlau, Eugenik

# Texte zu Geschichte und Theorie des Anarchismus

Herausgegeben in Zusammenarbeit mit dem

Internationaal Instituut

voor Sociale Geschiedenis, Amsterdam,

von Heiner M. Becker

# MAX NETTLAU
# EUGENIK DER ANARCHIE

Einleitung

von

Rudolf de Jong

BÜCHSE
DER PANDORA

CIP − Kurztitelaufnahme der Deutschen Bibliothek

**Nettlau, Max:**
Eugenik der Anarchie: Texte zur Geschichte u. Theorie
d. Anarchismus / Max Nettlau.
Einl. von Rudolf de Jong. Hrsg. in Zusammenarbeit mit
d. Internat. Inst. voor Sociale Geschiedenis,
Amsterdam von Heiner M. Becker. − Wetzlar:
Büchse der Pandora, 1985

1985
© Copright: Büchse der Pandora GmbH, Wetzlar
**Satz** und Druck: Stowasser, Werdorf
Bindung: Fleischmann, Fulda
ISBN: 3−88 178−066−1

Max Nettlau

# Inhalt

Einleitung von Rudolf de Jong . . . . . . . . . . . . . . . . . . . . . . . . . . .9

Vorbemerkung . . . . . . . . . . . . . . . . . . . . . . . . . . . . . . . . . . . 21

Eugenik der Anarchie . . . . . . . . . . . . . . . . . . . . . . . . . . . . . . . 23

Anstelle von Anmerkungen . . . . . . . . . . . . . . . . . . . . . . . . . . . 203

Zu Titel und Text . . . . . . . . . . . . . . . . . . . . . . . . . . . . . . . . . 205

Rudolf de Jong

## Einleitung

Max Nettlau ist vor allem, und zu Recht!, als Historiker des Anarchismus und Sammler seltenen und ansonsten verschollenen Materials bekannt und berühmt.[1] Weniger bekannt ist, daß er auch selbst sehr ausgeprägte Auffassungen vom Anarchismus hatte; Nettlau bezeichnete sich nicht einfach als Sammler und Bearbeiter historischen Materials der libertären Bewegungen, sondern auch als "Vertreter mancher von der Routine abweichender Anschauungen".[2] Viele seiner größeren deutschsprachigen Arbeiten — ein großer Teil der Originalauflagen wurde 1933 durch die Nazis vernichtet — sind mittlerweile wieder nachgedruckt worden; so die ersten drei Teile der großen *Geschichte der Anarchie*, die *Gesammelten Werke* Bakunins, die Malatesta-Biographie und auch "die schöne Biographie Elisee Reclus'" (deren spanische Ausgabe von 1928/29 übrigens vollständiger ist als die deutsche von 1928; dasselbe gilt auch für die Malatestabiographie!).[3] Zum ersten Mal erscheinen nun endlich die vier umfangreichen Folgebände seiner *Geschichte der Anarchie*,[4] und 1978 kam Rudolf Rockers schon 1946 geschriebene Nettlaubiographie in ihrer ursprünglichen deutschen Fassung heraus; nicht zuletzt auch bereitet der Verlag, der dies hier vorliegende Buch besorgt, die Publikation der großen Bakuninbiographie Nettlaus vor, die er selbst zwischen 1896 und 1900 handschriftlich in 50 Exemplaren mittels eines "Autocopyisten" vervielfältigte.

Das alles bildet übrigens nicht mehr als den Rumpf von Nettlaus historischen Schriften, die in vielerlei Sprachen — Deutsch, Französisch, Englisch, Spanisch, Italienisch, Jiddisch, Russisch, ... — und häufig in bescheidenen kleinen und heutzutage nur mit Mühe zu findenden Periodika der anarchistischen Bewegung erschienen.[5] Es bedeutet aber wohl für die wirklich interessierten — und vorzugsweise libertär engagierten — Leser, und gerade sie bilden das Publikum, das Nettlau stets vor Augen hatte, daß sie heutzutage zumindest in der deutschen Sprache gründlich Kenntnis nehmen können von Nettlau dem Historiker!

Und wer sich die Mühe nimmt, die historischen Werke sorgfältig zu studieren, der entdeckt, daß darin auch viel Nettlaus eigener — von der

"Routine abweichender" — Anschauungen verborgen sind. Verborgen ist hier genau das richtige Wort, denn er bringt seine Meinung ganz ebenso bescheiden und "versteckt" ein, wie die Zeitschriften, Periodika und Verlage waren, in denen und für die er publizierte. Rudolf Rocker hat glücklicherweise in seiner Biographie große Mühe darauf verwandt und behandelt daher im zweiten Teil seines Buches Nettlaus sozial-politische Ideengänge. Das nachzuvollziehen, ist zu einem Teil durch eine kürzlich erschienene Publikation[6] erleichtert worden, die eine Reihe Artikel und Studien Nettlaus vereinigt, in denen er seinen Beitrag zum anarchistischen Denken geleistet hat.

Das ist in erster Linie Nettlaus bekannteste "theoretische" Schrift, die Broschüre "Solidarität und Verantwortlichkeit im Klassenkampf", die, zuerst 1899 englisch publiziert,[7] außer ins Deutsche auch ins Französische, Italienische, Jiddische, Russische und Spanische übersetzt worden ist; und daneben eine Anzahl Artikel aus "Die Internationale",[8] der schönen wissenschaftlichen Zeitschrift der deutschen und internationalen anarcho-syndikalistischen Organisationen, die von 1925 bis 1933 in Berlin erschien. In diesen Zeitraum fallen auch eine Reihe von größeren Arbeiten Nettlaus zu Bedingungen und Möglichkeiten einer anarchistischen Gesellschaft, deren längere deutsche Version hier erstmals publiziert wird.

Nettlau umschrieb seine Auffassung der anarchistischen Idee als *Anarchismus ohne Adjektive*, eine Umschreibung, die er aus dem Vokabular der spanischen Anarchisten (R. Mella, Tarrida del Marmol) entlehnte, und mit der er auch etwa Elisée Reclus und Errico Malatesta kennzeichnete. "Ohne Adjektive" darf dabei nicht negativ gesehen werden. Nettlau will damit nicht die verschiedenen Formen des "Anarchismus mit Adjektiven": kommunistischer Anarchismus, kollektivistischer Anarchismus, Anarchosyndikalismus und individualistischer Anarchismus, verwerfen, sondern *relativieren*. Er rechnete sich selbst nicht zu einer dieser Richtungen, stand aber allen mit Verständnis gegenüber und versuchte immer, sie aus ihren jeweiligen Entstehungs- und Wachstumsbedingungen zu erklären.

Doch wies er stets, und mit äußerster Schärfe, jeden Anspruch auf Alleingültigkeit *einer* Strömung ab. Den Syndikalismus tolerierte Nettlau, gebrauchte aber dafür die Auffassung: "Der Syndikalismus genügt sich selbst", und das im positiven wie im negativen Sinn verstanden: die

Selbstbeschränkung vieler Syndikalisten treffend, die den Syndikalismus für alleinseligmachend hielten; aber auch die Anarchisten, die glaubten, sich dem Syndikalismus unter Aufgabe ihrer eigenen Grundsätze an den Hals werfen zu müssen, eben weil er — für einige Zeit zumindest — so "erfolgversprechend" zu sein schien. So wies er auch alle Prätentionen bestimmter Anarcho-Kommunisten ab, mit Kropotkin sei "das letzte Wort" über den Anarchismus gesagt. Das Leben kenne kein letztes Wort, und die Anarchie war für Nettlau das Leben selbst in seinen schönsten Formen.

Nettlau, der durchgängig so voll Verständnis für sehr abweichende und verschiedenartige Auffassungen und Äußerungen ist, reagiert gereizt, wenn Hypothesen als Dogmas, als wissenschaftlich bewiesene Wahrheiten präsentiert werden. Dies erklärt auch seine Erbitterung über autoritäre Strömungen im Sozialismus, insonderheit über Marx und die Marxisten.

Er sah in der Lehre Marx' eine wissenschaftlich vermummte Hypothese, die sich in aller Arroganz gegen andere Denkformen und gegen schöpferische Phantasie richtet, kurzum: eine Lehre, die den Sozialismus vom sozialen Leben und Denken loskoppelte.

Zwischen Nettlaus Anarchismus ohne Adjektiv und seiner Auffassung von Wissenschaft, seiner Geschichtsschreibung des Anarchismus besteht daher auch ein enger Zusammenhang. Mit größter Sorgfalt sucht er alle Facetten, alle Äußerungen zu berücksichtigen, sie stets in ihrem jeweiligen Kontext zu orten und zu begreifen. Neben einem Überfluss von Fakten und bibliographischen Daten findet man in seinen historischen Werken auch fortwährend äußerst nuancierte persönliche Urteile. Das Schönste und das Kritischste, das anarchistischerseits beispielsweise über die Commune von Paris, Kropotkins Anarcho-Kommunismus oder den revolutionären Syndikalismus in Frankreich geschrieben wurde, liest man bei Nettlau — oft auf eine Seite zusammengedrängt, mitunter in einem Satz: das ist dann auch ein typischer Nettlau-Satz!

Auch "die Revolution" und "die Freiheit" hat Nettlau zunehmend nuancierter gesehen. Freiheit entstehe nicht "von selbst", sobald Repression, Diktatur oder Staat wegfallen, müsse vielmehr wachsen, sich entwickeln von Weniger zu Mehr.

Revolutionen könnten ein Durchbruch sein — und seien das auch immer in der ersten Befreiungseuphorie —, aber für sich sei die Revolution keine Garantie für den Bestand der Freiheit. Aus Kriegen und langdauernder Diktatur entspringende Revolutionen böten weniger Hoffnung als solche, die aus einem über lange Zeit gewachsenen und weithin geteilten Freiheitsgefühl hervorgehen: von liberal zu libertär! Das meint Nettlau auch mit dem Wort "Eugenetik"; man muß die günstigen Voraussetzungen zu schaffen trachten, unter denen sich Freiheit weiter entwickeln kann.

Nettlau sah in der Geschichte Perioden — meist von kurzer Dauer — von stark auflebendem Freiheitsgefühl, begleitet von großer geistiger und praktischer Kreativität und hoffnungsvollen Zukunftserwartungen. So in den vierziger Jahren des 19. Jahrhunderts, in den Jahren im 1890 und denen zu Beginn dieses Jahrhunderts. Die Zeit danach und vor allem seit 1914 empfand er als düster; er charakterisierte die Periode nach dem Ersten Weltkrieg — in der die "Eugenetik" geschrieben wird — als "eine leere Zeit mit relativ großer Prosperität und äußerst matten sozialen Bewegungen".[9]

Ungeachtet dieser "matten Zeit" und seines zurückgezogenen Lebens in äußerst ärmlichen Verhältnissen in Wien nach dem Ersten Weltkrieg folgte Nettlau den aktuellen Entwicklungen mit größter Aufmerksamkeit. Das scheint in der "Eugenetik" deutlich durch, etwa auf den letzten Seiten, die sehr "im Heute" von 1927 geschrieben sind. Das widerlegt übrigens den Mythos, Nettlau habe in diesen Jahren nur noch in der Vergangenheit und für die Geschichtsschreibung gelebt.[10]

Nettlaus Ansichten von Organisation entsprechen denen über die unterschiedlichen Strömungen im Anarchismus. Er war kein grundsätzlicher Gegner von Organisation, reagierte aber allergisch auf jede Erstarrung, — sei sie aus Schlendrian oder Routine —, in der die Organisation Selbstzweck und Ziel wird und sich selbst als die Repräsentantin *des* Anarchismus oder *des* Sozialismus zu sehen beginnt. Für Nettlau war eine lebendige Bewegung immer eine Vielheit: von Auffassungen, Ideen, Experimenten, Organisationen, Formen und Menschen, Utopien und Phantasien. Seine Bewunderung galt Menschen mit revolutionärer Phantasie—in ihren Taten, wie bei Bakunin und Malatesta, oder in ihrem Denken, wie die Utopisten und andere Bahnbrecher und Erneuerer.

Den französischen Anarchismus der Zeit um 1890, die er "die erste Blütezeit der Anarchie" nannte, resümiert er so: "Wenn man das (...) vorgelegte oder angedeutete Material betrachtet, wird die Fülle und Vielartigkeit der Bewegung auffallen, die sie gerade ihrer Nicht-organisierung verdankte. Es war ein Ensemble, das nicht notwendigerweise harmonisch war, von dem aber doch jeder Teil den andern auf irgend eine Weise stützte: allein, als einzige Theorie, einzige Taktik, einzige Organisation wäre jede dieser Nuancen machtlos gewesen — als ein natürliches Ganzes zeigten sie einen blendenden Aufstieg".[11] Die Eugenetik war in der "matten Zeit" nach dem Ersten Weltkrieg ein Versuch, durch Gebrauch seiner historischen Kenntnisse die Selbstisolierung, in die der Anarchismus schließlich geraten war, durchbrechen zu helfen, ohne dabei Konzessionen an die, seit Weltkrieg und Sieg des Bolschewismus in Rußland, so starken autoritären Strömungen zu machen. Nettlau interessiert sich vor allem für die Frage, welche Bedeutung die anarchistische Idee für das Ganze des Sozialismus haben kann. Der Frage, was die anarchistische *Bewegung* tun muß, widmet er sehr viel weniger Aufmerksamkeit. (Die damals so aktuelle Plattform-Diskussion um Arschinoff, die seit 1926 im Gange war, kommt zum Beispiel in der Eugenetik nicht zur Sprache. Grundsätzlich war Nettlau ein Gegner der Idee von *strafferen* Organisationsformen, wie sie in der Plattform vertreten wurde.)

In diesem Zusammenhang aber sollte man sich fragen, ob denn "ohne Adjektive" nicht auch letztlich Charakter, Eigenschaften eines Adjektivs hat. Die meines Erachtens für Anarchisten immer aktuelle und konkrete Frage: "Was müssen wir tun?", wird nur allgemein beantwortet, im Sinn von: Tu was Dir paßt, entsprechend Deinen Anlagen, Fähigkeiten, Neigungen und Temperament. Eine *konkrete* Analyse der freiheitsliebenden Kräfte im gesellschaftlichen Leben und eine Prüfung der besten Angriffspunkte für Aktionen, die Resonanz finden oder durchschlagen könnten, findet man nicht. Nettlau führt gute Ideen an, gibt Anregungen, aber überläßt es dem Leser, daraus Schlüße zu ziehen. Oder ist das die Bescheidenheit des Anarchismus ohne Adjektive, zumindest im Falle Nettlau?

\* \* \*

Im Nettlau-Archiv im I.I.S.G. befinden sich vier verschiedene, von Nettlau numerierte Manuskripte der Eugenetik. Das erste in Deutsch, 80 S. in-fol., datiert März 1927; das zweite in Englisch, 145 S. in-fol., datiert 9. April—2. May 1927;[12] ein weiteres in Deutsch, 108 S. in-fol.,

13. Juni–19. Juli 1927[13] (das hiermit publiziert wird), und noch ein englisches, undatiert und unvollendet, 31 S. in-fol.

Eine weitere Arbeit aus diesem Zusammenhang, geschrieben zwischen dem 28. August und dem 24. September 1932, erschien in spanischer Übersetzung: Max Nettlau, *De la crisis mundial a la anarquia* (Eugenesis de la sociedad libre). Traducción y prologo de D.(iego) A.(bad) de Santillán. Barcelona, Ediciones Solidaridad obrera, 1933.[14] Französich geschrieben und dann ins Spanische übersetzt,[15] ist dies zwar die letzte größere Arbeit Nettlaus aus diesem Komplex; aber die Übersetzung einer (dazu noch unter ungünstigen Bedingungen entstandenen) Übersetzung vorzulegen, erschien nicht sinnvoll. Darüberhinaus ist *De la crisis mundial* nicht einfach eine Übersetzung oder Abschrift der *Eugenetik*; ein anderes Buch über dasselbe Thema, so ist die spanische Version treffender gekennzeichnet.

Ein interessanter Aspekt des spanischen Buches soll hier noch kurz besprochen werden. Seit 1928 besuchte Nettlau Spanien jährlich und sah dort – vor allem nach dem Fall der Monarchie im April 1931 – eine lebendige Bewegung voller revolutionären Elans sich entwickeln. Die spanische Bewegung kontrastierte stark zur Mattheit überall sonst und ließ Nettlau zweifellos an "die erste Blütezeit" denken. An den Spaniern schätzte er den Realismus bezüglich dessen, was die Revolution bringen sollte. Zustimmend zitiert er Durutti: "No prometemos nada absurdo. No garantizamos imposibles" (S. 306). (Wir versprechen nichts Absurdes. Wir garantieren nichts Unmögliches). Weiter schreibt er über "la crisis mundial" (die Depression), aber spricht dabei nicht über die Vereinigten Staaten, sondern den Zusammenbruch der "Kreditanstalt" in Österreich und das Verhindern der Zollunion mit Deutschland. Er erwartete nicht den Zusammenbruch, das Ende des Kapitalismus.

Der Beziehung zwischen Faschismus, Kapitalismus und autoritärem Sozialismus widmet er eine interessante Seite. Er verweist darauf (S. 200), daß der Kapitalismus, um sich zu behaupten, Staat und Autoritarismus, und damit die faschistische Mentalität, verstärken muß. Der autoritäre Sozialismus sei ohnmächtig gegenüber dem Faschismus, da zwei autoritäre Richtungen einander nicht *wesentlich* bekämpfen, sondern höchstens des andern Platz einnehmen können. Da der Faschismus aber inproduktiv ist, mittelalterlich, kann der Kapitalismus, so sehr er auch vom Faschismus begünstigt werde, nicht unter faschistischer

Tutel aufblühen. Der Kapitalismus kann sich des Faschismus bedienen, wegen dessen Antisozialismus und seiner Rohheit; aber sobald der Faschismus einmal gefestigt, wird der Kapitalismus sein Gefangener. Sollte sich die ökonomische Krise mindern, müßten sie sich entweder wieder trennen, oder es auskämpfen — und dann sei zu hoffen, daß der Faschismus durch den Kapitalismus niedergerungen wird, da das Volk ja keinem von beiden ein Ende gemacht hat. Nettlau weist darauf hin (S. 219—221), daß die großen autoritären Parteien ihren Mitgliedern viele nützliche Möglichkeiten bieten, Vorteile und Aktivitäten, aber keine "Bewegung". Außerhalb Spaniens sieht er, in Europa, den Sozialismus und die Gewerkschaftsbewegung unentwegt in der Verteidigung; die alten Ziele des revolutionären Syndikalismus hätten in der "heutigen" Situation ihre Aktualität verloren.

Nicht uninteressant im Zusammenahng mit der hier oben angeschnittenen Problematik, wie seine Ideen zu realisieren seien, ist, daß sich Nettlau in *De la crisis mundial* sehr enthusiastisch über den Anti-Kriegskongreß, der 1932 in Amsterdam stattfand, äußert. Nettlau sah hierin ein Vorbild für die von ihm so gewünschte Möglichkeit eines Zusammengehens verschiedener Strömungen ("fuera de los partidos", S. 236; außerhalb der Parteien). In Wirklichkeit war dieser Kongreß eines der ersten Beispiele der von Willy Münzenberg organisierten, kontrollierten und manipulierten Manifestationen, auf denen unter dem Deckmantel der Zusammenarbeit die Auffassungen einer Partei, der kommunistischen, verherrlicht wurden. Die niederländischen anarchistischen Anti-Militaristen, darunter mein Vater, Albert de Jong, und auch so jemand wie Henriette Roland Holst, führten denn auch eine Kampagne zur Demaskierung dieses durch Nettlau in Verkennung des Hintergrunds so positiv gewerteten Kongreßes.[16]

Dagegen freut er sich *mit* vielen niederländischen Anti-Militaristen über Gandhi, dem es gelingt, den "zivilen Ungehorsam" auf Massenbasis durchzusetzen.

Über Verbreitung und Resonanz in Spanien von *"De la crisis mundial"* läßt sich leider nichts aussagen; Abad de Santillán übergeht dieses Buch in seinen Erinnerungen,[17] und in der Literatur findet sich nur gelegentlich ein bibliographischer Verweis.

1   Über Max Nettlau – geboren Neuwaldegg (bei Wien) 30. April 1865; gestorben Amsterdam 23. Juli 1944 – s. *Max Nettlau*, "Biographische und bibliographische Daten, März 1940." Herausgegeben und eingeleitet von *Rudolf de Jong* und *Annie Adama van Scheltema-Kleefstra*. in: *International Review of Social History*, Bd. XIV (1969), S. 444-482. Wiederabgedruckt in *Max Nettlau*, "Geschichte der Anarchie." Ergänzungsband. Glashütten im Taunus: Verlag Detlev Auvermann, 1972; als Broschüre Frankfurt am Main: Verlag Freie Gesellschaft, o.J.; und in *"Die Republik"*, (Frankfurt/M.), Nr. 1-4, 8. September 1976, S. 76-124.
Außerdem *Rudolf Rocker*, "Max Nettlau. Leben und Werk des Historikers vergessener sozialer Bewegungen." Berlin: Karin Kramer Verlag, (1978), und *Maria Hunink*, "De geschiedenis van een bibliotheek. Max Nettlau en Amsterdam." in: *Maria Hunink, Jaap Kloosterman, Jan Rogier* u.a., "Over Buonarroti, internationale avant-gardes, Max Nettlau en het verzamelen van boeken, anarchistische ministers, de algebra van de revolutie, schilders en schrijvers. Voor Arthur Lehning." Baarn: Het Wereldvenster, 1979, S. 317-366. Eine bearbeitete deutsche Übersetzung erschien als "Das Schicksal einer Bibliothek. Max Nettlau und Amsterdam." in: *International Review of Social History*, Bd. XXVII (1982), S. 1-39.

2   *Max Nettlau*, (1969), S. 447.

3   "Der Vorfrühling der Anarchie. Ihre historische Entwicklung von den Anfängen bis zum Jahre 1864." Berlin 1925; "Der Anarchismus von Proudhon zu Kropotkin. Seine historische Entwicklung in den Jahren 1859-1880." Berlin 1927; "Anarchisten und Sozialrevolutionäre. Die historische Entwicklung des Anarchismus in den Jahren 1880-1886." Berlin 1931; reprinted als "Geschichte der Anarchie", Bd. I-III, Glashütten im Taunus: Verlag Detlev Auvermann, 1972, und Bremen: Verlag Impuls, o.J.
"Errico Malatesta. Das Leben eines Anarchisten." Berlin 1922, wiederabgedruckt als "Die revolutionären Aktionen des italienischen Proletariats und die Rolle Errico Malatestas." Berlin: Karin

Kramer Verlag, (1973).
"Elisée Reclus. Anarchist und Gelehrter (1830-1905)." Berlin 1928, Reprint Glashütten im Taunus: Verlag Detlev Auvermann, 1977; die überarbeitete und wesentlich erweiterte spanische Ausgabe "Eliseo Reclus. La vida de un sabio justo y rebelde." Barcelona: La Revista Blanca, 1929-1930 (2 Bde.), wurde bisher noch nicht wieder aufgelegt.
*Michael Bakunin,* "Gesammelte Werke." Berlin 1921, 1923, 1924, — Bd. 2 teilweise und Bd. 3 ganz von Nettlau übersetzt und erläutert —, ist dagegen in zwei Neudrucken erhältlich: Berlin: Karin Kramer Verlag, 1975, und Vaduz: Topos Verlag, 1978.

4 "Die erste Blütezeit der Anarchie. 1886—1894." (= Geschichte der Anarchie", Bd. IV), Vaduz/Liechtenstein: Topos Verlag, 1981. Der fünfte Band soll noch 1984 bei demselben Verlag als "Anarchisten und Syndikalisten. Teil I." erscheinen.

5 Eine umfassende und Vollständigkeit anstrebende Bibliographie der Arbeiten Nettlaus wird im Ergänzungsband zur Bakuninbiographie erscheinen.

6 "Gesammelte Aufsätze, Bd. 1." Hannover: Verlag Die freie Gesellschaft, 1980.

7 "Solidarity and Responsibility in the Labour Struggle; (. . .). " London: "Freedom" Pamphlet No. 12, 1900.

8 *"Die Internationale."* Organ der Internationalen Arbeiter-Assoziation. (Berlin) Jg. 1-2, März 1924 - Januar 1926; fortgesetzt als: Zeitschrift für revolutionäre Arbeiterbewegung, Gesellschaftskritik und sozialistischen Neuaufbau. Hrsg. von der Freien Arbeiterunion Deutschlands (Anarchosyndikalisten). (Berlin) Jg. 1-6, November 1927 - Februar 1933; fortgesetzt als: Anarchosyndikalistisches Organ. Hrsg. vom Sekretariat der I.A.A. Neue Folge, (Amsterdam-Stockholm-Paris-Barcelona) No. 1-5, 1. August 1934 - 5. April 1935. Reprint Vaduz: Topos Verlag, 1979.

9   "Geschichte der Anarchie", Bd. V, hier noch nach dem Manuskript zitiert, S. 32.

10  Diesen Mythos findet man u.a. in den Erinnerungen von *Max Nomad,* "Dreamers, Dynamiters and Demagogues. Reminiscences." New York 1964, S. 187-195 (191), der auch sonst, auf jeden Fall was Nettlau angeht, sehr wenig zuverlässig ist.

11  "Geschichte der Anarchie", Bd. IV, S. 302.

12  Dieses Manuskript schickte Nettlau an seinen Freund und Geistesverwandten Dr. Michael A. Cohn in den Vereinigten Staaten, der wiederum es Leonard Abbott lesen ließ. Beide waren vom Manuskript begeistert, aber zu einer Publikation ist es nicht gekommen, ebensowenig wie zur Verwirklichung anderer Pläne Cohns, Nettlaus Werke englisch zu publizieren.
    Über M.A. Cohn und L. Abbott s. *Paul Avrich,* "The Modern School Movement. Anarchism and Education in the United States." Princeton, New Jersey: Princeton University Press, 1980. Zu Cohns Hilfe bei der Unter- und Erhaltung von Nettlaus Sammlung s. *R. Rocker,* "Max Nettlau", passim.

13  Der Umfang unterscheidet sich weniger von dem des zweiten Manuskripts, als die Seitenzahl vermuten läßt: das englische hat einen sehr breiten Rand.

14  In dem luxuriös gebundenen Exemplar, das Nettlau erhielt, vermerkte er: "erhalten am 19.11. 1933. Wien", und er fügte auch einige Korrekturen ein. Es befindet sich in der Bibliothek des IISG.

15  In den "Biographischen . . . Daten" (*IRSH,* a.a.O., S. 481) schreibt Nettlau über die "Eugenik", die er hier "Eugenetik der Anarchie" nennt (ansonsten bezieht er sich später in der Regel auf seine "Eugenik (!) der Anarchie"): "Es reizte ihn in den Zwanzigern eine längere Schrift zusammenzustellen, erst englisch, dann deutsch, dann französisch (. . .). Die letzte Version war 1930 an Santillán geschickt worden (. . .). " Bei der Datierung irrte sich

Nettlau 1940. Andere Nettlau-Manuskripte, die für eine spanische Publikation bestimmt waren und sich im Archief Abad de Santillán (IISG) befinden, sind ebenfalls in Französisch geschrieben.

16  Über die "Demaskierung" dieses Kongresses s. *Albert de Jong, "Fragmenten uit mijn leven",* 33, in: *"Buiten de perken",* No. 48, 31. Dezember 1964, S. 14-21. Hier wird auch mitgeteilt, daß Nettlau über diese Agitation sehr verstimmt war und darüber eine Korrespondenz mit Rudolf Rocker hatte. Dieser stellte sich gänzlich hinter seine holländischen Freunde.

17  *Diego Abad de Santillán,* "Memorias 1897-1936." Barcelona: Editorial Planeta, 1977.

**Eugenetik einer freien Gesellschaft.
Gedanken über Wege zum Anarchismus.**

Von Max Nettlau

Diese Skizze setzt Bekanntschaft mit den anarchistischen Ideen voraus, wie sie in vielen Ländern aus einer reichen Literatur leicht zu gewinnen ist. Mir lag nicht daran, eine Begründung meiner Auffassung zu geben, sondern zu untersuchen, welche Hindernisse der Verbreitung dieser freiheitlichen Ideen im Wege stehen und wie dieselben zu beseitigen sein könnten. Diese Hindernisse sind sehr groß, und ich glaube, daß eine wesentliche Erweiterung und Vertiefung der freiheitlichen Bemühungen das einzige Mittel ist, sie zu überwinden. Wie — das versuchte ich in diesen 24 Kapiteln zu erklären, und ich mußte dabei auf vieles aus dem Leben der Gegenwart eingehen, ohne daß ich irgendeinen dieser vielen Gegenstände erschöpfend behandeln konnte. Man muß sich hier vieles aus eigenen Kenntnissen und eigener Beurteilung ergänzen, wolle aber auch mir glauben, daß ich meine Angaben und meine Kritik näher begründen könnte, wenn Gelegenheit dazu wäre. Das kleine Buch folgt einer Gesamtidee, die dem Leser allmählich klar werden dürfte, und er mag dann entscheiden, ob für ihn die aufgeworfenen Fragen wirklich bestehen oder ob er glaubt, "in der besten aller anarchistischen Welten" bereits zu leben, und keinen Grund sieht, an den alten Ideen und Methoden etwas zu ändern. Um diese Gesamtidee sich ungezwungen entwickeln zu lassen, habe ich vermieden, den 24 Kapiteln besondere Überschriften zu geben; die Darstellung schreitet vom Kritischen zum Positiveren und von den weiteren zu den engeren Hindernissen vor, dann zu vielleicht vorhandenen Möglichkeiten, es besser zu machen, und führt zu einer notwendigerweise im Rahmen der Hypothese bleibenden Besprechung kommender Möglichkeiten, der **kommenden Anarchie** eben. Wenn andere kürzere und bessere Wege zu diesem Ziel zeigen können, um so besser!

19. Juli 1927.                                                                  Max Nettlau.

## I.

Welcher unbefangene und uneigennützige Mensch träumt nicht manchmal von einer besseren Zukunft, in welcher die Menschen gut zueinander, frei und glücklich sein würden! Jeder fühlt, daß es nicht an ihm liegt, wenn heute das grade Gegenteil die Regel ist, daß in ihm selbst einige Fähigkeiten und guter Wille stecken, aber das Vertrauen in gleiche Fähigkeiten und Charakterstärke der andern fehlt ihm nun einmal. Daher schließt er sich vorsichtig ab, versinkt im Alltagsleben, sucht übrigens oft ein kleines Stück seines Traumes im engsten Umkreis zu verwirklichen, besonders wenn er selbst in einem freundlichen Milieu aufgewachsen ist. Eine harmonische kleine Familie, ein Freundeskreis, eine Arbeit, ein Studium, eine Liebhaberei, die er für sich selbst mit wirklichem Interesse betreibt, Natur- und Kunstgenuß, all diese Freuden, durch die sich das Einzelleben aller nicht ganz der Vulgarität, der Herrsch- und Genußgier, der Modenachäffung oder der Verzweiflung Verfallenen verschönert, — das ist **seine** Utopie, **sein** vorweggenommener Teil des großen allgemeinen Glücks, das der Einzelne nie erreichen zu können glaubt und aus Mangel an Zuversicht meist gar nicht anstrebt. So leben unzählige, alle auf ihre Weise tüchtige und wohlwollende Menschen nebeneinander dahin, sich Ähnliches wünschend, aber meist davon schweigend, weil keiner dem andern traut. Wenn irgendein gemeinsames Interesse den vielen Menschen um uns herum einmal für kurze Zeit den Mund und das Herz öffnet, sieht man erst, wie reich die Menschheit an verschiedenartigen, oft interessanten Charakteren ist; aber bald tritt wieder die stumme Verschlossenheit ein oder die banale Phrase, und die feindliche Umwelt ist wieder da.

Gleiches Mißtrauen besteht in der Regel den öffentlichen Parteien, Rednern, Vertretern irgendeiner Weltanschauung gegenüber; sie wirken immer nur auf Einzelne, die sich dann ihnen nähern, sie kennen lernen, Vertrauen fassen und die dann glücklich sind, sich einem größeren, ihnen sympathischen Milieu anschließen und vielleicht in ihm sich betätigen zu können. An den meisten aber gleitet die öffentliche Propaganda ab, nicht immer weil sie die Ideen verwerfen, sondern weil jeder gewohnt ist, seinen eigenen Weg zu gehen, für sich zu bleiben, eine Handlung der Vorsicht, zu der ihn das harte Leben zwingt. Er würde seine

Schwäche zeigen Personen gegenüber, die offenbar in der Vertretung ihrer Ideen geübt sind, und er zieht es vor, sich gar nicht mit ihnen in eine Diskussion einzulassen.

Mit einem Wort, das Privatleben, die Abgeschlossenheit oder ein enger persönlicher Kreis sind Schutz und Trost des Einzelnen dem ihn umgebendem öffentlichen und sozialen Leben gegenüber, von dem er sich im Gefühl seiner Ohnmacht möglichst fernhält. Er weiß, daß diese mächtigen Faktoren ihm wenig Gutes gebracht haben, und sich von ihnen fernzuhalten ist sein Selbstschutz. Der Gedanke, daß diese allgemeinen Faktoren, Regierungen, die die Macht haben, und Parteien, die die Macht haben **wollen**, und Ideen, die nur zu oft zu Parteien werden wollen, nicht notwendigerweise gegen die Menschen tätig und schädlich sein müssen, kann dem Einzelnen, wie die Dinge liegen, gar nicht kommen. Er weiß, daß seine Lage sich nicht zum Guten ändern wird, außer durch eigene Tüchtigkeit oder einen besonderen Glücksfall. Früher hatte er manchmal die Befriedigung, kleine Fortschritte gegenüber der bösen alten Zeit zu konstatieren; heute fehlt ihm auch dieser spärliche Trost, und er sieht, daß es immer schlechter wird.

Tatsächlich ist jede idealisierende Betrachtung alter und neuer Zeiten eine Selbsttäuschung; es ging, genau wie heute, stets einer privilegierten Schicht auf Kosten anderer sehr gut. Die kunstliebenden Griechen wurden von den Sklaven ernährt; die freien Städte des Mittelalters blühten durch Handelsmonopole und ähnliches, die Ritter lebten auf Kosten der Bauern usw., kurz jede Blüte hatte einen auf Elend gegründeten Nährboden und konnte keine wirklich menschlichen Früchte bringen. Hammer oder Amboß sein war und blieb das Schicksal aller, und das Streben, Hammer zu bleiben oder zu werden, zerriß die Menschheit in feindliche Gruppen. Was verfolgte Tiergattungen im Laufe unendlicher Zeitperioden zum Selbstschutz erwarben, Schuppenpanzer, Stacheln oder das dickste Fell und Anpassungsfähigkeiten aller Art, das hat die gleiche Entwicklung auch den Menschen gebracht als Mißtrauen, Schroffheit, Heuchelei, moralische Rückgratlosigkeit usw., und dadurch wurde leider das innere Wesen Unzähliger wirklich gebrochen, verfälscht, ziemlich oder ganz hoffnungslos zerstört. Bei vielen andern vegetiert es auf die eingangs geschilderte Weise in dumpfer Sehnsucht weiter und schafft sich Betätigung im kleinsten Kreise. Hier muß der Heilungsprozeß beginnen, indem das Vertrauen in die Möglichkeit einer Besserung die Oberhand gewinnt, der Mensch sich wieder dem Menschen nähert und der freundliche engste Kreis sich erweitert, bis er die ganze gleichfühlende Menschheit umfaßt.

In dieser Richtung bewegt sich das langsame Erwachen und Erstarken der Menschheit nach ihrer schweren Krankheit, und nun sieht man, daß etwas die Menschheit viel tiefer trennt als alle Kasten und Klassen — dies ist **der Grad ihrer noch vorhandenen oder aus Verkümmerungsformen sich wieder entfaltenden Entwicklungsmöglichkeit**. Je nach den zahllosen auch bei den nächsten Nachbarn oder Arbeitsgenossen verschiedenen Einflüssen und Eindrücken, die dem Gesamtbewußtsein eines jeden seine Prägung geben, besitzen auch bei denkbar gleichster Klassenlage die Menschen verschiedene Grade der Fähigkeit, sich aus dem Zustand des gehetzten Wildes, den das harte Leben den meisten aufzwingt, zum Zustand des sozial und frei fühlenden Menschen sich emporzuringen — oder auch nicht. Dies erklärt, warum so viele Belehrungsversuche von oben herab, die schlagendsten Gründe, die hinreißendste Beredsamkeit, flammende Appelle, durchdachteste Organisationsarbeit nie sich voll auswirken können, so klar auch die Sache liegt. Denn von noch so vieler ausgestreuter Saat fällt immer ein oft sehr großer Teil auf nicht aufnahmsfähigen Boden. Wie müßte sonst die Menschheit vorgeschritten sein nach allen Aufklärungsbemühungen und Empörungsversuchen der letzten Jahrhunderte! Eine normale Menschheit gibt es eben nicht, sondern nur ein Menschheitskrankenhaus, das einzelne, und hoffentlich bald viele, allmählich in mattem Erholungszustand zu verlassen beginnen.

Dabei muß man aber zugeben, daß summarische Appelle an die qualitativ so verschiedenen Menschengruppen, die man als Klassen zusammenfaßt, eben eine einheitliche Wirkung nicht erzielen konnten und daß es daher nicht nur möglich und nützlich, sondern gradezu notwendig sein wird, die geistige Aussaat freiheitlicher Ideen auf eine zweckmäßigere Weise vorzunehmen, individueller und intensiver, oder es geht nicht wirklich weiter.

Diese Kritik der herkömmlichen Methoden, Ideen zu verbreiten und Menschen zu gruppieren, sagt denjenigen nichts, für die der Mensch nun einmal ein Herdentier ist, das zum Guten und Schlechten, zur Tränke und zur Schlachtbank, getrieben wird und sich treiben läßt; denn sie erwarten eine gewisse Durchschnittswirkung, indem die Stärkeren und

Begabteren die andern mitreißen. Ehrgeiz und Nachahmungstrieb tun ein weiteres und so entsteht die Illusion eines gemeinsamen Fortschritts, der aber doch keiner ist, da die Distanz zwischen den einzelnen dieselbe bleibt. Worauf es ankommt, das ist die wirkliche Entfaltung der in den meisten schlummernden Entwicklungsmöglichkeiten, und hierfür muß der allgemeinen Aufklärungstätigkeit, die ich ja keineswegs geringschätze, schätze, eine den Einzelnen individuell erfassende Tätigkeit zur Seite treten, die nicht sorgfältig und intensiv genug sein kann.

Letzteres geschieht eigentlich noch so wenig, daß man die Resultate größerer Bemühungen gar nicht voraussehen kann. Es findet überall schnell eine erste Auslese statt, indem die Talentiertesten, Uneigennützigsten, oft auch die Ehrgeizigsten, leicht für eine gute Sache gewonnen werden. Die weniger Zugänglichen werden aber zu schnell bei Seite gelassen, als unbelehrbar betrachtet, und sie leben in dumpfer Gleichgültigkeit weiter oder sie werden durch ihnen näherliegende Argumente in den Dienst einer schlechteren Sache gespannt. Viele mögen wirklich für absehbare Zeit besseren Ideen und Gefühlen kein Verständnis entgegenbringen können, andere aber mögen nur durch das zu Starre und Absolute mancher Propaganda, das ihnen nur die Wahl zwischen Zustimmung und Ablehnung läßt, sich abgeschreckt fühlen. Ich bin gewiß kein Verteidiger der nur lauen Anhänger einer Sache, aber ich sehe ein, daß nicht jeder für eine ihm neue Sache "Liebe auf den ersten Blick" empfindet und sie oft nur teilweise akzeptiert oder sich langsam zu ihr durchringt. Mancher tut letzteres im stillen und tritt dann plötzlich für die neue Idee ein. Andere aber sind durch mangelndes Entgegenkommen, Nachsicht mit ihrer anfänglichen Unvollkommenheit verletzt und bleiben fern. Es müßte also auch für die weitest vorgeschrittenen Ideen Vorstufen und ruhige Wege für Langsamere und Schwächere geben. Man wird zu diesen Betrachtungen veranlaßt, wenn man den Millionen nominell politisch und gewerkschaftlich sich "sozialistisch" betätigender Arbeiter die außerordentlich geringere Zahl der freiheitlich fühlenden und tätigen Arbeiter gegenüberstellt; dieses Zahlenverhältnis kann unmöglich beweisen, daß die große Majorität der Arbeiter endgültig die Freiheit mißachtet und alles Heil nur von ihren Führern erwartet, sondern nur, daß die freiheitliche Propaganda sie noch nicht in einer, ihrer zurückgebliebenen Entwicklung sich nach Möglichkeit anpassenden Form erreicht hat. Es ist ferner begreiflich, daß die an die Vergangenheit anknüpfende, Bevormundung und Beherrschung unter anderem Namen fortsetzende autoritäre Bewegung von vornherein größeren Anhang fand, als die mit der traurigen Vergangenheit ganz brechende, die Freiheit, Selbständigkeit und Solidarität der arbeitenden Menschheit anstrebende.

Desto notwendiger ist aber, daß die freiheitlichen Bewegungen der zurückgebliebenen Menschheit nicht als zu sehr vorauseilende, abgeschlossene Organismen gegenübertreten; denn ihre unmittelbare Aufgabe ist nicht ihr eigener, möglichst idealer Vollkommenheitszustand, sondern ihre möglichst große Anziehungskraft für möglichst viele und wertvolle Menschen. Dann erst kann ein fruchtbarer Boden geschaffen werden, auf dem die am meisten der vollsten Freiheit und Solidarität Entgegenschreitenden sich unter wesentlich günstigeren Bedingungen entwickeln können als dies heute möglich ist, wo nur allenfalls das syndikalistische Milieu einen solchen Boden darstellt. Gruppen sind wohl zu kleine Organismen; sie sind wie ganz kleine Oasen, winzige grüne Flecken in der öden Dürre einer Wüste, und es ist schwer sich vorzustellen, daß von diesen wenigen Oasen aus die ganze Wüste sich in fruchtbares Land umwandeln sollte. Dazu wären für größere Teile der Wüste günstigere klimatische und Bewässerungsverhältnisse nötig und **dann** würden von diesen Oasen her, die ihrerseits besser gedeihen würden, das Wüstengebiet befruchtende Einflüsse ausgehen.

Beides ist also nötig; Fortschritt und Gedeihen der vorgeschrittensten Richtungen und allgemein günstige Verhältnisse sind untrennbar verbunden, und wer den **ganzen** Fortschritt will, darf keinen noch so geringen Teilfortschritt geringschätzen. "Ein gesunder Geist in einem gesunden Körper" gilt hier, wie überall, und ich möchte die Einsicht dieser Zusammenhänge die Einsicht von der Notwendigkeit **der Eugenik der sozialen Revolution, der Eugenik der Freiheit, der Anarchie** nennen. Wir müssen alle in der Menschheit schlummernden Kräfte, große und kleine, erweckt sehen und selbst erwecken, um die günstigsten Lebensbedingungen der kommenden Freiheit zu schaffen, eine weitausgreifende Arbeit, die durch die direkte Propaganda gewiß gefördert, aber nicht im entferntesten erschöpft wird.

## II.

Trotz aller heutigen mechanischen Vervollkommnung und der gewiß großen wissenschaftlichen Leistungen lebt die Menschheit in einem solchen Zustand geistiger Unmündigkeit und Zurückgebliebenheit, im Bann von Vorurteilen und Unwissenheit, daß das bisherige Scheitern der freiheitlichen Bemühungen begreiflich wird, wenn man auf die uns bekannte Zeit geschichtlicher Überlieferung zurückblickt. Diesen wenigen Jahrtausenden gehen sehr viel längere Zeiten voraus, deren Geschichte nicht bekannt ist, deren Ereignisse aber bereits jenen Wust ungenau überlieferter und längst mißverstandener Traditionen bildeten, die als Religionen und als nationalpatriotische Sagen auf den einzelnen Stämmen lasteten, diese stets im Interesse der um ein geringeres klügeren Herrscher- und Priesterkasten geistig im Joch hielten und von den in gleicher Beschränktheit dahinlebenden Nachbarstämmen trennten. Interessenkämpfe, zu deren Schürung diese geistige Verhetzung beitrug, führten dann zur gegenseitigen Aufzwingung solcher Traditionsmassen durch die jeweils Stärkeren, bis große Despotenreiche entstanden, deren Macht und Umfang noch intensiverer Religions- und Nationalitätsdünkel und Fanatismus entsprachen. So die asiatischen Despotenreiche, später das römische Weltreich und dann allmählich die heutigen Staaten, in deren jedem der Herrschaftsgeist von Babylon und Rom weiterlebt und diesen durch die Erziehung bis zur Stunde seinen Staatsbürgern in Fleisch und Blut übergehen läßt. Von dem Geist der primitiven Horde zum heutigen Patriotismus ist nur ein Schritt; nichts, aber auch nichts hat sich hier geändert und Europa scheint 1927 ebenso vor dem Gemetzel zu stehen, wie einige Gruppen von Höhlenmenschen der Steinzeit.

Neben dieser verhängnisvollen Entwicklungslosigkeit stand allerdings eine glänzende Konzentration des Geistes unter günstigen Verhältnissen auf praktische Erfindungen und Verbesserungen, die das Kulturniveau äußerlich hoben. Dem entsprang größere innere Lebensfreude, die dann zu Leistungen nicht unmittelbar praktischer oder kriegerischer Art führte, zu den auch in Ruhe lebenden Tieren eigenen Äußerungen von Spiel und Lust, die teils allen gemeinsam waren wie Spiel und Tanz, teils besonders vollkommene Leistungen einzelner waren wie Kunst und Kunsthandwerk, die ja ursprünglich identisch waren.

Bald aber wurde die Kunst in den Dienst der Religion gestellt, in welchem sie zu nicht geringem Teil noch heute steht, um so das Volk an die Religion zu fesseln. Dem Volk blieben nur kümmerliche Reste der Kunst, Volkslieder, Märchen, Tänze und einiger Zierart; jede hervorragende Leistung war, neben der Religion, den Reichen oder dem Staatskult vorbehalten. Ebenso wurden Erfindungen möglichst bald in den Dienst der Nichtarbeitenden gestellt; nie hat eine Erfindung die Mühe der Sklaven, Leibeigenen und Lohnarbeiter vermindert, stets nur den Reichtum der Besitzenden vermehrt. Geistige Errungenschaften vollends wurden dem Volk einfach nicht bekannt und verschärften den Abgrund zwischen Gebildeten und Ungebildeten.

Ich werfe hier nicht willkürlich die Urzeit und die Neuzeit zusammen, denn es besteht zwischen ihnen wirklich kein wesentlicher Unterschied. Immer wurde alles dem Volk genommen und kam den Herrschenden und Besitzenden zugute. Jede Erfindung stand sofort im Dienst des Kapitals, die Kunst war den Herrschenden dienstbar und die Wissenschaft existierte nicht für das Volk. Kümmerliche Abfälle, die sogenannten Popularisierungen, die man dem Volk bietet, ändern an der Lage nichts. Immer wurde am Volk das große Verbrechen begangen, die sich in ihm über das Durchschnittsniveau erhebenden, geistig besonders leistungsfähigen, technisch Originales produzierenden und ähnliche Elemente dem Volk zu entziehen, an die herrschenden Klassen zu fesseln und durch sie grade die systematische Knechtung und Ausbeutung des Volkes erst recht organisieren zu lassen. **Dies** war und ist die Rolle der sogenannten **Gebildeten**, der geistigen Hilfskräfte der Besitzenden und des Staates, eine Rolle, die viele derselben noch immer nicht erkannt haben und sogar sehr gern spielen. Diese geistige Aussaugung des Volks ist eine ebenso ruchlose Expropriation, wie die Beschlagnahme von Grund und Boden und allem sozialen Kapital durch die Besitzenden und ihren Staatsorganismus.

Diese ihnen unentbehrlichen Kräfte den herrschenden Systemen zu entreißen, wäre eine der wichtigsten Aufgaben des Volks; sie ist ungemein schwierig, kann aber nicht umgangen werden, wenn einem Zusammenbruch ein lebenskräftiger Aufbau folgen soll. Ein Teil dieser Kräfte allerdings, Juristen, Beamte aller Art, Geistliche, Journalisten, Politiker, Militärs usw. übt derart ausschließlich der Erhaltung und Befestigung des herrschenden Systems dienliche Funktionen aus, daß er längst innerlich mit dem System verwuchs und zu anderer geistiger Arbeit nicht mehr taugt; hieran darf uns das überaus flinke Umschwenken vieler dieser Herren bei nur formalen Regierungswechseln nicht irr machen. Es kostet sie wenig, statt Monarchie Republik zu schreiben, aber sie werden es immer als Schande betrachten, statt Akten zu schreiben sich nützlich produktiv zu betätigen. Die meisten dieser Männer würden in einer freien Gesellschaft hilflos und nutzlos bei Seite stehen und mit andern Fossilien, die sich in die neue Lage nicht finden können, allmählich absterben, sobald nicht einzelne von ihnen doch späte soziale Gefühle entwickeln. Man wird sie weder unterdrücken, noch sich von ihnen etwas vormachen lassen. Persönlich würde ich ihnen gern erlauben, die Geschichte all ihrer Ämter usw. nach den Akten zu schreiben; dies würden sie bis zu ihrem Aussterben hinziehen und wären so erledigt; denn Nachwuchs erhielten sie nicht.

Anders steht es natürlich mit den wirklich nützlichen **technischen** und **wissenschaftlichen** und den nicht nur parasitischen wirklich **künstlerischen** Kräften, mit **Technikern, Ärzten, Lehrern, Gelehrten,** wertvollen **Schriftstellern,** wirklichen **Künstlern** usw. Diese kennen vor allen Dingen die wirkliche **Arbeit,** die der Vertreter der Chikane, der Formel, des Aberglaubens, der verfälschten Ideen, der Scheinarbeit mit einem Wort, trotz aller Geschäftigkeit doch nicht kennt. Denn es gibt tatsächlich veredelnde und korrumpierende Beschäftigungen, deren erstere Arbeitsfreude und deren letztere Stumpfheit, Routine und Arbeitsekel hervorbringen und den ganzen Organismus des Menschen ungünstig beeinflussen.

Dazu kommt, daß, während der Vertreter unsozialer Arbeit sich in der heutigen Gesellschaft oder einer sie fortsetzenden autoritär-sozialistischen Gesellschaft wohl fühlt, die Vertreter sozialnützlicher Arbeit innerlich nie befriedigt sind, weil sie nur zu sehr daran gehindert sind, sich wirklich ersprießlich zu betätigen. Welcher Arzt fühlt sich im Stande wirklich zu heilen, wenn er Opfer des Elends vor sich sieht, denen er nur kümmerliche Medizin und nicht frische Luft, Nahrung und Erholung verschreiben kann? Der Techniker, der Künstler ist dem Kapital oder der Laune des reichen Bestellers oder Käufers dienstbar gemacht. Der Gelehrte sieht fast immer seine Forschungsmittel beschränkt durch Verhältnisse, die außerhalb der Wissenschaft liegen. Der Lehrer fühlt sich so vielen auf die Schüler einwirkenden traurigen und häßlichen häuslichen und sozialen Einflüssen gegenüber ohnmächtig. Alle empfinden, wenn sie ihre Arbeit ernst nehmen, daß sie beständig auf Hindernisse stoßen, die in einer freieren, gerechteren, sozialeren Gesellschaft nicht vorhanden wären und deren gemeinsame Ursache die ist, daß für allgemein nützliche Zwecke und die soziale Wohlfahrt des Volks eben nur das geringste Minimum von Mitteln bereitgestellt wird; jeder etwas höhere Anspruch an das Leben darf nur von Privilegierten gestellt werden. Diese Unabänderlichkeit des kapitalistischen Willens macht viele der hier besprochenen Kreise resigniert, sie beschränken sich ganz auf ihr Fach; andere dienen den Reichen willig und versuchen selbst reich zu werden, sie verschwinden dann unter den Privilegierten. Aber es gibt auch solche, welche die Augen offen behalten, und diese würden einem besseren Gesellschaftszustand nicht im Wege stehen wollen und manche von ihnen waren und sind in unseren Reihen.

Aber sie sind leider nicht immer gern gesehen. Ich spreche hier nicht von den vielen, die längst in den autoritär-sozialistischen Parteien regelrechte Karrieren machen, Journalisten, Parteibeamte und Abgeordnete werden usw.; das ist eine Geschäftssache, wie jede andere, und auf dem Weg über die Sozialdemokratie avanciert man vielfach längst schneller und steigt höher, als auf dem Weg über irgend eine andere Partei. Ich spreche von den nicht wenigen, die sich in allen Ländern den freiheitlich revolutionären, den anarchistischen Richtungen angeschlossen haben und von andern, die dies tun würden, wenn sie nicht durch kritische Erwägungen, durch Skeptizismus abgehalten würden. Sie sind vielleicht mit den wirklichen Verhältnissen auf einem wichtigen Gebiet genauer bekannt als viele Arbeiter und verstehen daher die Schwierigkeiten des erfolgreichen Funktionierens irgend eines sozialen Organismus genauer als diese. Ihre Kenntnisse würden die der Arbeiter auf das glücklichste ergänzen, so wie zur Herstellung einer Brücke sowohl der die Tragfähigkeit richtig berechnende Ingenieur, wie der jeden Eisenbestandteil sorgfältig vernietende Metallarbeiter nötig ist. In ähnlicher Weise können auch Ideen, die auf den ersten Blick gefühlsmäßig plausibel erscheinen, sich bei kritisch-fachlicher Betrachtung als nicht tragfähig erweisen. Nichts kann nützlicher sein, als die beständige Verbesserung unseres freiheitlichen Gedankenbesitzes durch schöpferische Kritik; das Beste ist eben grade gut genug und Ideen, die nicht ganz auf der Höhe gehalten werden, erfahren manche stille Ablehnung und wertvolle Kräfte gehen verloren. Eine neue Welt kann nur als etwas wirklich Besseres Lebensfähigkeit erlangen; das Minderwertige lehnt das Bewußtsein der ganzen Menschheit instinktiv ab, wie das russische Beispiel zeigt.

Übrigens sind alle wissenschaftlich, technisch und künstlerisch tätigen Kreise seit jeher im Sozialismus aller Richtungen stark vertreten, weil ihnen eben der beständige Fortschritt eigene Lebensbedingung auf ihrem Spezialgebiet ist. Ist doch die Geschichte der Naturwissenschaft, der Medizin, der Pädagogik, jeder Art von Wissenschaft, die Geschichte beständiger Empörung gegen die Unwissenheit und ihre Folgen, die Religionen, Vorurteile, dogmatischen Stillstand, und ist doch jede wissenschaftliche Tätigkeit Kritik des Alten, der Aufbau von Neuem, Bewegung und Fortschritt! Dies macht geistige Elastizität, Aufnahmsfähigkeit und praktische Tatkraft zu charakteristischen Eigenschaften dieser Kreise. Ein an ihr Interesse appellierendes soziales System muß unbedingt ein freiheitliches sein, sonst mag es einige auch hier nicht fehlende für die Wissenschaft absterbende bureaukratische Gemüter befriedigen, nie aber die wahren Arbeiter der Wissenschaft.

Gewiß gibt es viele Widerstände zu überwinden, da die praktischen Existenzmöglichkeiten dieser Kreise vom Kapitalismus so gestaltet sind, daß sie in stärkster Abhängigkeit von ihm gehalten werden und der Arbeiter in vielen Fällen ihnen gegenüber ein freier Mensch ist. Aber diese Knechtschaft wird so auf die Spitze getrieben und immer entwürdigender, daß doch eine moralische Empörung wenigstens eines Teils derselben vorauszusehen ist. Die früher manchen noch mögliche relative Neutralität und Volksfreundlichkeit ist zuende. Heute muß der geistige Arbeiter das nackte Werkzeug des Staats und des Kapitals sein, dazu als auf Käufer angewiesener Produzent der Sklave der Mode und des Snobismus. Als Chemiker mußte er längst der Verfälschungsindustrie zu Willen sein, jetzt wird er noch zur Vorbereitung des Mordes angehalten, indem er Giftgase erfinden muß, was sehr viele Chemiker ebenso unbedenklich tun, wie Arbeiter die Fabrikation solcher Mordmittel – und aller andern Kriegswaffen – ebenso unbedenklich im großen durchführen. Kurz, der geistige Arbeiter wird immer zynischer vor immer schmutzigere Aufgaben gestellt und dies muß eine Teilung hervorrufen in solche, die in diesem Schmutz untergehen, und in solche, die dadurch zur Einsicht ihrer Lage gelangen und sich empören werden.

Sie wissen selbstverständlich, daß Staat und Kapitalismus ohne ihre fachliche Hilfe leistungunfähig sein würden, da die bureaukratischen Schreibkräfte und sonstigen Nutznießer der Produktionstechnik fremd gegenüberstehen. Ohne ihre Hilfe wäre das jetzige System unhaltbar, aber auch jedes kommende System, dem sie nicht freudig und gern helfen. Ihr Beiseitestehen, ihre Feindseligkeit wäre ebenso schädlich oder noch schädlicher, als wenn irgend eine große Arbeiterkategorie einem neuen System in seinen Anfängen ablehnend gegenüberstehen würde, etwa sämtliche Transportarbeiter oder Metallarbeiter oder Elektriker. Die Folge wären in jedem dieser Fälle Desorganisation und materieller Mangel, hierauf Ausnahmsmaßregeln voraussichtlich unzureichender und autoritäter Art. Hunger und Zwang würden aber nur schlechte Leistungen erzielen und die Keime der Unlust, des Verdrusses, des Hasses, der Autorität würden in die neue Gesellschaft getragen. Wesentliche Teile des gesellschaftlichen Arbeitsorganismus lassen sich eben nicht irgendwie ersetzen und das russische Beispiel zeigt, wie bitter sich der Wahn rächte, mit unvollständigen Kräften einen neuen Produktionsmechanismus einzurichten. Dieser Irrtum muß um jeden Preis vermieden werden.

Von einer Bevorrechtung der geistigen Arbeiter ist für uns keine Rede, aber ebensowenig von einer Zurücksetzung derselben. Es geht einfach ebensowenig ohne den Techniker und den Arzt, wie es ohne den Mechaniker und den Bauern geht. Ebensowenig sind die geistigen Arbeiter mehr als die Handarbeiter Stützen des herrschenden Systems, da doch sämtliche Handarbeiter für die Kapitalisten arbeiten und außerdem aus ihnen noch die Aufseherklasse hervorgeht, die ihre eigenen Klassengenossen niederhält. Da hat keiner dem andern etwas vorzuwerfen; jeder gehorcht, nur wenige empören sich — und deren Zahl dürfte unter den geistigen Arbeitern verhältnisweise nicht geringer sein als unter den Handarbeitern und Bauern.

Was geschehen müßte, scheint mir vor allem dies zu sein: **Die Herausarbeitung eines derart freien und entwicklungsfähigen Sozialismus, daß er das wirkliche Vertrauen aller intelligenten Leute erwerben kann**, woran es noch in großem Maße fehlt. Für die freiwillige Mit- und Zusammenarbeit aller müssen ganz andere Bedingungen, weitere Rahmen, geschaffen werden als die heutigen Organisationen sie bieten. Talent, Initiative, guter Wille müssen ganz anderen Spielraum erhalten. Wir müssen an die besten Kräfte **aller** Menschen appellieren und offen zugeben, daß bis heute noch sehr wenig geleistet ist. Das Prinzip sozialer Gerechtigkeit, von Anarchisten und Anarchosyndikalisten auch das Prinzip größtmöglicher Freiheit, wurden proklamiert, begründet und in einzelne Forderungen und Vorschläge zerlegt, die vor allem Umschreibungen der Prinzipien sind und so das Gebiet theoretischer Korrektheit, aber lebensfremder Allgemeinheit nicht verlassen. Man wird den Sozialismus und die Anarchie den Menschen sehr viel näher bringen müssen; er wird ihnen auf zu abstrakte Weise, wie in chemische Elemente zerlegt oder auf Formeln gebracht, vorgeführt, während er in seiner Vielartigkeit und Fülle, als das freie soziale **Leben** selbst jedem nähergebracht werden sollte. Je anziehender dies erfolgt, desto mehr lebende und wertvolle Kräfte werden angezogen; je starrer und autoritärer der Sozialismus auftritt, desto mehr ziehen sich mit vollem Recht lebendige Kräfte von ihm zurück. Der Bolschewismus brachte dem Sozialismus einen solchen Schlag bei; an dem Anarchismus ist es, der Menschheit die Freude am Sozialismus wiederzugeben: dieser wird stets so viel Freunde finden, als er zu gewinnen verdient, und dazu muß er weiten und offenen Geistes sein und die besten der geistigen Arbeiter in Wissenschaft, Technik und Kunst an sich zu ziehen verstehen.

## III.

Welche Entwicklungsfähigkeiten, -möglichkeiten und -richtungen gibt es nun bei den jetzigen **Volksmassen**? Zu diesen gehören die besitzlosen **Arbeiter** und **Angestellten** und die kleinbesitzenden **Bauern** und **Handwerker**; denn so sehr im einzelnen die Interessen beider Kategorien getrennt sind, stehen sie doch durch Ursprung (Familie), tägliches Milieu und Übergänge aus einer Kategorie in die andere in vielfachstem Zusammenhang und bilden jene große Schichte produzierender Menschheit, auf der sich die parasitischen Kreise, Staat und Besitz, niedergelassen haben und die sie noch heute, wie in der Urzeit, als zu Arbeit und Gehorsam bestimmt betrachten.

Es liegt mir hier fern, das große deskriptive und statistische Material auch nur zu berühren, dem die relative Verbesserung oder Verschlechterung der einzelnen Bestandteile der Volksmassen zu entnehmen ist. Die Wirkungen zahlreicher sozialer Reformen, die Zunahme der Organisationen, des Bildungswesens, der politisch radikalen – im Fall der Bauern und Handwerker auch politisch reaktionären Tätigkeit, die Geschichte der Streiks und anderer sozialer Kämpfe, – all das ließe sich näher betrachten und würde, mit früheren grenzenlos elenden Zuständen verglichen, relative Verbesserung, wachsende Aufklärung, gesteigerte Tätigkeit zeigen, während mit anderm Maßstab gemessen die Lage noch immer eine klägliche, menschenunwürdige ist.

Von dem materiellen Elend, das sich physisch fruchtbar auswirkt, sehe ich hier ganz ab. Das praktische Leben zeigt auch, daß die geistige Auswirkung aller Fortschritte, Reformen, Organisation und Propaganda noch eine überraschend geringe ist. Nichts leichter als aus einer Versammlung, aus einer Gruppe zur andern gehend und radikale Zeitungen lesend sich ein sozialistisches Volksbewußtsein vorzutäuschen; zehn Schritte davon, im wirklichen Leben, ist keine Spur davon zu sehen: die banale gedrückte Alltagsstimmung des kleinen Manns, der ein bißchen raisonniert, aber zu gehorchen gewöhnt ist, führt das große Wort, und wenn Sozialisten anwesend sein sollten, so pflegen sie in der Regel zu schweigen. Die Gewohnheit, ihre Ideen offen im täglichen Verkehr auszusprechen, besteht im allgemeinen nirgends oder nur seitens so weniger, daß sie als Sonderlinge betrachtet werden. So wie die Religion am

Ende ihrer langen Entwicklung nur noch in der Kirche besprochen wird, so scheint der Sozialismus schon in seiner heutigen Jugend, eigentlich seinem noch embryonalen Zustand, sich in Vereine und Versammlungen zurückgezogen zu haben und die Straße nur kollektiv, als Demonstrationszug, zu betreten. Kein gutes Zeichen; denn er begann auch mit der unerschrockensten öffentlichen Proklamierung; man denke an die Pariser Saint-Simonisten von 1831-32, die Londoner sozialistischen Straßenredner der Achtziger usw. Statt weiter ins Volk einzudringen, erfolgte vielmehr eine Kanalisierung dem Vereinsleben zu, die Schaffung einer kleinen abgeschlossenen Welt mit gewiß nützlichen Diskussionen, Bildungseinrichtungen, gemütlichem sozialen Verkehr, solidarischer Unterstützung usw., aber doch von der Volksmasse fast so abgeschlossen wie die Kirche. Der Mut, Verfolgungen standzuhalten, fehlte nie und nirgends, aber der Bekennermut dem gleichgültigen oder feindlichen Volksmilieu gegenüber fehlte zu sehr. Ich meine nicht den Mut der kollektiven, sondern der **individuellen** Betätigung. Sonst wäre es doch nicht möglich, daß überall so ungeheure Volkskreise in nichtssagender Alltäglichkeit und mit beschränktestem Gesichtskreis dahinleben, ob man nun große oder kleine Städte betrachtet, und wie ist es erst, wenn man den Bauern und Handwerkern näher tritt, die nur den krassesten persönlichen Egoismus kennen und sich gern den reaktionärsten Richtungen verschreiben! Von diesen Kreisen geht eine große Wirkung auf die indifferenten Arbeiter aus, deren Ziel eben eine individuell irgendwie gesicherte Zukunft, eine persönliche Versorgung ist, sei sie noch so unsozial oder antisozial. Hier besteht die "Zivilversorgungs"-mentalität der früheren Unteroffiziere noch heute, und jeder Aufseherposten als Wachhund der Fabrikanten, jede Polizei- und Kerkermeisterstellung im Staatsdienst ist ihnen hochwillkommen. So baut sich neben dem Organisationsbau der Sozialisten der von solchen unsozialen Volkselementen gestützte Zwingbau des Staates und des Kapitalismus immer wieder auf, und die zu allen Zeiten unveränderte, der Allgemeinheit fremde und feindliche Welt der **Bauern** steht ihnen zur Seite.

Die Gewaltmenschen früherer Zeitalter verurteilten die Bauern zum ewigen Landbau und ließen sich von ihnen füttern, aber sie gaben ihnen dadurch auch das Wertvollste auf der Erde, das fruchtbare Ackerland, in die Hände, und Jahrtausende verbinden nun in seiner Denkweise den Bauern mit dem Land und trennen ihn von der übrigen Menschheit und diese Menschheit dadurch von dem Land. Der unheilvollen Trennung der Hand- und Kopfarbeiter steht diese Trennung der die Nahrung der Menschheit produzierenden Landbevölkerung von der übrigen Menschheit ebenso verhängnisvoll zur Seite. Der Bauer war immer zugleich nach Möglichkeit ausgebeutet und Inhaber des unentbehrlichsten Produktionswerkzeugs, der fruchtbaren Erde. So kam es, daß der Landbau, je nach dem auf dem Bauern lastenden Druck, bald auf tiefster Stufe gehalten wurde, da die Ausgebeuteten keine Mittel und kein Interesse für seine Vervollkommnung hatten, bald — wie es bei steigender städtischer Bevölkerung der Fall ist — in den Händen des sich seines Monopols bewußten Bauern die übrige Bevölkerung auszubeuten sucht, ihr also auf jeden Fall gleichgültig oder feindlich gegenübersteht. Der Bauer fügte sich jedem Druck und dehnte sich aus, reckte sich empor, sobald er konnte. Als der Staatsbau in Frankreich um 1789 erschüttert schien, nahmen die Bauern soviel Land, als sie nehmen konnten, und hatten an der übrigen französischen Revolution kein Interesse mehr; sie unterstützten Napoleon I., der ihnen als die sicherste Garantie ihres neuen Besitzes und ihrer Rechte erschien, und erhoben noch 1848 in Erinnerung an ihn den späteren Napoleon III. zur Macht, wie sie auch 1871 die reaktionärste Nationalversammlung wählten (8. Februar) und so den Kampf des Staates mit dem revolutionären Paris, die Vernichtung der Commune, ermöglichten. In Rußland, 1917, nach Erschütterung der Staatsmacht, nahmen sie wieder so viel Land, als ihnen erreichbar war, und ließen im übrigen die Dinge ihren Weg gehen; sie unterwarfen sich dem Bolschevismus der Städte, soviel sie mußten, bis ihre zähe Lebensmitteldrosselung ihnen wieder eine Machtposition gab, in welcher sie jetzt teils sich um das Schicksal des übrigen Rußland gar nicht kümmern, teils durch ehrgeizige Führer auf eine agrarische Alleinherrschaft in dem ungeheuren Land hinarbeiten. Man kann wohl sagen, daß überall die Bauern durch große Leiden, durch geistige Isolierung im Lauf der Jahrhunderte verbittert, verhärtet, unsozial geworden sind und daß das ihnen systematisch zugemessene Unterminimum von Erziehung sie dem kulturellen Leben der Menschheit gegenüber gleichgültig machte. Sie sahen sich stets von Feinden umgeben, Junkern und Pfaffen, Beamten und Büttheln, die sie durch List täuschen mußten. Auch der Arbeiter, der bares Geld als Lohn bekommt, der nach den Arbeitsstunden sich um den Betrieb keine Sorge macht, den keine schlechte Ernte bedroht, weil er nichts zu ernten hat, ist vielfach Gegenstand des Neides der Bauern, aber auch wieder Gegenstand der Geringschätzung als Mann "ohne Ar und Halm"; denn die Bauern- und Junkermentalität sind sehr ähnlich. So besteht, in Europa wenigstens, als Folge des am Bauern begangenen Unrechts, dessen tiefste Teilnahmslosigkeit am sozialen Leben, und diese Denkart der Bauern und der kleinen Handwerker setzt sich, über die vom Land stammenden Arbeiter der kleinen und großen Städte hinweg bis tief in die Arbeitermassen hinein fort. Ob in Amerika die steigende Industrialisierung des Ackerbaus andere Verhältnisse schafft, kann ich nicht beurteilen; die Farmer sind auch dort ein großes alleinstehendes soziales Element, das ebenso dem industriellen und Geldkapitalismus, der es unter seine Kontrolle bringen möchte, wie den Arbeitern, die vom Recht aller auf den Grund und Boden zu träumen wagen, feindlich gegenübersteht.

Es gab heroische Bauernrevolten, in Rußland, Italien, Südspanien, zäheste agrarische Kämpfe in Irland und die großartige mexikanische agrarische Landnahmebewegung seit zwanzig Jahren, die noch in diesem Jahr die Yaqui-Indianer im Verzweiflungskampf mit dem ganzen mexikanischen Staat sieht; überall aber ist das Ziel schließlich ungestörter **Land**besitz der das Land bearbeitenden Bauern, und als Sozialist empfindet man, daß ein so absolut lebenswichtiger Gegenstand wie das Land, Acker, Wiese und Wald, nicht **Privatbesitz** werden **darf, soll** und **kann**. Jede wirkliche Lösung dieses harten Konflikts fehlt noch. Ob die Ausdehnung der Ko-operation wie in Dänemark, der Schweiz, Irland usw. oder fast ausschließlich kapitalistischer Großgrundbesitz wie in Argentinien, dem eine besitzlose Landarbeitermasse mächtig gegenübersteht, schon Elemente einer kommenden sozialeren agrarischen Entwicklung enthalten, läßt sich nicht voraussagen. Anderswo ist der Bauer der **Junker en miniature** wie in Deutschland und Österreich, der kleine Geschäftsmann wie in Frankreich und der sich dem städtischen Kapitalisten anähnlichende agrarische Kapitalist wie wohl vielfach in Nordamerika.

Der Sozialismus aller Richtungen steht dem Bauern noch ratlos gegenüber und weiß nur nachträglich zu loben, was der Bauer in eigenem Interesse tut, ohne dabei auf die Allgemeinheit Rücksicht zu nehmen. Erst wirklich sozialistische Gefühle großer Massen der Menschheit und ihre praktische Betätigung werden die Machtstellung des Bauern brechen.

Dann wird die städtische Bevölkerung in Massen ihre engen Wohnstätten verlassen und sich auch des Landlebens erfreuen und an der Landarbeit teilnehmen wollen, und dem Bauern wird freistehen, sich den Städten zu nähern und an ihrer Arbeit und ihrem geistigen Leben teilzunehmen. Solche hin- und herstürmenden Wellen werden den Städtern das Land und den Bauern die Stadt wiedergeben und die uralten Trennungen, Städter und Bauern, Hand- und Kopfarbeiter werden verschwinden, wie die von Privilegierten und Rechtlosen, Gebildeten und Bildungslosen. Anders als durch vollständige Ausfüllung der trennenden Klüfte kann keine dieser Fragen gelöst werden; die Einseitigkeit und Ungleichheit muß der Vielseitigkeit und Gleichheit weichen, was nur der alles belebende Hauch der Freiheit wird bewirken können.

Was nun die **Arbeitermassen** betrifft, so sind heutzutage Organisationen, Literatur und Zeitschriften, Agitation, Lohnkämpfe und Kampfmittel aller Art sowie die Grundideen des Sozialismus derart überall in Europa bekannt und verbreitet, daß wohl jeder Gelegenheit hatte, sich die Frage vorzulegen, ob er sich an diesen sozialen Bestrebungen beteiligen will oder nicht. Leider scheinen die meisten sich mit einer wenig intensiven Teilnahme zu begnügen, neben zahllosen ganz Indifferenten und einer geringeren Zahl, die klerikalen oder nationalistischen Richtungen verfällt. Da gibt es Millionen, die die Sache ganz leicht nehmen und sich auf die gelegentliche Abgabe von Stimmzetteln, auf die ihnen mehr oder weniger moralisch aufgezwungene und der Kosten wegen oft als Last empfundene Teilnahme an einer großen Gewerkschaft und vielleicht das Abonnement einer Zeitung beschränken. Diese platonischen Sozialisten gehen dem Sozialismus keinen Schritt entgegen; sie überlassen das **wie** und **wann** und alles andere ihren Führern, die sich ebensowenig beeilen, ihre angenehme Gegenwartsstellung durch irgendwelche ernste Aktion aufs Spiel zu setzen, und so schleppen sich die Jahre dahin.

Neben diesen Millionen stehen Hunderttausende, persönlich gewiß sozialistischen Ideen ergeben und lokal tätig, die aber "Parteidisziplin halten", zentrale quasi von ihnen gewählte Instanzen die wirklichen Entscheidungen treffen lassen und sich selbst an kleinen Fortschritten, dem lokalen Parteileben erfreuen, das ihre kleine Welt bildet. Sie hofften früher einmal, daß es schneller gehen werde, sind andrerseits von dem äußern Glanz der Stimmenmillionen befriedigt und auch sie lassen die Jahre dahinstreichen, von Parteitag zu Parteitag.

Innerhalb dieser gibt es nun nach der Größe der Bewegungen zehntausende, tausende, hunderte von Männern und auch einigen Frauen des intensiven Parteitreibens, aus denen die Führer emporwachsen und mit deren Hauptperson die Führer sich irgendwie verständigen müssen, um obenaufzubleiben. Da spielt dann vieles zusammen, um klare und sachliche Entscheidungen zu verhindern, Rücksichten, Prestige, Differenzen und bei den obersten Führern nun gar ihre persönlichen Ziele und ihr heute allgemeiner Wille, sich nicht zu exponieren und "regierungsfähig" zu bleiben. Die großen Gewerkschaftsführer verhalten sich ähnlich. Alle sehen in Wähler- und Mitgliederzahlen, Kassenausweisen und hohen Zeitungsauflagen, bestenfalls der Abwehr besonders reaktionärer Vorstöße alles, was erwartet werden kann.

Woher soll da der Sozialismus kommen? Er wird längst als Utopie betrachtet und das einzige Ziel ist, von Amtssesseln herab einen Staat **"sozialistisch"** zu regieren, ohne dabei mit der Bourgeoisie ernstlich in Konflikt zu kommen. Sogar das ultrakapitalistische England und das in vieler Hinscht ultrareaktionäre Preußen hatten ja schon "sozialistische" Regierungen. Faktisch bedeutet das alles nur, daß von **diesen** Parteien mit dem Sozialismus längst Schindluder getrieben wird, daß er das Aushängeschild von Politikern wurde, die zwischen Staat und Kapitalismus einerseits und den revolutionären Richtungen andrerseits im Trüben fischen. Sie haben den heutigen Sozialismus ihrer Richtungen zu völliger Ohnmacht verurteilt. Das gleiche tun aber auch die persönlich vielfach gewiß noch sozialistisch fühlenden, mit der Leisetreterei unzufriedenen, diktaturlüsternen Kommunisten, deren Unterwürfigkeit unter Moskau nur bewirkt, daß sie überall als fremder Organismus empfunden werden. Sie haben die meisten seit 1917 aktionslustig gewordenen, freiheitlich nicht aufgeklärten, revolutionären Elemente an sich gezogen und nutzlos verbraucht oder enttäuscht ihres Weges ziehen lassen.

So wurden, von 1914 ganz abgesehen, von 1917 ab alle außerrussischen revolutionären Möglichkeiten versäumt und die wenigen nicht versäumten Gelegenheiten wurden zu Katastrophen. In Rußland dagegen wurde die allgemeine Revolution durch den bolschewistischen Staatsstreich beendet und ein brudermörderischer Parteizarismus proklamiert. Es gibt wohl keinen Fehler und wohl auch kein Verbrechen an der Menschheit, die der autoritäre Sozialismus seit 1914 und 1917 nicht begangen hätte, und alles folgte aus dem wahren Wesen des marxistischen

Sozialismus, vor dem freiheitliche Stimmen seit den Sechzigern vergebens gewarnt hatten.

Der Marxismus ist eine dürre, lebensfremde Lehre, die eben dadurch leichte numerische Ausdehnung gewann, daß sie den Sozialismus verflachte, mechanisierte und den eben geschilderten Führergruppen in die Hände spielte. Seitdem hatte der Einzelne nichts zu tun als zu warten, zu wählen und, in dem einziggebliebenen russischen Fall vom November 1917, staatsstreichartig zuzugreifen und den Führern zur Macht zu verhelfen.

Das Leben ist mächtiger und wirklicher Sozialismus muß das Leben erweitern, nicht furchtbar verengen zu Gunsten eines Parteimonopols. **Der Sozialismus ist Sache der gesamten Menschheit und all ihre entwicklungsfähigen Elemente werden ihn begründen, all ihre entwicklungsunfähigen Elemente werden Hindernisse und Feinde sein** und sind es heute, welcher Klasse sie immer angehören.

Wohl sollten alle Arbeiter logischerweise sozialistisch fühlen und dem Kapitalismus ihre Arbeitskraft verweigern, besser heute als morgen, aber sie sind keine geistig und gefühlsartig homogene Masse, wie auch die Besitzenden und die von den Handarbeitern zur Zeit so getrennten geistigen Arbeiter dies nicht sind. So wie unter den beiden letzteren Kategorien viele gute Sozialisten sind, gibt es unter den ärmsten Arbeitern viele durchaus unsoziale Elemente, die eben die indifferenten, immer "arbeitswilligen", streberhaften rückständigen Teile der Klasse bilden, aus denen ihre direkten Feinde, die Aufseher- und Unterbeamtenkategorien sich beständig reichlich rekrutieren. Die Arbeiterklasse hat wahrlich zu viele Feinde und unzuverlässige Elemente in sich selbst, als daß sie sich nach dem Klassenprinzip isolieren sollte. Zu jeder dauernd lebensfähigen Verwirklichung eines Ideals gehören Geist und Gefühl, nicht bloßer Instinkt, noch weniger rein formelle "Klassenlage". Es ist traurig genug, daß, wie im vorigen geschildert, die drei großen Gruppen der Arbeit, **Handarbeiter, Bauern** und **geistige Arbeiter** so fremd und meist feindlich einander gegenüberstehen. Die Worte **Arbeit** und **Parasitismus**, genauer **nützliche Arbeit** und **unnütze, vexatorische Tätigkeit oder Faulheit** drücken die wirklichen Gegensätze aus und die Zukunft gehört einem Sozialismus, der durch die besonderen Leistungen der wirklich tüchtigen Elemente derart beispielgebend und anziehend ist, daß er auch auf die zurückgebliebenen Elemente aufklärend und moralisierend wirkt, wodurch allmählich die seit undenklichen Zeiten gestörte Einheit der Menschheit wiederhergestellt werden könnte.

## IV.

Ein **vollständiger Sozialismus** würde die Befreiung der gesamten Menschheit von aller materiellen und geistigen Knechtschaft bedeuten, die ihr im Lauf ihrer bisherigen Entwicklung aufgezwungen wurde und die, wie immer ihre Formen sich verändert haben, noch auf ihr lastet. Daß dies möglich ist, beweisen zahllose Einzelerfahrungen, ebenso deutet der Drang der Besten aller Zeiten nach diesem Ziel daraufhin, daß ein solcher Wunsch besteht und endlich liegen die Ursachen der Schwierigkeiten dieser Befreiung klar zu Tage: die aus der Knechtschaft Vorteil Ziehenden verhindern nach Kräften diese Befreiung, und ihr stärkstes Mittel dazu ist natürlich dies, die Geknechteten und Ausgebeuteten im Zustand derartiger geistiger Verkümmerung und Irreführung und physischen Schwäche- und Angstgefühls zu erhalten, daß sie unfähig werden, ernstlich an ihrer Befreiung zu arbeiten.

Es gab immer Männer und Gruppen, die dieses wichtigste Problem ganz erfaßten und die auch der nach der Befreiung zu erwartenden glanzvollen Entwicklung der Menschheit in voller Freiheit mit Freude entgegensahen – dies waren die Vorläufer der heutigen **Anarchisten** und sind heute diese selbst, eine über die ganze Erde zerstreute hoffnungserfüllte und kampffrohe Minderheit.

Unvermeidlich war, daß viele andere das Problem nur teilweise erfaßten oder Teillösungen versuchten oder Zwischenstadien für praktisch hielten usw. Sie glaubten meist praktischer zu sein, als die offen dem Endziel Entgegeneilenden. Es ist sehr fraglich, ob sie es waren, denn solange die herrschenden Klassen an ihren Ernst glaubten, war ihnen die gemäßigteste Forderung gradeso verhaßt, als die radikalste und die Mäßigung brachte Verflachung, numerisches Anschwellen, aber keine Erfolge. Es gab eine Zeit, als der Bourgeois den harmlosesten Sozialdemokraten mit demselben Haß betrachtete, wie heute den Anarchisten. Seitdem haben sich die Verhältnisse gradezu umgekehrt, indem längst die gemäßigten Richtungen von den herrschenden Klassen als Schutzwall gegen die revolutionären Richtungen empfunden werden. Furchtbarer konnte der Irrtum der Zaghaftigkeit, der Schwäche, die zum moralischen Ruin der gemäßigten Richtungen führten, nicht gebrandmarkt werden; man kann sagen, daß heutzutage in Europa ein politisch- oder großgewerkschaftlich-sozialistischer Führer, ein Minister, selbst ein Minsterium dieser Art als der sicherste Schutz der Bourgeoisie gegen die Revolution betrachtet werden.

Die Halbheit und Lauheit drapierte sich natürlich mit Ideen und man hat sich viel zu viel abgegeben, auf diesem Gebiet mit ihren Vertretern beständig zu diskutieren. Die Masken waren eben noch nicht ganz gefallen und es war wirklich schwer vorauszusehen, was für unsäglich klägliche Gesichter hinter ihnen steckten, wie man das seit 1914 und 1918 überall sah. Vor allem fand diese Diskussion fast nie unter loyalen Bedingungen statt und artete zur chronischen unfruchtbaren Polemik aus. Eine Hauptgrundlage der Ideenentwicklung, das freie Experiment, fehlte unter den vorhandenen Verhältnissen ganz.

So stehen wir trotz einer ungeheuren sozialistischen Literatur und Presse aller Richtungen heute mehr als je auf einem geistigen Schlacht- und Trümmerfeld, auf dem der volle anarchistische Befreiungswille, unterstützt von vielen bewußt oder halb- und unbewußt freiheitlichen Strömungen einer vom kommunistischen Diktator zum sozialdemokratischen Staatsminister reichenden autoritären Menge gegenübersteht, die eigentlich die sich hinter sie scharenden staatlichen Bureaukratien und Durchschnittsbourgeois verteidigt und von ihnen verteidigt wird, während die großen kapitalistischen Raubtiere, die internationale Finanz, im Hintergrund lauern und noch andere Ungeheuer bereit halten, Fascismus, Nationalismus, Krieg usw., um die ihnen wirklich gefährlichen Kämpfer zu vernichten und die andern in ihre Hürden zurückzutreiben als Arbeitstiere in ihrem Dienst. Es ist schwer, sich vorzustellen, daß dieses der Selbstzersetzung der autoritären Richtungen zu verdankende Chaos sich klären kann, aber schließlich machte die Menschheit schon einmal ähnliches mit den **Religionen** durch, die ganz dieselben autokratischen Gelüste hatten (und noch haben), als die autoritär-sozialistischen Richtungen; es kam aber doch eine Zeit, als die Sonne der Wissenschaft den nächtlichen Spuk vertrieb und heute sitzen die Religionen im Strahl dieser Sonne so matt und farblos da wie Nachtgespenster am hellen Mittag. Der freie Gedanke, die Anarchie setzen den Kampf des Lichtes gegen den autoritären Nachtspuk fort und die Illusionen trüber Zeiten und trüber Gehirne werden verblassen und schwinden.

Sozialistische Ideen manifestieren sich seit jeher auf die verschiedenste

Weise, als instinktives Volksgefühl, in Empörungen, Arbeitskämpfen und bewußter Verminderung des Ausbeutungsgrades (Sabotage), in Utopien, philosophischen Systemen, sozialer Färbung der Religion, in Poesie und Kunst, als Versuche sozialistischer Lebensweise, in agrarischen, gewerkschaftlichen, politischen und sonstigen Organisationen, geheimen Gesellschaften usw., als Teilversuche (Ko-operation) usw. All diese Betätigungen, die mit den größten Hindernissen kämpften und meist isoliert waren, hatten viel lokale Färbung und Spezialisierung, aber auch viele, schon frühzeitige internationale Zusammenhänge. Aber wirklich allgemeine Methoden, exaktes Vorgehen, wie dies auf so vielen andern Gebieten zu fester Begründung internationaler Wissenschaften führte, gab. und gibt es auf diesem so wichtigen Gebiet aus verschiedenen Ursachen noch immer nicht, woran der frivole Mißbrauch des Wortes Wissenschaft durch die Marxisten nichts ändert.

Die Identifizierung der Ausbeutung durch das entstehende Fabriksystem, die soziale Unzulänglichkeit der französischen Revolution, das geistige Erwachen des aufgeklärten achtzehnten Jahrhunderts und die Vorbilder großer Empörungen (Amerika, Frankreich) und großer Um-Umstürze alter Verhältnisse (Revolutionskriege und Napoleopn I.) brachten endlich die aus der Utopie sich der Wirklichkeit zuwendenden großen sozialistischen Gesamtauffassungen der **Godwin** und **Robert Owen, Fourier** und **Saint Simon** und anderer, die, wie auch schon **Babeuf** und **Buonarroti** und **Thomas Spence**, zum erstenmal größere Bewegungen entfachten, eifrige Propaganda und Diskussion; ihnen folgten die **William Thompson** und **Pierre Leroux, Cabet** und **Blanqui, Louis Blanc** und **Marx, Proudhon** und so viele andere. Eine Überfülle von Anregungen durch Männer der verschiedensten Art, die, wie auch die alten Utopisten, ein jeder im höchsten Grade durch ihr persönliches Wesen, ihr Milieu, Zeit- und persönliche Ereignisse in ihren Ideen beeinflußt wurden. Sie schrieben alle, besten Glaubens, unbefangen zu sein, ihren **Selbstsozialismus**, ihre eigenen Empfindungen, Wünsche und Träume nieder. Gleicher persönlicher Verschiedenheit und Disposition entsprangen ja auch die verschiedenen Religionen und sogenannten religiösen Häresien (Ketzereien), die sich so bitter befehdeten, während man in der Kunst längst soweit war, sich an der Eigenart der einzelnen Künstler zu erfreuen und jedem seinen Stil gönnte. In der Wissenschaft wüteten bittere Kämpfe verschiedener Auffassungen, aber eine Anzahl erwiesener Tatsachen wurde überall Gemeingut und eklatanten Beweisen durch das Experiment konnte sich niemand, der ernst genommen sein wollte, entziehen. Im Sozialismus nun handelte man in dieser Hinsicht so unvernünftig als möglich, machte alle für Wissenschaft und Kunst längst vermiedenen Fehler, macht sie noch heute und würde noch neue Torheiten dazu begehen, wenn es noch welche gäbe. Man schwört zu einer Schule, verabscheut alle andern, vermeidet sich über irgend etwas zu einigen, hat die Diskussion längst durch mißachtende Polemik ersetzt und hat noch keine Wunde geheilt, jede nur verschärft und vergiftet. Die andern starben ab und Marx und Engels, die am unverträglichsten waren, die, Blanqui ausgenommen, alle anderen Sozialisten bekämpften und verhöhnten, gaben sich als überlebende Erben und Sieger aus und ihre Anhänger führen ihre alten Kämpfe gegen jeden freiheitlichen Sozialismus, ob Proudhon, Max Stirner oder Bakunin ihn vertraten, unermüdlich mit allen Mitteln fort, auf dem Papier, in den Organisationen oder, wo sie die Macht besitzen wie im heutigen Rußland, mit Kerker, Verbannung und Tod.

Stets fehlte, seit nunmehr einem Jahrhundert, der Wille der von einzelnen Männern aus sich heraus geschaffenen sozialistischen Nuancen, sich durch gegenseitige freundliche Kritik, Selbstkritik und Erfahrung zu verbessern, solidarisch zusammenzuwirken. Statt sich über das Vorhandensein anderer Auffassungen zu freuen, hielt jeder dieselben für blitzdumm, gänzlich verfehlt, schädlich und die Bekämpfung verdienend. Die großen Geister änderten an ihren Lehren nichts und ihre kleinen Anhänger durften dies schon gar nicht tun oder sie mußten ihrerseits kleine Ketzergemeinden gründen. Als dann Organisationen entstanden, wurden von Delegiertenversammlungen "Programme" beschlossen, als ob der "Heilige Geist" sich auf die Majoritäten von Kongressen herabsenken und sie besonders "erleuchten" würde. Die einzige Ausnahme bildeten einige Konferenzen und Kongresse der Internationale in den Jahren 1865 bis 1869 (London, Genf, Lausanne, Basel), auf welchen Delegierte der verschiedenen Richtungen gemeinsame Probleme freundlich diskutierten und zu Resolutionen zu gelangen suchten, die einen gemeinsamen Schritt nach vorwärts bedeuteten.

Aber dieses Nebeneinander des in den Jahren 1867-70 sich entfaltenden kollektivistischen Anarchismus (Bakunin, De Paepe) und des autoritären Sozialismus (Marx, J.Ph. Becker usw.), das hauptsächlich der Einsicht damaliger französischer Sozialisten zu verdanken war, die vor den bevorstehenden großen Kämpfen keine Spaltung wollten, verschwand nach der zeitweiligen Schwächung dieser Sozialisten durch den Fall der Commune, 1871, und Marx, nunmehr gänzlich ungezügelt, nahm seine Rache und zerstörte die sozialistische Gemeinschaft der Internationale in den Jahren 1871-72 gänzlich und bis heute. Die Anarchisten boten vergebens friedliches Nebeneinandergehen auf Grundlage ökonomischer Solidarität dem Kapitalismus gegenüber an. Ein englischer Sozialismus bestand damals nicht und die Trades Unions gingen ihre eigenen Wege, ausdauernd in Arbeiterkämpfen, aber im übrigen vom politischen Radikalismus kaum getrennt. Marx hatte bis dahin nicht einmal in Deutschland großen Anhang gehabt, da die Lassalleaner seinen engeren Anhängern kritisch und feindlich gegenüberstanden, die im Lande selbst auch taten, was sie für richtig hielten, Marx und Engels aber gern als in der Ferne weilende Schutzpatrone ihrer Richtung anerkannten. Später erkannten ehrgeizige französische und russische Führer (Guesde, Plechanoff usw.) ein solches geistiges Patronat an und Engels und die Marxinterpreten Bernstein, Kautsky u.a. bauten dann unermüdlich all diese Beziehungen aus und der Marxkultus entstand. Die Lehren von Marx erwiesen sich als überaus auslegungsfähig; die Richtungen Bernstein, Plechanoff, Kautsky, Lenin stützen sich in gleicher Weise auf dieselben. Wie jede Handlung der Kirche in der Bibel irgendeine Stütze fand, so ließ sich auch aus Marx jede Art der Taktik als allein richtig nachweisen, Reformismus und Revolution, Parlamentarismus und Diktatur usw. Ein **einziger** autoritärer Sozialist, **Jean Jaures**, hielt sich von diesem Spiel mit dem Marxorakel fern, ohne es aber wesentlich zu stören; denn er hatte in sich selbst die gleiche Fähigkeit, für jedwede Art der Taktik beredte Argumente zu finden. Genau betrachtet spielten übrigens die Ideen von Marx bei dem ganzen Treiben der parlamentarischen und diktatorischen Sozialisten der letzten fünfzig Jahre eine verschwindend kleine Rolle; es geschah, was nach den Gesetzen der schiefen Ebene und des beschleunigten Falls dem zur heutigen Gesellschaft zurückgleitenden Sozialismus der Politiker und Großgewerkschaftler geschehen **mußte** und nachträglich sog man sich stets Kapitel und Vers aus den Schriften von Marx heraus und fühlte sich moralisch entlastet. Solange man den mildesten Parlamentarismus brauchte, fand man ihn bei Marx und als man die wildeste Diktatur wünschte, fand man sie auch; Bernstein und Lenin, Reformismus und Autokratie sind Beweise dieser Elastizität des Marxismus.

Es spricht nicht unbedingt gegen Marx, daß er zu verschiedenen Auffassungen gelangte, es spricht sogar für seine Entwicklungsbemühungen. Weder umfassende Erfahrung – denn der englisch-französisch-belgisch-deutsche Kapitalismus von 1840 – 1880 war bei aller Größe doch ein örtlich und zeitlich beschränktes Beobachtungsfeld –, noch eine Läuterung seiner Ideen durch Diskussion, – er kannte Andersdenkenden gegenüber nur den Vernichtungswillen, noch sein persönlicher Charakter – ungezügelte Leidenschaftlichkeit und Selbstkultus, machen Marx zu einer Erscheinung von dauernd irgendwie Ausschlag gebender Bedeutung. Er haftet mehr als viele andere an der jeweiligen Gegenwart, so virtuos er Eindrücken und Vermutungen eine allgemeine Prägung zu geben wußte. Dies blendete viele, aber es ist unendlich zu bedauern, daß ihm zu Liebe tatsächlich die ganze reiche ältere sozialistische Literatur systematisch der Vergessenheit, wenn nicht dem Verlust zugeführt wurde. Im Besitz von Marx hielt man sich für unendlich erhaben über alle andere sozialistische Literatur, die nur "utopisch" nicht "wissenschaftlich" sei. So besaß man die Äußerungen von Marx über Ereignisse seiner Zeit, die man nicht mehr beurteilen konnte, und das, was Bernstein, Kautsky und viele andere aus Marx herauslasen oder in Marx hineinlasen, und glaubte dadurch am Ende aller sozialistischen Weisheit angelangt zu sein! Man befand sich vielmehr dadurch in entsetzlicher geistiger Isolierung. Isolierung im Sozialismus, in welchem der Anarchismus, der Syndikalismus, die Ko-operation and anderes ein frisches Leben führten, Isolierung in der europäischen Mitwelt der sich um uns herum abspielenden, die Kriege und Katastrophen vorbereitenden Tagesgeschichte, zu der man in dem Fetisch "materialistische Geschichtsauffassung" einen alle Geheimnisse aufschliessenden Schlüssel zu haben glaubte. Mittelst dieses "Schlüssels" und einiger Marx entnommenen Redewendungen löste jeder Leitartikel beruhigend alle Weltfragen, und so eilte man, mit marxistischer Brille bewaffnet, aber in Wirklichkeit stumpfen Blickes den Katastrophen entgegen.

Marx selbst schrieb einmal kurz vor 1848 von dem "Kommunistenstolz der Unfehlbarkeit". Er vermochte diesen bei andern kritisch zu bemerken, züchtete ihn aber selbst mit aller Kraft und vererbte ihn all denen, die sich bis heute an seinen verbleichenden Schatten anklammern.

Unbelehrbarkeit und Unverbesserlichkeit sind mit solchem Stolz verbunden und Zank und physische Unterdrückung sind längst die einzige Art, auf welche diese autoritären Sozialisten sich mit allen andern Sozialisten auseinandersetzen. Woher soll da eine geistige Weiterentwicklung kommen? Mit offenen Armen ist diese Art von Sozialismus dem Staat und der kapitalistischen Gesellschaft zugewendet, stets bereit, sich ihr in bureaukratischer Betätigung anzuschmiegen oder à la Rußland per Diktatur die Staatsmaschine selbst zu übernehmen und weiterzuführen.

Kann all dies wirkliche Sozialisten und ehrlich, human und freidenkende Menschen überhaupt interessieren und anziehen? Muß es sie nicht im höchsten Grade abstoßen? – Der Sozialismus als ganzer ist hierdurch diskreditiert und blamiert und dies in einer Zeit, in der sich trotz allem so viele nach etwas sozialer Gerechtigkeit sehnen. Die Pflicht der **freiheitlichen Sozialisten**, ihre Ideen mit neuer Kraft, auf breitester Grundlage zu verbreiten, wird dadurch immer dringender; denn der Marxismus hat, so hart dieses Wort klingen mag, dem Sozialismus nur Schaden und Schande bereitet, woran Marx selbst noch am wenigsten schuldig ist: so groß ist das Unheil, das in seinem Namen verübt wurde und wird.

## V.

Hier sei gesagt, daß ich durchaus nicht **soziale Reformen** geringschätze oder verwerfe. Die Zeit, in der ich mit vielen andern sagte: ein zur Zerstörung bestimmter Organismus darf nicht ausgebessert werden, und: je schlechter, desto besser!, liegt sehr weit hinter mir. Jede Verbesserung ist ein Fortschritt, eine Arbeit, die getan ist und nicht mehr getan zu werden braucht, etwas, das eine bessere Grundlage für die großen vor uns liegenden Leistungen darstellt, als ein Elendszustand, der vor allem Schwäche bedeutet.

So war es also ganz selbstverständlich, daß unzählige alte soziale und politische Übelstände und Grausamkeiten im neunzehnten Jahrhundert beseitigt wurden, so wie man alte Häuser niederriß und neue baute. Die entsetzlichen Arbeitsverhältnisse der frühkapitalistischen Zeit, als die Maschinen ganze Generationen, vom sechsjährigen Kind an, verschlangen, schrien nach Verbesserung. Hygiene und Prophylaxe, Eindämmung von Epidemien, Körperpflege usw., all das war früheren Jahrhunderten fremd und mußte über stupide Vorurteile und Privatinteressen hinweg sich durchkämpfen und diese nützliche Tätigkeit dauert selbst heute weiter.

Zwar waren Philanthropen und selbst Fabrikinspektoren die ersten Anreger solcher Reformen und von direkter Aktion der Arbeiter war noch keine Rede, ist es auch heute noch sehr selten; doch wurden allmählich Gewerkschaftsvertrauensmänner Vertreter der Arbeiter bei Enquêten, in Kommissionen usw., und der Wunsch entstand, solche Vertreter auch in gewählten Körperschaften zu besitzen, wozu das Wahlrecht erweitert werden mußte. So kam es schließlich zu Arbeiterabgeordneten, die als Fachmänner und Vertrauensmänner der Arbeiter sachlich nützliche Arbeit bei den Beratungen über soziale Reformen leisten konnten. Solche rein technische Mitarbeit hatte mit dem Sozialismus nichts zu tun und die englischen und schottischen Arbeiterabgeordneten dieser Art waren durch viele Jahre einfach Liberale oder Radikale.

Illusionen entstanden erst durch den Wahlrechtskultus der liberalen Reformer in England bis 1832, der die Wahlrechtsschwärmerei der Chartisten seit 1836 inspirierte, durch den französischen Stimmrechtskult vor 1848, der 1848 zugleich einen bonapartistischen Präsidenten und eine sich "**demokratisch und sozial**" nennende, vom Sozialismus aber himmelweit entfernte "Berg"-partei hervorbrachte. Letztere, die wahrlich in Frankreich nichts geleistet hatte und teils am 13. Juni 1849, teils am 2. Dezember 1851 von der vom allgemeinen Stimmrecht der Provinz gewählten Reaktion hinweggefegt wurde, hatte in Deutschland eine auch ihren Namen akzeptierende Nachfolgerin in der "**sozialdemokratischen**" Partei, die aus Lassalleanern und sozialen Demokraten allmählich zusammenfloß und zwar grade in jenen Jahren, den Sechzigern und Siebzigern, in welchen im übrigen Europa die Arbeiter teils, wie in England, liberale Gewerkschaftler, teils, wie in den romanischen Ländern, politische Republikaner oder anarchistische Sozialrevolutionäre waren. Die Commune von Paris und vieles andere zeigte die Kampfbereitschaft der damaligen west- und südeuropäischen Arbeiter.

Um nun diesen Erfolgen des freiheitlichen Sozialismus ein das Prestige von Marx und der deutschen autoritären Sozialisten wahrendes Gegengewicht gegenüberzustellen, wurden immer mehr die Massen der **sozial** und **demokratisch** stimmenden Wähler in Deutschland mit dem Sozialismus identifiziert und eine immer steigende numerische Überlegenheit der wählenden Sozialdemokraten und der gewerkschaftlich organisierten Arbeiter über die freiheitlichen Revolutionäre konstruiert. Der deutsche Sozialismus mündete so in die Sozialdemokratie und dieses für die Gewählten sehr angenehme Verhältnis wiederholte sich bei den Wählerparteien in Frankreich, Belgien, Italien, Österreich usw., indem überall die Partei der Wähler und Großgewerkschaftler als legitime und einzige Vertreterin des Sozialismus von nun ab angesehen wurde.

Hierdurch gelangte diese Art von Sozialismus unvermeidlich in steigendem Grade in die Hände von äußerst wenig sozialistisch fühlenden Massen. Denn die zur Wahl erforderliche Majorität muß notwendigerweise viele vom Sozialismus kaum Berührte umfassen und diesen Elementen muß die Tätigkeit der Abgeordneten in gewissem Grade entgegenkommen, damit sie für künftige Wahlen immer zahlreicher zu gewinnen sind. Auf gleiche Weise müssen die Großgewerkschaften den vielen wenig vorgeschrittenen Mitgliedern etwas bieten, um sie sich zu erhalten. Die Jagd nach kleinen Erfolgen, Reformen, Zugeständnissen wird dadurch zur Lebensfrage dieser großen Organismen und die sozialistische und revolutionäre Taktik ist tot und begraben. Diese Organismen sind dadurch an den Staat gekettet und der **Internationalimus** wird zur leeren Phrase.

Grade letztere Entwicklung ist in den letzten Dezennien reißend schnell vorgeschritten. Das Kapital diktiert dem Staat die für dasselbe vorteilhafteste Handelspolitik, die dann durch den militärischen Machtmitteln entsprechende offene oder verhüllte Pression schwächeren Staaten aufgezwungen wird, worauf die Ausfuhr steigt und es "viel Arbeit" gibt, also auch günstigere Lohnverhältnisse und weniger Arbeitslose. Dies macht die Kapitals- und Staatspolitik und den auf der Höhe erhaltenen Militarismus und die Interessen der Arbeiter dieses Landes solidarisch — und welcher sozialistische Abgeordnete, welcher Großgewerkschaftsführer würde es wagen, gegen eine solche Politik ernstlich aufzutreten, den Militarismus, die Flotte, die Gewalttätigkeiten und Winkelzüge der einheimischen Diplomatie anzugreifen? Dies würde Wähler und Mitglieder kosten, Partei und Organisation beeinträchtigen: also unterbleibt es, genauer es wird als nichtverantwortlich betrachteten Heißspornen allenfalls überlassen, darüber zu reden, während die leitenden, "regierungsfähigen" Männer sich um die Sache herumdrücken. Die Arbeitslosigkeit wird so vom stärksten Land, das sie doch am leichtesten ertragen, d.h. solidarisch unterstützen könnte, dem schwächsten und ärmsten Land zugeschoben, dessen Ruin sie besiegelt. Ebenso steht es z.B. mit dem Bau von Kriegsschiffen: theoretisch und platonisch wünschen die Arbeitervertreter denselben nicht; wenn aber wirklich einmal ein Kriegsschiff nicht oder in einem billigeren Hafen gebaut werden soll und die lokale Bevölkerung Klagen erhebt, müssen die Arbeiterverterter natürlich Himmel und Hölle in Bewegung setzen, damit der Schiffsbau nicht unterbleibt oder nicht verlegt wird. In gleicher Weise werden patriotische Fragen, um die Form zu wahren, etwas kritisch betrachtet, bald aber schwimmt man mit dem Strom; alle anfänglichen Proteste wegen Ruhr und Riff, Syrien und China sind bald verstummt. So haben Kapital, Staat und die herkömmlich patriotischen Massen immer völlig freies Spiel, weil ja die Stimmen der Massen und die formelle Mitgliedschaft der größtmöglichen Arbeiterzahl unentbehrlich sind. In Ländern, wie den neuen Staaten von 1918-19, die sich ökonomisch nicht grade sorgenlos befinden, schmiedet wieder der neugegründete lokale Industrialismus, der um jeden Preis am Leben erhalten werden soll, Staat, Bourgeoisie und Arbeiter fest zusammen, der ebenso gezüchtete rasende Nationalstolz ebenso.

Die durch ihre Ausdehnung auf ungeheure Wählermassen und vom Sozialismus so gut wie unberührte Arbeitermassen zu prosperierenden Hierarchien und Bureaukratien gewordenen Parlaments- und Großgewerkschaftssozialisten wachsen also dadurch in den Staat und die Bourgeoisie hinein, sind in ihren persönlichen Interessen an die Macht des Staates und die Prosperität der Bourgeoisie gekettet. Der Internationalismus ist tot und das Hauptziel ist längst die Prosperität der nationalen Bourgeoisie, damit es den nationalen Arbeitern auch "gut geht" und sie gern wählen und unverdrossen Mitglieder der Großgewerkschaften bleiben. Staat, Bourgeoisie und Arbeiter bilden eine einzige Firma.

Gegen diese totale Preisgabe des Sozialismus reagieren einige autoritäre Sozialisten als **Kommunisten**, aber in derart russische Muster und Befehle den Bevölkerungen aufdringender Weise, daß entweder keine Wirkung erfolgt, oder sehr traurig endende Katastrophen, wie 1919 in Ungarn und Bayern usw. Man muß leider sagen, daß all das so plump angegriffen wurde, so wenig Anziehungskraft hatte, daß der allgemeine Mangel an Sympathie die brutalsten Repressionsgrausamkeiten möglich machte und dem Fascismus Tor und Türen öffnete. Nie hätte ich früher gedacht, daß es anscheinend sozialrevolutionäre Kämpfe geben könnte, bei denen man doch vollständig abseits stehen muß, aber was kann man anderes tun, wenn diese Kämpfe direkt der Errichtung einer Diktatur gelten, die bereit ist, jede ihr nicht gefügige sozialistische Richtung zu entrechten und physisch zu vernichten. Diesen kommunistischen Diktatoren auch nur mit dem kleinen Finger zu helfen, hieße doch die künftigen Unterdrücker jedes ihnen nicht gefügigen und vor allem jedes freiheitlichen Sozialismus in den Sattel heben! In **solche** Lage versetzten die Kommunisten sich selbst und alle Revolutionäre, die ihre eigenen Brüder der kommunistischen Sklaverei ausliefern würden, wenn sie den Kommunisten zu einem Sieg verhelfen würden.

Sklaverei, wenn der Kommunismus irgendwo siegen würde, Sklaverei, wenn seine Niederlage einen Fascismus zu unmittelbarer Macht erhebt, Stagnation, wenn, wie jetzt, Parlamentssozialisten, Großgewerkschaften, Bourgeoisie und Staat eine Interessengemeinschaft bilden — dies sind die Aussichten, die der autoritäre Sozialismus der Sozialdemokratie und des Kommunismus den Proletariern Europas bietet ... und wenn diese durch ihre elende Lage zu Verzweiflungsrevolten getrieben würden oder wenn sie gegen kommende Kriege gewaltsam protestieren würden, hätten sie nicht nur den Kapitalismus, Staat und Militarismus als offenen Feind gegenüber, sondern einen jede Situation für die eigene Diktatur ausbeutenden Kommunismus und eine jede Revolution, die ihnen nicht im vorherein sichere Ministerfauteuils brächte, zum Fall zu bringen entschlossene Sozialdemokratie als falsche Freunde neben und unter sich, vom lauernden Fascismus ganz abgesehen .... Selbst die freiheitlichen Kräfte würden mehr oder weniger geteilt, unvorbereitet und ohne Erfahrung sein; denn sie machen zwar das wirre Treiben all dieser Jahre selbstverständlich nicht mit und beobachten es kritisch, aber sie stehen dadurch notwendigerweise abseits und es fehlt ihnen sehr viel an praktischer Erfahrung und ebensoviel an Verständigung und innerer Klarheit auch nur über die einfachsten Anfänge einer ernsten Bewegung. Die einen würden direkt auf das Endziel zustürmen, andere würden wünschen, in engem Kontakt mit den Massen zu bleiben, deren Handlungsweise gar nicht vorauszusehen ist, usw.

Deshalb kann nicht genug daran gearbeitet werden, daß den in ganz unbestimmter Nähe oder Ferne liegenden, in ihrer wirklichen Beschaffenheit auf keine Weise vorauszusehenden Ereignissen eine **geistige Erneuerung** vorausgeht, ein umfassender Bruch mit der Routine, dem Fatalismus, dem sozialistischen Kleinleben in eine Sphaere von Unnachgiebigkeit. Unversöhnlichkeit, dem Auskämpfen jedes Streits, der Verewigung jeder Polemik, der Prestigepolitik jeder Organisation und jedes Führers usw. Dieser beim Zusammenarbeiten zahlloser sich innerlich fremder Personen unvermeidliche Abfall, das, was in jedem Arbeitsraum unter den Tisch fällt und am Abend ausgekehrt wird, das ist in den meisten sozialistischen Bewegungen heute riesengroß und fast selbständig geworden; es ist, wie wenn die Papierkörbe und die Abfallkisten dem produktiven Betrieb über den Kopf gewachsen wären und sich selbständig gemacht hätten. Ärger treiben es die Staaten und ihre Diplomatien wirklich auch nicht unter sich. So vegetiert und dämmert man dahin und zankt sich, bis die Faust der Finanz, des Soldaten, des Fascisten wieder zugreift und neue Situationen schafft, die weitere Niederlagen des Volkes bedeuten.

So greift die englische Bourgeoisie auf einmal nach den ältesten Errungenschaften des Tradeunionismus, so wird in Frankreich der Griff des Militarismus im Kriegsfall im Handumdrehen auf Kinder, Frauen und Greise und auf jede gewerkschaftliche Organisation usw. ausgedehnt. All dem steht der autoritäre Sozialismus längst ohnmächtig gegenüber, weil er seit vielen Jahren systematisch alle freiheitlichen Kampfmittel mißachtete, verschmähte und verhöhnte. Er konnte sich nicht genug beeilen, sich dem Staat an den Hals zu werfen; er züchtete Gehorsam und Disziplin und schonte die ältesten Vorurteile seiner Wähler und nominellen Mitglieder. Seine Talente wurden stumpfe Parteibeamte oder geriebene politische Gaukler und jedem nicht gefügigen Talent wurde nach Möglichkeit der Hals gebrochen. Er verstrickte sich überall so mit den Bourgeois- und Staatsinteressen seines Landes, daß er international aktionsunfähig wurde. Er hielt die Arbeiter von den freiwilligen humanitären Bestrebungen der Menschheit, die ja nicht Parteiunternehmungen waren, fern und sperrte sie in ihre Klasse ein und von der Menschheit ab. Er hatte für alle Fragen die marxistische Universallösung und verhinderte dadurch das ernste Studium der modernen Probleme. So entstanden Enge, Unselbständigkeit, phrasenhafte Oberflächlichkeit und geistige und faktische Ohnmacht. Wenn seit sechzig Jahren auch von im Anfang wohlmeinenden und aufrichtigen Elementen systematisch in falscher Richtung und auf falsche Weise gearbeitet wird, dann entsteht eben eine Anhäufung von Entartungen, wie sie hier beschrieben ist.

Was uns trösten kann, ist, daß schließlich ein solcher Absterbeprozeß doch wohl nur **einmal** stattfinden kann, daß also eine künftige Herrschaft eines Marxismus ausgeschlossen sein dürfte, wenn er jetzt vor unsern Augen sowohl als Bolschevismus, wie als Sozialdemokratie sich so heillos blamiert und selbstzersetzt. So vernünftig sollte die Menschheit doch wohl sein, daß sie nicht zweimal auf solche Weise an sich operieren läßt. **Dies allen ganz klar zu machen und in faßlicher Form die wirklichen Wege der Befreiung zu zeigen, das ist die große Aufgabe der freiheitlichen Richtungen des Sozialismus, der sie sich gewachsen zeigen müssen; sonst gleitet die Menschheit in bodenlose Tiefen zurück.**

Selbst die noch geistig lebendigen und moralisch aufrechten Anhänger des autoritären Sozialismus sollten versuchen, dies einzusehen. Sie haben als Bolschvisten moralisch und faktisch ausgespielt und halten sich nur noch, weil ein Teil der Welt Schadenfreude empfindet über den Verdruß, den sie als Russen dem englischen Imperialismus bereiten. Als Sozialdemokraten werden sie von der Bourgeoisie als Schutztruppe gegen Bolschevismus, Fascismus und die wirkliche Revolution betrachtet.

Selbst die soziale Reformtätigkeit entwinden ihnen Staat und Gemeinden und internationale halboffizielle Organismen. Was bleibt da eigentlich für eine sozialistische Gesamttätigkeit noch übrig? Die ewige Hoffnung, als parlamentarische Majorität einen legalen Bolschevismus dem Lande aufzuzwingen – das ist doch zu naiv, dazu hält heute kein Land mehr still. Also in einem solchen Fall neue Machtlosigkeit oder neuer Bolschevismus, – das alte Spiel!

Warum geben da intelligente autoritäre Sozialisten nicht die unhaltbare Prätension auf, der **einzige** Sozialismus sein zu wollen? Sie sind doch wahrlich nicht jeder solchen Einsicht unzugänglich, haben sich doch in Deutschland die so tief gespaltenen **offiziellen** und **unabhängigen** Sozialdemokraten vor einigen Jahren seelenruhig wieder vereinigt, und wie oft adoptierten schon die Kommunisten auf das Moskauer Hornsignal hin die schärfere oder die mildere Tonart und Taktik? Sind nun all diese Richtungen so blind und unwissend, daß sie die Existenz, Größe und Zielbewußtheit der freiheitlichen sozialistischen Richtungen nicht kennen und ebensowenig die allgemeinen Freiheitsbedürfnisse der Menschheit, oder sind sie so herrschsüchtig, daß sie all diese Wünsche mißachten und sich allein durch die Diktatur der Menschheit aufzwingen wollen – die Sozialdemokraten durch die die Beschlüsse parlamentarischer Majoritäten ausführenden Zwangsorgane des heutigen Staates, die Bolschevisten durch ihre analogen, einen andern Namen führenden Zwangsorgane?

Dann sind sie eben Feinde der menschlichen Freiheit, Geistesgenossen und faktische Genossen des **seine** Ideen mit Gewalt aufzwingenden Fascismus. Dahin hat es der autoritäre Sozialismus gebracht und man müßte an der Menschheit verzweifeln, wenn es in ihr keine freiheitlichen Strömungen gäbe. Zum Glück ist dies der Fall, wie in den beiden nächsten Kapiteln geschildert werden soll.

## VI.

Das große Erwachen der Menschheit im achtzehnten und neunzehnten Jahrhundert förderte denn doch noch vieles Wertvollere zu Tage als den einst stolzen, jetzt versumpfenden Strom des autoritären Sozialismus. Neben der unmittelbaren Entfaltung der **Anarchie** entstanden eine ganze Reihe befreiender Bewegungen und Strömungen auf beschränkterem Gebiet, die im allgemeinen freisinnig und freiwillig sind und vor allem meist durch Verwirklichungen oder Versuche und Studium ruhige praktische Erfahrung erwerben. Sie haben gewiß ihre Mängel, Unzulänglichkeiten, Einseitigkeiten, aber sie sind nicht durch hoffnungslose dogmatische Hochfahrt und unbezähmbare Herrschsucht vom Leben getrennt, wie die Entartungsform des autoritären Sozialismus, der Marxismus, es ist.

Solche Richtungen sind etwa die **Ko-operation**, der **Syndikalismus**, der **experimentale Sozialismus**, die **freisinnige Pädagogik**, die **Freidenkerbewegungen**, vielerlei **humanitäre, internationalistische, völkerverbindende, den Gewaltkult bekämpfende** Richtungen, Herausarbeitung der **Persönlichkeit** und **Menschenwürde**, der **Menschenrechte**, alles **Freie und Soziale in Kunst und Wissenschaft** und seine Verbreitung, Schutz und Liebe zu den **übrigen Lebewesen** und zur großen **Natur** — kurz, die ganze Fülle menschlicher Versuche von der von so vielen geträumten Utopie allgemeinen Glücks wenigstens einzelnes zu verwirklichen. Hierher gehört sehr vieles, was von den **Frauen** geschah, der Kampf gegen so viele **moralische Fesseln**, gegen die der urzeitlichen Barbarei noch so nahestehende gegenwärtige **Justizpflege**, erwachendes **soziales und persönliches Verantwortungsgefühl, Mitgefühl, Solidarität und Hilfsbereitschaft**. All dies und anderes sind Äußerungen des Befreiungs- und Vermenschlichungsdranges und die wirklichen sozialen, intellektuellen, moralischen und Initiative besitzenden Kräfte, welche die bessere Zukunft vorbereiten.

Aller einzelnen Unvollkommenheiten ungeachtet führt jede dieser Strömungen und Betätigungen vom Staat weg und bereitet den Menschen zur Selbstverantwortung und Selbständigkeit vor. Die **Anarchie** ist nichts anderes als die Zusammenfassung der idealsten Endziele all dieser Einzelbestrebungen und darauf beruht unsere Überzeugung ihrer kommenden Verwirklichung.

Der Marxismus verstand es nur, die Arbeiter von all diesen Bewegungen möglichst abzulenken; er konnte nichts anderes tun, weil er instinktiv fühlte, daß der Freiheit entgegenwachsende Menschen ihm eben verloren gehen. Einzelnes Unvermeidliche verleibte er sich in Parteiersatzformen ein; so gibt es Partei-genossenschaften, -frauen, -freidenker und Partei-kunst, wie es Parteikriegervereine, Parteisport usw. gibt und wie auch die katholische und protestantische Kirche ein christliches Vereinswesen auf diesen Gebieten gern sieht. Der wahre Grund ist in all diesen Fällen, die Mitglieder unter der Parteiobhut zu behalten, sie von der unbefangenen Berührung mit dem sich außerhalb der Parteihürde entfaltenden Leben möglichst zu bewahren.

Die **Ko-operation**, die so unmittelbar vor ungefähr hundert Jahren dem Milieu des freiwilligen Sozialismus, das **Robert Owen, William Thompson** und andere geschaffen hatten, entsprang, ist leider — als die weitergehenden Versuche sozialistischer Siedlungen, Tauschmagazine usw. noch nicht gelangen und übrigens Thompsons früher Tod (1833) der Bewegung eine Kraft entriß, welche wohl die Robert Owens überflügelt hätte — zunächst nur zu einseitiger Entwicklung gelangt, als Verteilungsorganismus (Konsumgenossenschaft), und hat in dieser Form gegenwärtig besonders in England, Schottland, Dänemark und der Schweiz ganz außerordentliche Verbreitung und feste Begründung gefunden. Millionen von Käufern haben dort mit einer der ältesten Stützen des Eigentumgeistes, dem Kleinhandel, vollständig gebrochen.

Die **produktive Ko-operation** blieb dagegen gänzlich zurück, vermutlich nicht, weil es an den anfänglichen Mitteln gefehlt hätte — aus wie kleinen Anfängen sind nicht die riesigen Großeinkaufs- und Konsumgenossenschaften hervorgegangen ! —, sondern weil der wirkliche Wille dazu größeren Arbeitermassen fehlte und noch immer fehlt. Die Lohnsklaverei hat den Arbeiter dem Interesse am Produktionsprozeß, an der Arbeit selbst, meist entfremdet und ihm dagegen das relative Sicherheitsgefühl des seines Lohns, wie klein derselbe auch sei, ohne weitere Sorge Sicheren gegeben. Solche beruhigte Unselbständigkeit macht ihn auch anderen Formen der gedankenlosen Unterwürfigkeit, dem Staats- und Parteigehorsam leicht zugänglich. Er kann also sehr leicht seine Abhängigkeit noch vermehren und die traurige Tatsache, daß er nichts zu sagen hat, mit den Worten bemänteln, daß er auch keine Sorgen habe und keine Verantwortung trage. Auch die Gewerkschaften, denen seit langem und wiederholt tatkräftige Teilnahme an der produktiven Ko-operation und überhaupt eine innige Zusammenarbeit mit der ganzen Genossenschaftsbewegung vorgeschlagen wurde, zeigten kein Entgegenkommen, wohl weil sie die Gleichheit der wirtschaftlichen Lage der Arbeiter nicht gestört sehen wünschen und befürchten, daß die zur Unabhängigkeit gelangten ko-operativen Produzenten ganz der Arbeiterklasse verloren gingen und Kleinbürger würden. Dies kann aber nur dann eintreten, wenn Produktivassoziationen ganz isoliert bleiben und sich schließlich als Privatunternehmungen fühlen. Eine Gründung solcher im Großen und dauernder Kontakt mit den Gewerkschaften, die auf diese Weise auch die Arbeitslosen in großem Maßstab versorgen und so den Arbeitgebern stärker gegenüberstehen könnten, würde die erwähnte Schattenseite vermeiden.

Leider bleibt auch der **Gildensozialismus**, der noch direkter **produktive Gewerkschaften** anzuregen versucht, ohne größere Unterstützung. Es fehlt die wirkliche Lust dazu, weil eben, wie bereits gesagt, Indifferenz der Arbeit gegenüber und Unlust zu größerer Verantwortlichkeit bereits in die Mentalität der Durchschnittsarbeiter übergingen und ihre Führer diesen Zustand, der sie unentbehrlich macht, nicht ernstlich bekämpfen. Möge der Anarchosyndikalismus sich hierin großzügiger zeigen. Es handelt sich bei all dem nicht um ein Allheilmittel (Panazaee), sondern um geistige und moralische Übung in der Selbständigkeit, Solidarität, Pünktlichkeit und schöpferischen Intelligenz, alles Fähigkeiten, die in späteren kritischen Momenten nicht sich von selbst einstellen, sondern, wie jede Leistungsfähigkeit, Vorarbeit und Übung erfordern.

Die **Gewerkschaften** nun, diese eigentliche spontane Schöpfung der Arbeiterwelt zu allen Zeiten — denn irgendeinen intimen Zusammenhang der Arbeiter eines Fachs und ebenso eines Betriebs, ob formell oder formlos, gab es immer, — die Gewerkschaften also waren **in ihren Anfängen** das, was heute die Syndikate der Anarchosyndikalisten sind, — kleinere, an keine Rücksichten gebundene, kampffreudige und auch stets im Kampf stehende Organismen, mehr oder weniger geheim, verboten und verfolgt. Sie erinnern an die ersten Sozialisten in den Parlamenten, die ganz alleinstanden, deren Stimme nicht in Betracht kam und die unbekümmert allen Parteien unangenehme Wahrheiten ins

Gesicht sagten und überhaupt meist zum Fenster hinaussprachen. Daran knüpften sich dann naive Hoffnungen: wie wird es erst werden, wenn sie ein Dutzend sind, fünfundzwanzig, fünfzig oder gar hundert! Genau das Umgekehrte trat aber ein; mit der steigenden Zahl wurden sie still und bedacht, taten staatsmännisch und wurden vor allem unbedeutend, schon weil der Prozentsatz an Nullitäten erschreckend stieg. Dasselbe trat bei der großen Ausdehnung der Gewerkschaften ein, — Verflachung, weil eben unter einer immer größeren Mitgliederzahl der Prozentsatz der wirklich militanten immer geringer wird. Dies führt von Zeit zu Zeit zu solcher Unzufriedenheit, daß kräftige junge Elemente einen neuen Anlauf nehmen, wie ja auch die Sozialdemokratie von Zeit zu Zeit ihre Unabhängigen hat, so um 1890 und wieder in den Jahren seit 1914.

So regenerierten sich um 1860 die englischen Gewerkschaften durch junge Kräfte, die dann innerhalb der Internationale einen freilich nur recht äußerlichen Kontakt mit dem kontinentalen Sozialismus herstellten. Ähnliches erfolgte in London um 1890 durch den sogenannten Neuen Unionismus, der ungelernte Arbeiter organisierte, anfänglich auf dem Wege der Sympathiestreiks direkter allgemeiner Aktion zuzueilen schien, dann aber leider zur Politik abgelenkt wurde. Von nun ab finden wir in England immer Versuche, mehrmals besonders von Tom Mann vertreten, dem Vorbild der französischen Syndikalisten, der amerikanischen I.W.W. usw. folgend, einen aktionsfähigen Syndikalismus neben dem schwerfälligen, übergroßen Tradeunionismus zu begründen, wobei sich in letzter Zeit der Kommunismus einmengte, ohne daß es gelang, wie das Schicksal des so glänzend begonnenen allgemeinen Streiks vom Mai 1926 zeigte, sei es den neuen Organismen hinreichende eigene Kraft, sei es den alten Organismen einen neuen frischen Geist zu geben.

So standen sich auch in den Vereinigten Staaten seit langen Jahren gemäßigte Großgewerkschaften (**Knights of Labor, American Federation of Labor**) und radikale Kampforganisationen wie die **Industrial Workers of the World** gegenüber; letztere reiben sich im Kampf auf, während erstere materiell prosperieren, aber geistig stillstehen und sich dem herrschenden System anpassen und einfügen. In Deutschland traten die aktiven Lokalisten den immer bewegungsunlustiger werdenden riesigen Zentralgewerkschaften gegenüber; erstere entwickelten sich beständig vorschreitend zum Anarchosyndikalismus und versuchen direkte Aktion, allgemeinen Streik und föderalistische Organisationsformen den

Arbeitern näherzubringen, während letztere immer mehr zu trägen Riesenorganismen werden, dem Pendant der Millionen von Wahlstimmen, denen so wenig wirklicher Aktionswille entspricht.

In Frankreich war dem dort bis 1864 bestehenden Koalitonsverbot nicht, wie in England, eine sich trotz des Verbots unaufhaltbar entwickelnde Gewerkschaftbildung entgegengesetzt worden. Die Pariser Arbeiter waren lange vom politischen Radikalismus (Republik und Demokratie), theoretischem Sozialismus und Kommunismus und dem solidarischen, aber nicht gewerkschaftlich kämpfenden Zusammenschluß zu Assoziationen absorbiert und nur wenige, wie Flora Tristan und Pauline Rolland regten eine allgemeine Organisation der Arbeiter an; in der Provinz bestanden uralte halbgeheime Gesellenverbände (Compagnonnage), daneben ein neu entstehendes aufs tiefste ausgebeutetes Fabrikproletariat. Die Junikämpfe 1848, die Blüte des Assoziationswesens in jenen Jahren, zeigten den längst vorhandenen Willen, sich zusammenzuschließen und in den Sechzigern entstanden dann sehr schnell zahlreiche Syndikate, von denen ein Teil, zeitweilig ein großer Teil, die immer revolutionärere Entwicklung ihrer tätigen Mitglieder – man denke an Personen wie Eugène Varlin – begrüßte und unterstützte, während viele andere Organisationen sich von gemäßigten Elementen leiten ließen. So gab es mehrere revolutionäre Erneuerungen der Bewegungen, die im Verlauf der Siebziger ganz farblos gewordenen Führern und Anfang der Neunziger den sozialistischen Politikern (Guesdisten) von wirklich sozialistischen Elementen entrissen wurden: die letztgenannten Bemühungen begründeten um 1895 herum den **revolutionären Syndikalismus**.

Theoretisch standen die Ideen desselben den in den Sektionen der Internationale in der romanischen Schweiz und in Belgien herausgearbeiteten Ideen am nächsten und die spanische Internationale hatte von 1868 bis 1881 sich ganz auf diesen Ideen aufgebaut und die spanische öffentliche Landesorganisation setzte dies seit 1881 fort. **Fernand Pelloutier** reorganisierte den Syndikalismus aus solcher Grundlage und gewann von Anfang an die Unterstützung zahlreicher Anarchisten, besonders die von **Emile Pouget**, der das volkstümlichste anarchistische Blatt, **Le Père Peinard** 1889-1900), mit Vorliebe dem direkten Befreiungskampf der Arbeiter widmete. Ununterbrochen, von Varlin, Bakunin, Guillaume zu Kropotkin und vielen späteren, war ja die Förderung dieses direkten Kampfes durch die Anarchisten gewesen, die alle Hindernisse, Ablenkung durch Politiker, Immobilisierung durch Zentralisation usw. warnend aus dem Weg zu räumen suchten. Auch in den Jahren der stärksten **direkten** anarchistischen Propaganda, etwa 1887 — 1894, war der militante Syndikalismus zugleich eifrig am Werk, von den kleinen Pariser Kampfsyndikaten zu großen Bewegungen, in deren Mittelpunkt die Anarchisten standen, wie im Mai 1886 in Chicago, was zum Märtyrertod der fünf Anarchisten in Chicago im November 1887 geführt hatte.

Dem besonders durch Pelloutier kräftig den Politikern entrissenen Syndikalismus schlossen sich der Politik überdrüssige Sozialisten anderer Richtungen an, relativ antiparlamentarische Allemanisten und selbst revolutionär fühlende Guesdisten. Dies erhöhte Ausdehnung und Prestige der Bewegung, führte auch zur ersprießlichen praktischen Zusammenarbeit vieler tüchtiger Leute, die vernünftig genug waren, ihre theoretischen Differenzen bei Seite zu lassen, aber es trat doch das Unvermeidliche ein: die Entstehung einer Denkweise, die den Syndikalismus nun als **Selbstzweck** und die sozialistischen und anarchistischen Bewegungen von nun ab als mehr oder weniger überflüssig betrachtete. Ungefähr wie der Khalif Omar den Koran — entsprechen diese Bewegungen dem Syndikalismus, so sind sie überflüssig; entsprechen sie ihm nicht, so sind sie schädlich. Das furchtbare Wort wurde geprägt: "Der Syndikalismus genügt sich selbst" — ein Hochmut, der sich bitter rächte. Denn die ungeheuren sozialen Bewegungen lassen sich nicht auf einen gemeinsamen Nenner bringen, ob er nun Sozialdemokratie, Bolschevismus oder Syndikalismus heißen soll. Immer spielt das Problem der Ausdehnung eine Hauptrolle, da mit jeder Ausdehnung bei der natürlichen Verschiedenheit der Menschen und ihrer Entwicklung wachsende Ungleichartigkeit verbunden ist. Homogen konnten die kleinen Syndikate bleiben und in der Regel fanden sich da Revolutionäre zusammen, da Gemäßigte sich überhaupt von einer kleinen Organisation nichts Praktisches versprechen und ihr fern bleiben. Also standen bald die kleinen revolutionären Syndikate den großen gemäßigten Syndikaten gegenüber und die beiderseitigen Führer bekämpften sich, Kämpfe, die immer bitterer wurden, weil sich an der faktischen Stärke beider Gruppen nicht viel ändern konnte und jede Gruppe die Mehrheit zu besitzen erklärte, die eine durch die Zahl der kleinen Syndikate, die andere durch die Mitgliederzahl der wenigen großen Syndikate. Nur die Bauarbeiter (le bâtiment) waren zugleich zahlreich, äußerst revolutionär und aktionslustig, aber sie hatten in den kleinen Syndikaten keine Macht hinter sich und in den großen Syndikaten meist Gegner vor sich und so ging ihre Kraft, vielleicht die revolutionärste Gruppe Frankreichs bis 1914 verloren. Diese Kämpfe nutzten auch die an erster Stelle stehenden Männer ab oder Männer der Routine traten an ihre Stelle. Der Syndikalismus als ganzes, trotz so vielfacher antimilitaristischer, allgemeiner Streik-, Sabotage- und ähnlicher von ihm geförderter Propaganda, stand dem Krieg ebenso unentschlossen gegenüber wie die meisten andern Sozialisten, ebenso dem Kommunismus und den andern Problemen der Nachkriegszeit, sodaß neue Oppositionen und Regenerationen erfolgten — der C.G.T. folgte die C.G.T.U. und neben beiden beginnt eine C.G.T.S.R. sich zu formieren. Alle drei Organisationen sind eben der Ausdruck verschiedener Grade und Nuancen sozialistischen Bewußtseins und revolutionären Willens ihrer Mitglieder und nur die Änderung der Ideen derselben aus freier Überzeugung kann das Kräfteverhältnis dieser Organisationen ändern, deren Verschmelzung an dieser Sachlage ebensowenig etwas ändern könnte, als ihr gegenwärtiger permanenter Kampf untereinander.

Übrigens kann die von der persönlichen Auffassung eines jeden Arbeiters abhängige Stellung desselben zu gemäßigter oder revolutionärer syndikalistischer Betätigung nicht durch die zufällig in seinem Beruf vorhandenen Organisationsmöglichkeiten dauernd eingeschränkt oder beeinflußt werden und mehrfache Organisationsgelegenheiten sind also für jeden Beruf das Richtige. Warum sollten z.B. revolutionär fühlende Typographen immer auf die für die Majorität dieses Fachs altgewohnten gemäßigten Organisationen angewiesen sein? Ein friedliches Nebeneinander und Zusammenschluß zu antikapitalistischem Angriff und Verteidigung sollte also jede Rivalität ersetzen, die nur unnützer Kraftverlust bedeutet.

Hieraus ergibt sich, daß keine Richtung des Syndikalismus erwarten kann, die alleinig akzeptierte zu werden, grade so wie weder der autoritäre noch der antiautoritäre Sozialismus in absehbarer Zeit und schon gar in den nächsten vor uns liegenden Zeiten allgemeiner sozialer Bewegungen erwarten kann, **allein** vertreten zu sein. Jede nicht gradezu gedankenlos sorglose und in der Routine verharrende Vorausbetrachtung künftiger Möglichkeiten muß die Lösung des Problems dieser Verschiedenheiten vor sich haben und nicht irgend eine einheitliche Lösung, die nur eine papierene Konstruktion sein würde. Die Erfahrung lehrt, daß Einigungen nur mit dem denkbar abgeschwächtesten, nicht mit einem vorgeschrittenen Programm erfolgen können; daher müßten die vorgeschrittenen Teile entweder auf den größten Teil ihrer Wünsche verzichten, was für sie katastrophal wäre, oder sie müssen nach Modalitäten suchen, **neben** der Betätigung der gemäßigten Teile auf die ihnen zusagende Art, sich eigene autonome Betätigungssphären zu verschaffen — und ob dies wirklich nur durch fortdauernden harten Kampf erreichbar sein wird oder ob hierüber einmal eine friedliche Vereinbarung auf der Grundlage gegenseitiger Nichteinmischung getroffen werden kann: dies ist für mich die Hauptfrage der syndikalistischen Zukunft und des Sozialismus überhaupt. (Hierüber s. Kapitel XVI und XVII).

Der Syndikalismus ist gewiß in der Theorie ein kollektives Kampfmittel gegen die heutige Gesellschaft, wie es konsequenter nicht konstruiert werden könnte, aber die notwendige praktische Schlagkraft hat ihm noch immer gefehlt, da eben die Vermehrung der wirklichen revolutionären Kräfte langsam erfolgt und die zeitweilige große Vermehrung syndikalistischer Mitglieder den fehlenden revolutionären Geist nicht ersetzen kann. Dem wirklichen Syndikalismus sind vorläufig nur Anregungen, Initiativen, nicht Durchführungen möglich. Als kleine, stets militante Kraft ist er unschätzbar, aber nur intensivste Solidarität mit der antiautoritären sozialistischen Propaganda kann seine numerische Kraft auf qualitativ wertvolle Weise verstärken.

In den außerfranzösischen Ländern war man durch die Erfolge und kühn formulierten immer exklusiver syndikalistischen Theorien etwa der Jahre 1895 bis 1906 (Amiens) wie geblendet und versuchte ähnliches. Die Bemühungen in der Schweiz, Holland, Italien, den skandinavischen Ländern, England, Deutschland usw. waren unendlich mannigfaltig und lehrreich. Sie haben schließlich doch wohl dazu geführt, daß nicht theoretisch am vollendetsten ausgebildete, sondern den tatsächlichen Verhältnissen der Länder sich am sinngemäßesten anpassende syndikalistische Organisationen am meisten leisteten (z.B. in Schweden und in Deutschland). Es ist eben unmöglich, mit den tausendfachen praktischen Erfordernissen der Arbeiterkämpfe in praktischer Berührung zu bleiben, wenn man zugleich von der peinlichsten Pflege der Theorie absorbiert ist. Der Syndikalismus ist ein unendlich wertvolles Bindeglied zwischen dem Leben und dem theoretisch erfaßten, gefühlsmäßig vorausgeahnten

Ideal, aber er kann nicht mehr sein. Jedenfalls aber bringt er **antiautoritären** Geist in die Arbeiter und das ist die Hauptsache, während die Großgewerkschaften nur eine Variante der organisierten Wählerschaft geworden sind. Der Anarchismus besitzt also im Syndikalismus einen wertvollen Freund, und umgekehrt.

Der **experimentale Sozialismus**, von der kleinsten sozialen Gemeinschaft zu den großen Plänen, wie **Robert Owen** und **Charles Fourier** sie hegten und wie sie zuletzt in **Gustav Landauers** Kopf lebten und mit ihm einstweilen erloschen zu sein scheinen, hätte zu allen Zeiten viel größere Aufmerksamkeit und Unterstützung verdient, als ihm zuteil wurde. Er hätte dann längst den Ruf des Vereinzelten und Exzentrischen verloren, der ihm noch in einer Zeit anhaftet, in der es überall von Millionen sozialistisch Wählender wimmelt. Die große moralische Kraft, mit der Lebensweise der Umwelt ganz zu brechen, hatten natürlich im Anfang nur Fanatiker und Visionäre, die wieder, ihrem Wesen nach, wenig praktisch waren und dies machte materielle Mißerfolge unvermeidlich. Daß dieses Stadium auch heute nur selten überwunden ist, daß die im einzelnen sich so viele soziale Einrichtungen schaffenden Arbeiter nicht längst sich größere soziale Gemeinschaften aufbauten, zeigt denselben Mangel an Initiative wie die Vernachlässigung der produktiven Ko-operation. Übrigens sind die autoritären Sozialisten vom Staats- und Gemeindesozialismus und die antiautoritären von der Erwartung der sozialen Revolution fasziniert und legen beide dem Versuch keinen Wert bei. Trotzdem fehlt es nicht an Versuchen der verschiedensten Art bei beiden Richtungen (s. Kapitel XX).

**Sozialexperimentales** auf einem Gebiet, das ein ausgezeichneter Ausgangspunkt zu einer freiheitlichen Regeneration des Einzellebens ist, im **Wohnungs**wesen, begann vor einigen dreißig Jahren und wendete sich zunächst an die Arbeiter, die wieder diesen Anregungen kein größeres Interesse entgegenbrachten oder doch nur vereinzelt. Ich erinnere mich, mit welch theoretisch unfehlbaren dogmatischen Argumenten man Ebenezer Howard entgegentrat, als er die **Garden City** (Gartenstadt) anregte. Das Resultat war, daß diese Bewegung den Arbeitern entglitt und dem Mittelstand, Terraingesellschaften, Großkapitalisten und Munizipalitäten zufiel und ganz dem heutigen System eingegliedert ist. An einzelnen freiheitlichen Siedlungsversuchen fehlt es auch jetzt nicht, aber die große Gelegenheit wurde versäumt.

So ging es auf manch anderem sozialen Gebiet; überall griffen die Arbeiter aus Dogmatismus, Indifferenz oder in Erwartung des gänzlichen Zusammenbruchs nicht zu und die Gemeinden und der Staat bemächtigten sich dieser Gebiete und verstärken dadurch ihre Kontrolle des sozialen Lebens immer mehr. Noch immer würde es an Gelegenheit zu neuen Initiativen nicht fehlen und es wäre endlich notwendig, wenn diese von den bewußt freiheitlichen Kräften unterstützt und in freiheitlichem Sinn ausgebaut würden, statt daß alles wieder den Gemeinden und dem Staat in die Hände gleitet. Auf dieser Linie, in der **Ko-operation**, im **Syndikalismus** und dem **sozialen Versuch**, liegen also zahllose Berührungspunkte der besten freisinnigen Teile der heutigen Menschheit und bewußt antiautoritärer Sozialisten, die nichts Besseres tun könnten, als hier im Sinn ihrer Ideen anregend und beispielgebend zu wirken.

## VII.

Großes leistete die Menschheit zu allen Zeiten durch die Initiative einzelner, zeitweilig und besonders in den letzten Jahrhunderten durch die Tätigkeit größerer Gruppen, wie z.B. der Gesamtforschung auf einem Wissensgebiet, und von manchen Fortschritten konnte man bis vor kurzem annehmen, daß sie wirklich schon in das allgemeine Bewußtsein übergingen. Allerdings erwecken die Kriegs- und Nachkriegszeit über letztere Annahme Zweifel und wir wissen wirklich nicht, ob nicht der Abstieg bereits begonnen hat. Einstweilen lasse ich diesen Zweifel ruhen und will nur einige der vielen Symptome erwähnen.

An der Erziehung rüttelt der Klerikalismus von neuem. Die elementarsten Menschenrechte tritt der Fascismus mit Füßen. Der Völkerhaß blüht und der Militarismus wächst, der Giftkrieg bereitet sich vor. In der Zeit der amerikanischen Ozeanflüge ist das längst beseitigt gewesene Paß- und Visumwesen wieder zur Regel geworden. Je mehr das Verkehrswesen ausgebaut wird, werden Freizügigkeit, Ansiedlungsrecht, Einwanderung eingeschränkt. Die Tortur und Kerkergräuel, deren Beseitigung man schon gefeiert hatte, werden längst bei politischen und sozialen Verfolgungen wieder angewendet. Man glaubte das Privateigentum der Zivilbevölkerung geschützt, die Verträge von 1919 mißachteten dies. Man hielt Frauen, Kinder und Greise für Nichtkriegsteilnehmer, die allgemeine Kriegsleistungspflicht (in Frankreich, März 1927), der Luftbomben- und Giftgaskrieg machen dies illusorisch. Es würde schwer sein, irgendeinen kulturellen Fortschritt zu nennen, der nicht seit 1914 und 1918 in Frage gestellt würde und ebenso wird all dies moralisch (kriegspatriotisch, bolschevistisch, fascistisch usw.) gerechtfertigt. Die das tun und die unter ihrem Einfluß Stehenden sagen also allen menschlichen geistigen Errungenschaften den Kampf an und benützen die mechanischen Errungenschaften nur zur Ausführung ihrer Absichten. Da der Widerstand dagegen wenig Frische zeigt und vor allem auf dem Beharrungsvermögen beruht, so ist der Ausgang ungewiß, wenn die Menschheit sich nicht endlich wieder aufrafft.

Nehmen wir an, daß sie dies doch tut, so wie Ameisen ihren zertretenen Bau wiederaufzubauen suchen; man sieht sie wenigstens geschäftig herumrennen und nimmt an, daß ihre Energie nicht gebrochen ist.

Die schönsten Hoffnungen der Menschheit knüpften sich seit dem achtzehnten Jahrhundert an die Verbreitung der dem Volk so grausam vorenthaltenenen **Erziehung und Bildung**. Die großen pädagogischen Initiatoren, von **Rousseau** zu **Pestalozzi** und **Fröbel**, die steigende Achtung vor dem Unterrichtswesen, seine Spezialisierung und Intensifizierung, Reichlichkeit der Lehrmittel, bessere soziale Lage der Lehrkräfte — all das sind großartige Fortschritte gewesen. Hier gingen sozialistisch Denkende oft voran, von **Robert Owen** zu **Francisco Ferrer**, und der denkende Lehrer macht selbst weitgehende soziale Erfahrungen. Er kennt die Wirkung des sozialen Milieus auf die Kinder und muß sich, wenn er des Namens Lehrer wert ist, auch über das Wertlose des autoritären und schablonenhaften Unterrichts und die Wichtigkeit von Freiheit und Humanität in der Pädagogik klar werden; er weiß auch, daß der Pfaffe welcher Religion immer, unter allen Umständen der Feind des ihm nicht gänzlich sklavisch unterwürfigen Lehrers ist.

Als Angestellte der herrschenden Mächte stehen nun die Lehrer unter deren strengen Kontrolle und als überanstrengte Arbeiter können sie meist ihrer Arbeit keine Freude abgewinnen. Sorgen um die eigene Lage lenken sie davon ab, sich mit dem Geist der wirklichen Pädagogik oft auch nur bekannt zu machen. Trotzdem fehlt es nicht an freiheitlicher Arbeit auf diesem engeren, aber so wichtigen Gebiet und es wäre unsere Sache, diesen zerstreuten und noch unbewußten Bemühungen frisches Leben einzuflößen. Einst versuchte dies **Paul Robin** durch seine praktische Tätigkeit in Cempuis und **Henri Roorda van Eysinga**, selbst Lehrer, schrieb die geistreichste Kritik des modernen Unterrichts; **Ferrer** und die **modernen Schulen** nach ihm zogen selbst freiheitliche Lehrkräfte an sich und gaben ihnen die Möglichkeit, die Schule der Freiheit aus eigener Erfahrung heraus selbst zu begründen. Ein weiterer Faktor sind freiheitliche Eltern, die sich gewöhnen müssen, ihren Kindern viel direkter den Weg zur Freiheit zu erleichtern, als dies meist geschieht; denn weder verfrühte dogmatische und Parteierziehung der Kinder noch im Namen der Freiheit erfolgende Nichteinmischung in die Entwicklung der Kinder sind das Richtige, sondern nur solidarische Hilfe durch Beispiel und intelligente Erklärung und Eröffnung der anziehenden Seiten der Wissensgebiete.

Der **freie Gedanke**, die Befreiung von dem in der Urzeit dem primitiven Menschen aus der Tierzeit noch anhaftenden Furchtgefühl vor dem unendlich vielen seiner Unwissenheit unzugänglich Bleibenden, von den vom Fetischpriester und Medizinmann bis zum heutigen Pfarrer und Pastor ununterbrochen intensiv propagierten Fiktionen, die das Unbekannte primitiv zu erklären versuchen, — die **geistige Befreiung** von dieser Beschränktheit, die lange jeder Forschung ihr Veto entgegensetzte, hat eine prachtvolle Geschichte geistigen Sichemporringens, kühner Proteste gegen das Dunkel, hinter sich, die wohl mit mehr Märtyrerblut begossen wurde als alle Heiligen der Legende ihren Religionen zum Opfer brachten. Der freie Gedanke schuf endlich die **Wissenschaft** und er brachte bei den meisten Menschen wenigstens die heutige relative religiöse **Indifferenz** hervor, mit der es die meisten wie mit den Gesetzen halten. Sie sagen nämlich mit ziemlicher Gedankenlosigkeit: ich selbst brauche keine Religion und keine Gesetze und weiß selbst, was ich zu tun habe, aber anderen mögen sie als "Stütze" und "strammere Zucht" unentbehrlich sein. Eine sehr laxe Auffassung, die das für unrichtig oder nutzlos Erkannte bestehen läßt, solange es nicht die eigene Person bedroht. Immerhin zeigt dies, auf wie schwachen Füßen die sogenannten allgemein akzeptierten Anschauungen eigentlich stehen; ihre Stärke ist die des Kredits, des Papiergelds, der durch Druck zusammengehaltenen Steine einer Wölbung, und eine Erschütterung des Vertrauens, eine Lockerung des Druckes kann den Zusammenbruch in einem Augenblick herbeiführen.

Anders steht es mit dem Fanatismus und den Opfern wirklich erfolgter geistiger Verkürzung, denen noch jede Möglichkeit entzogen wurde, selbst zu denken und Erfahrungsmaterial zu sammeln. Sie sind die Nachzügler der menschlichen Entwicklung, und die Kräfte der militanten Freidenker werden vielleicht viel zu sehr im direkten Kampf um diese vorläufig der Entwicklung entzogenen Elemente verbraucht. Eher sollte die große religiös indifferent gewordene Masse veranlaßt werden, einen Schritt nach vorwärts zu tun, den noch immer vorhandenen geschriebenen und ungeschriebenen Privilegien der Religionen ihre Anerkennung offen zu versagen. Auch die Kompromisse zwischen Religion und Freidenkertum, die "freireligiösen", "deistischen" und ähnlichen Kulte müßten wegfallen, da ein Kompromiß zwischen Glaube und Erfahrungsergebnissen nicht möglich ist. Die autoritärsozialistischen Parteien müssen dem Kern all dieser Fragen aus dem Weg gehen, da sie auf Wähler jeder Art reflektieren, seit es sich um Millionenwahlen handelt. In welchem Grade aber die geistige, moralische, politische, soziale und übrige Befreiung der Menschen untrennbar zusammenhängen, ist den Anarchisten wohl bekannt und nur sie besitzen die Unabhängigkeit, diesen Befreiungskampf auf allen Gebieten führen zu können und so einen **vollständigen Sozialismus** anzubahnen.

Sie werden auch alle **humanitären** Bestrebungen unterstützen und nicht dogmatisch bei Seite stehen, weil keine derselben das gesamte Endziel unmittelbar vertritt. Seien wir froh, daß solche Bestrebungen ein weiteres Bindeglied unter den Menschen sind und zwanglos die verschiedensten Elemente zu guter Arbeit zusammenführen. Man findet Rohheit und Herzenskälte sowie Güte und Gefühlswärme in allen Klassen und jede gute, einsichtige Handlung legt Keime des Guten, ermutigt einzelne, den Kampf um höhere Ziele aufzunehmen. Wenn wir den Völkerhaß verwerfen, leugnen wir deshalb nicht, daß Völker gelegentlich großes Unrecht gegen andere Völker begehen oder gleichgültig zulassen; wir bekämpfen das blinde Vorurteil gegen jeden Angehörigen einer andern Nation und ebenso steht es mit dem Rassenhaß. Deshalb kann ebensowenig der Klassenhaß eine unbedingte, sozusagen positive Tugend sein. Eine feindliche Klasse verletzt Interessen, aber ihre Mitglieder sind gradeso Produkte der allgemeinen Entwicklung wie wir selbst und sie persönlich zu verabscheuen ist ebensowenig eine geistige Errungenschaft wie der persönliche National-, Rassen- und Glaubens- oder Parteihaß. Wie kann überhaupt eine Weiterentwicklung zustandekommen, wenn sich jede Richtung nur auf den Haß festlegt und dieser als sich verhärtende Kruste alle Gefühle erstickt und nur Zank, die diplomatische Lüge und Kanonen das Wort führen? Dann würde alles dem universellen Fascismus zueilen.

**Tolstois** vereinzelte Stimme genügte nicht, das Unheil aufzuhalten, aber wir waren alle reicher und glücklicher, als wir wußten, daß da eine Stimme vorhanden war, die manchmal rief: **ich kann nicht länger schweigen** . . . Heute fehlt eine solche Stimme, **Romain Rolland** fast allein ausgenommen; alles andere liebäugelt mit dem Bolschevismus, wie Barbusse, oder mit dem Fascismus, wie Tagore, oder arbeitet im Grunde nur für den Nationalismus, wie Ghandi. Schließlich brauchen wir keine solchen großen Männer und sollten jede freundliche humanitäre Aktion noch so unscheinbarer kleinerer Leute begrüßen. Denn es gibt so unendlich viel nachzuholen; das spätere achtzehnte und das neunzehnte Jahrhundert versuchten dies, das beginnende zwanzigste gleitet schon wieder in die Barbarei zurück.

Die menschliche **Persönlichkeit** muß sich endlich entfalten und nicht, kaum aufgewacht aus mittelalterlicher Gebundenheit, neuer Staatsknechtschaft ausgeliefert werden. **Individualismus** darf nicht länger nur eine Verzerrung und Karikatur der Persönlichkeitsidee sein, eine willkürliche Herausreißung des Einzelnen aus der Gesellschaft. Er entspricht in Wirklichkeit dem Wesen des freien Menschen, der durch Erfahrung und Übung zu entscheiden gelernt hat, in welchem Grade er sozial leben sollte und welche seiner Fähigkeiten eine sich von der Allgemeinheit abhebende Betätigung erfordern. Die gleiche Selbstbestimmung achtet er bei allen andern und so stellt sich für jeden die seinem Wesen entsprechende Mischung von sozialer und individueller Tätigkeit her. Die Leistungen der Wissenschaft und der wahren Kunst, ihre fleißige Anwendung in der Technik und der kunstfertigen Arbeit sind in dieser Beziehung erziehend und vorbildlich, während der Erfolgskult der Sportentartungen und die Modekunst des Snobismus Hauptstütze der fascistischen und der sich herdenartig unterordnenden Mentalität der Gegenwart sind.

Es ist traurig zu sehen, wie sehr der Rekordkult und die Talmikunst oder der Kunstersatz die allgemeine Aufmerksamkeit absorbieren, aber sie sind eben wesentliche Bestandteile der erwähnten Mentalität, Ursache und Folge zugleich. Deshalb ist jede noch so geringe Förderung der wirklichen uneigennützigen und harmonischen menschlichen Betätigungen zu begrüßen — Liebe zur Natur, Pflanzen und Tieren, Wiese, Wald und Gebirge ohne Züchtung von Ehrgeiz und Gewinnsucht durch sportliche Erfolge und ohne die Banalisierung von all und jedem durch unnützes Vereinstreiben, als ob ein oder zwei Leute sich nicht der Natur erfreuen könnten und es immer gleich eine bunte Herde sein muß mit Lärm und Klimperei. Es gibt so viele Arten intimer Zusammenarbeit zum Sammeln und Forschen echter Art ohne die heutigen sofortigen Entartungen durch Geschäftsgeist, unnütze Organisation und Reglementierung. Will man den kapitalistischen und fascistischen Geist ernsthaft bekämpfen, darf man ihm nicht neuen Nährboden verschaffen und muß im Stande sein, wesentlich Besseres auf anziehende Weise selbst zu leisten.

Man weiß, in welchem Grade die Lage der **Frauen** sich verbessert hat, wie viele konventionelle Fesseln fielen, aber auch, welche Barbarei auf vielen Gebieten noch vorhanden ist und wie verheerend auch hier die neue fascistische Mentalität wirkt. Wenn hier in wirklich freiheitlichem Sinn von Anarchisten etwas geleistet würde, das die Frauen nicht als eine neue Form des alten Wunsches der Männer nach möglichst bequemem und verantwortungslosem Frauengenuß auffassen würden, sondern als wirklich uneigennützige Hilfe zu ihrer gänzlichen Befreiung, würde es an Erfolg nicht fehlen. Auf diesem und den andern Gebieten wird eben von freiheitlicher Seite einfach zu wenig geleistet; es ist leicht, über all diese Dinge die weitgehendsten, theoretisch korrekten Ansichten zu äußern, aber diese wirken wie chemische Formeln; ihr Inhalt muß dem Leben näher gebracht werden und Rat und Tat müssen sich folgen.

Es gibt also unendlich viel zu tun; es gilt in alle freiwilligen menschlichen Betätigungen nicht eine trockene Tendenz hieneinzubringen, sondern sie mit kühnem und frischem Befreiungsgeist weiterzuentwickeln, wobei, selbst wenn der unmittelbare Erfolg ausbliebe, wir selbst weiterlernen würden. Von der Ko-operation, dem kämpfenden Syndikat und der sozialen Gemeinschaft zum Zusammenschluß der Gegner eines bestimmten oder eines jeden Justizunrechts, von den Gruppen der Natur- oder Altertumsfreunde zum Zusammenwirken mit geistig regsamen Menschen auf dem Gebiet der Erziehung, der Geistesfreiheit, einer befreienden Ethik usw., — überall ist Platz für praktische Betätigung der antiautoritären Sozialisten, die eben unbefangen jede dieser nützlichen Tätigkeiten selbst fördern würden, während der autoritäre Sozialist stets nur seinen Spruch aufsagen kann: tretet in die Partei ein und überlaßt das übrige den Führern oder der Diktatur!

Diese **sachliche** Selbsterziehung und Erziehung der entwicklungsfähigsten Teile der Menschheit zur Freiheit durch gemeinsame Arbeit und Erfahrung ist also das Mittel, freiheitliche Milieus, eine sich immer weiterverbreitende **freiheitliche Mentalität** zu schaffen, und die Anarchisten täten nach meiner Ansicht sehr unrecht daran, wenn sie diese Mittel verschmähen würden. Die Menschheit wird nicht zu ihnen kommen, um Belehrung zu verlangen, wäre ihre Lehre noch so vollkommen. **Sie müssen zu den Menschen gehen und sie für unsere Ideen aufnahmsfähig machen, indem sie an die vielen, wenn auch noch so unscheinbaren freiheitlichen Anfänge und Ansätze intelligent, geduldig und duldsam anknüpfen.**

## VIII.

Das von Peter Kropotkin durchforschte ungeheure Gebiet der **gegenseitigen Hilfe (mutual aid)** bietet schon durch seine Größe und Dauer Gewähr der Unzerstörbarkeit und liegt z.B. noch heute im Bereich der persönlichen Erfahrung eines jeden, der ein glückliches **Familienleben** hatte oder um sich aufzubauen weiß. **Freundschaft** und **gute Nachbarschaft** sind ähnliche Sphären, die man als Oasen des Vertrauens und der Hilfsbereitschaft, der Rücksichtsnahme und des Zartgefühls bezeichnen kann, und jeder nicht ganz rohe und egoistische Mensch sucht seine Beziehungen zu andern Menschen freundlich zu gestalten.

Staat und Gesetze haben da nichts zu suchen und werden als lästige Störenfriede und kostspielige Unnützigkeiten betrachtet und nach Möglichkeit ignoriert oder umgangen. Sogar im harten **Geschäftsleben** herrscht das "auf Treu und Glauben", die Usance und die Kulanz, und ermöglicht eine lebendige Entwicklung gegenüber den toten Staatsbetrieben mit dem Am-Buchstaben-haften, dem Fehlen jeder Kulanz und dem prinzipiellen Mißtrauen, deren Summe die größte Kostspieligkeit und die geringste Leistungsfähigkeit ergibt. Jeder fühlt den Gegensatz von **Leben** und **Akten, Geist** und **Buchstaben**.

Warum werden nun diese Peiniger noch immer ertragen? Die Gründe müssen in der ihnen in grauester Vorzeit in die Hände gefallenen Macht liegen, die sie bis zur Stunde auf die vielfachste Weise festzuhalten verstanden, durch direkte Gewalt und durch Niederhaltung der Intelligenz und des Willens der ihnen Unterworfenen. Hier, in der faktischen Gewalt und in der beständigen Erneuerung dieser Gewalt durch die Massen, deren Fäuste ja den größten Teil dieser Gewalt bilden, liegt die Quelle der menschlichen Verknechtung, die, wie schon mehrfach bemerkt, eine derart allgemeine ist, eine geistige, moralische, physische, soziale, daß sie nur als Gesamtübel bekämpft werden kann, wenn eine Gesamtheilung möglich werden soll.

Ich sehe natürlich ein, daß dieses ungeheure Befreiungswerk nicht nur von denjenigen ausgeführt werden kann und wird, welche den ungeteilten Kampf auf der ganzen Linie zu führen entschlossen sind, also von den Anarchisten; ich freue mich im Gegenteil über jede noch so geringe Teilleistung und nehme niemand, der auf einem dieser Gebiete etwas leistet, übel, wenn die andern Gebiete seiner Einsicht noch verschlossen bleiben. Denn jeder Schritt nach vorwärts wirkt sich weiter als Kraft aus und die ursprüngliche Kraftquelle verliert ihre Bedeutung immer mehr.

Was aber absolut zu verwerfen ist, das ist die Verblendung, mit welcher eine solche beschränkte Tätigkeit als Gesamtheilmittel angepriesen wird, wenn also z.B. der Freidenker nur im Antiklerikalismus, ein politischer Vorkämpfer in der Demokratie, ein Sozialdemokrat in Reformen, im Parlament, ein Kommunist in der Diktatur, ein Ethiker in moralischer Reform usw. das Gesamtheilmittel zu sehen glaubt und solche einseitige Irrlehre der großen Befreiungsarbeit unterschiebt. Das ist Irrwahn oder Täuschung, die von der Teil- oder Spezialarbeit auf den vielen Gebieten menschlichen Fortschritts durchaus verschieden ist. Letztere trägt beständig zur Menge des schon Erreichten bei, während erstere unzureichende Mittel und Wege und willkürliche enge Ziele der Menschheit aufzwingen will.

Betrachten wir nun die menschliche Knechtschaft in ihrer Entstehungsgeschichte, soweit ich dieselbe wenigstens zu erkennen glaube. Dies ist deshalb nicht überflüssig, weil Einsicht in die Gleichartigkeit der menschlichen Leidensgeschichte, in die Kontinuität der Knechtung nicht genug verbreitet werden kann; wir glauben, wer weiß wie weit von der Urzeit entfernt zu sein, und sind dabei doch in vielem nur Opfer einer optischen Täuschung.

Gefahren — stärkere Tiere, Nahrungsmangel, Naturereignisse — umringen jede Gruppe von Lebewesen, so auch die primitiven Menschen der Urzeit. Sie machen Vorsicht und Scheu zur Lebensfrage, und der Stärkste bei der Verteidigung, der klügste Warner bei Gefahr — in der Herde die stärksten Tiere und die mit den feinsten Sinnen begabten, die zuerst den Warnungsruf ausstoßen —, diese werde über alles geachtet, auch gefürchtet und erlangen eine Superiorität, die Privilegien mit sich bringt und leicht mißbraucht wird. Ähnlich ist es bei mechanischen Fertigkeiten, bei Beratungen und Verhandlungen; überall tritt der Leistungsfähigste hervor, bildet sich weiter aus durch Spezialisierung und erwirbt vielleicht erst passiv Bequemlichkeit, Enthebung von gewöhnlicher Arbeit, dann aktive Macht und Besitz. Solches Heraustreten aus der früheren Gleichheit wird zahlreicher — vielleicht weil es im Interesse der einander feindlichen Stämme zu sein schien, eine möglichst große Zahl in Kriegskünsten spezialisierter Männer zu besitzen, – es entstehen Kasten, die Erblichkeit des Besitzes tritt dazu, kurz es bilden sich Krieger- und Priesterkasten und der verschiedene Erfolg des Handels führte zu weiteren Differenzierungen nach Talent und Glück.

Dadurch entstanden Verhältnisse, an deren Aufrechterhaltung die durch sie Begünstigten immer größeres Interesse hatten und die dann durch physische und geistige Zwangsmittel jeder Art verewigt wurden. Denn man sah jedenfalls sehr früh ein, daß freiwillige Unterwürfigkeit als Folge eines Irrwahns oder der Hoffnungs- und Mutlosigkeit dieselben Resultate bringt wie Niederwerfung durch nackte Gewalt. Aus Vorsicht behielt man beide Methoden bei, die Gewalt der Krieger und die Schlauheit der Priester und Gesetzgeber besorgten dies. Hierbei entstand die Zwischenklasse der Söldner, der im Dienst der Besitzenden und Herrschenden zur Niederhaltung der Besitzlosen zu allem bereiten Werkzeuge der Gewalt und der List, die Vorläufer des heutigen staatlichen Repressionsapparats, der Beaufsichtigung der Arbeit, der Leitung der öffentlichen Meinung, mit einem Wort derjenigen, die durch alle Jahrtausende dahin das jeweils herrschende System mit allen Mitteln verteidigen, nicht einmal als direkte Nutznießer desselben, wie die Reichen und Mächtigen, sondern als Individuen von besonders unsozialer und zugleich unselbständiger Disposition. Ihnen ist an der relativen Sicherheit eines wenn auch geringen Einkommens vor allem gelegen, sie scheuen den Kampf des Lebens und fühlen sich nur wohl im Schatten eines Mächtigen, und ihr eingebildetes Ideal – da auch sie, wie alle Menschen, sich ein Ideal vorstellen, – ist dann, daß sie Vertreter eines Bruchteils der Macht, des Gesetzes, des Reichtums sind. Ihre Mentalität hat sich weithin verbreitet, da sie sich beständig aus den unbemittelten Klassen neu rekrutieren und ihre Laufbahn vielen die einzige Möglichkeit zu bieten scheint "vorwärtszukommen", wie man sagt.

So wurde die Menschheit überall sehr früh differenziert und die Aufrechterhaltung dieser Differenzierung zuerst der Begabten und der weniger Begabten, dann der durch bereits ererbte Privilegien Bevorzugten und der Rechtlosen, bringt die weitere Spaltung: der unsoziale, moralisch also wertlose, aber intellektuell im Anfang wenigstens nicht grade inferiore Teil der Rechtlosen wird Söldner und direktes Werkzeug der Mächtigen, und aus diesen Elementen wird der Unterdrückungsbau errichtet und beständig erneuert, und ihre soziale Lage macht sie beständdig zum Anziehungspunkt der Rechtlosen, mit andern Worten, beinahe jeder war und ist noch bereit, gegen einigermaßen sichere Versorgung das Werkzeug jeder Knechtung seiner Mitmenschen zu werden und die Denkweise, die man sich hierfür zurechtgelegt hat: der Untergebene ist für die von ihm ausgeführten Befehle seiner Vorgesetzten nicht verantwortlich, beruhigt das Gewissen über alles.

Vielleicht war es in allem Anfang seines kulturellen Aufstiegs dem Menschen nur möglich um den Preis dieser Differenzierungen und ihrer verhängnisvollen Folgen den ganz außergewöhnlichen Fortschritt zu machen, der augenscheinlich die menschliche Entwicklung von der tierischen Entwicklung unterscheidet? Auch die Tiergruppe kennt die Vorherrschaft der Stärkeren und Schlaueren, deren Vorrang und Vorrechte und Vererbungsmöglichkeit der Haupteigenschaften, indem besser genährte, besser gepaarte Tiere stärkere Nachkommenschaft haben, die unter besseren Verhältnissen aufwächst. Aber hier teilen sich die Wege: die große Masse der Tierherde läßt sich doch nicht knechten, während die stärksten oder begabtesten Exemplare der Menschengruppen diese Knechtung doch zustande brachten. Ob sich hier Menschen verschiedener Etnwicklungsstufen zuerst feindlich gegenüberstanden und Knechtung (Sklaverei) sogar eine Milderung, einen Fortschritt gegenüber der Tötung bedeutete, ist nicht zu entscheiden, aber dies steht fest, daß die natürliche Entwicklung von der Knechtung zur Freiheit führt, da dies — Friede und Gleichheit innerhalb einer Art — der ungestört gebliebene Zustand jeder andern Art von Lebewesen ist. Die Ur-Knechtschaft muß schwinden und geistige oder physische Rückfälle in die Idealisierung der Ungleichheit und der Unfreiheit, von Nietzsche bis Mussolini, sind Entartungen.

Die **gegenseitige Hilfe** unterlag vorläufig, und an ihre Reste, im Familienleben und Nachbarleben, im täglichen Verkehr überhaupt, der anders nicht möglich wäre, muß wieder angeknüpft werden und die freiwilligen Bewegungen (s. Kapitel VI und VII) beginnen dies zu tun. Staat und Kirche suchen sie zu verfälschen (Bevormundung, Wohltätigkeit) und die Privilegierten verstehen, wenn es in ihrem Interesse liegt, viel fester zusammenzuhalten, als die Unterdrückten bis jetzt zu tun pflegen. Diese möchten sich oft gern unter die Fittiche des Staates und der Gemeinde flüchten, unbedenklich den letzten Rat ihrer Selbständigkeit aufgebend. So machtvoll helfend also die gegenseitige Hilfe als wahre **Solidarität** ist, so ist sie doch zur wirklichen Befreiung allein unzureichend.

Die Spaltung der Menschheit brachte von frühester Zeit an gradezu alle noch heute die Menschen und Völker trennenden Erscheinungen hervor — Regierungsallmacht, Ausbeutung und durch Bildungsmangel hervorgebrachte geistige Unmündigkeit großer Volksmassen, ferner Feindschaft nach außenhin; jeder stärkere Stamm unterjochte, vertrieb oder vernichtete die schwächeren Nachbarn, bis große Zusammenfügungen durch Zwang errichtet wurden, die Despotenreiche in den weiten Landstrecken Asiens, von China bis Vorderasien und dem Niltal und den russischen Steppen. Dann verbreitete sich eine weitere despotische Welle auf dem Seewege, von Ägypten, Phönizien, Kreta und der kleinasiatischen Küste aus, nach Griechenland, Sizilien, Südspanien und Karthago. Einige Zeit hielten die isolierten oder locker föderierten Staaten gebirgiger Länder und die Inseln stand und erfreuten sich eines sich zum erstenmal einiger geistiger Freiheit nähernden Lebens wie in Griechenland, dann aber erlag Griechenland dem mazedonischen Despotismus, der dann nach Asien vordrang und den vorderasiatisch-ägyptischen Despotismus erneuerte, der auch Rom standhielt, das von Rom und Latium aus mit wahrhaft fascistischer Mentalität und Methode Italien, alle Mittelmeerländer und Teile von Innereuropa und der britischen Inseln unterjochte.

Dieser römische Despotismus erlag schließlich im Westen dem Vordringen mittel-, nord- und osteuropäischer Völker, deren Entwicklung und Bewegungsfreiheit er geglaubt hatte Halt gebieten zu können. Im Osten hielt er sich als byzantinisches Reich, das die Türken im fünfzehnten Jahrhundert erneuerten, bis heute, wo Angora zeitweilig Konstantinopel ersetzt, wie ja auch in Italien einst Ravenna neben Rom eine große Rolle spielte. Der römische Despotismus hinterließ noch drei reiche Aussaaten von Knechtschaft: die römische Kirche, die ein sich auf alle Erdteile erstreckendes Weltreich des geistigen Despotismus bildete, — die römische Staatsmacht als Vorbild aller Staaten — und die direkte, bewußte Absicht, Roms Macht wieder herzustellen, die **Terza Roma**, das dritte Rom zu errichten, die von Mazzini bis Mussolini kein italienischer Patriot aus dem Auge verliert.

Die römische Staatsmacht, die eherne militärische Organisation, das Recht der Eroberung und die **Mission** jedes Staates zu Eroberungen, das durch römisches Recht festgeschützte Eigentum – all das bildet das Ziel jeder Staatspolitik in Europa von den Gotenkönigen und den Kaisern des Mittelalters bis zum neuesten 1918-19 gegründeten Staat. Tatsächlich ist die europäische Geschichte seit 476 ein ununterbrochener Kampf um die Nachfolge von Rom in ihm gleichen Weltdespotismus. Asiatische Nomaden von Attila bis Tamerlan, die Kaiser nach Karl dem Großen, spanische Herrscher des sechzehnten Jahrhunderts, Ludwig XIV. und Napoleon I., das panslavistische Rußland, das englische Weltimperium, Panamerika, Asien von Japan bis Indien usw. – all diese Namen und viele andere, Hauptkapitel der Weltgeschichte, erinnern den Geschichtskenner an endlose Kämpfe um despotische Macht, die Erneuerung des asiatisch-römischen Despotismus. Ein Blick in jede Zeitung von heute zeigt, daß kein Staat ernstlich etwas von seinen Plänen und Hoffnungen gewaltsamen Erringens von Macht und Sonderprivilegien aufgegeben hat, daß wenn nicht grade gekämpft wird, der Kampf jederzeit vorbereitet wird und ein permanentes Konspirieren Aller gegen Alle stattfindet, das sich keineswegs verbirgt, sondern die öffentliche Meinung stets in seinem Sinn zu lenken weiß – und **nie, nie** im Sinn des friedlichen menschlichen Zusammenlebens ...

Wirklicher Friede bestand in den kaum zehntausend Jahren Geschichte, die wir überblicken können, **nie**; **nie** war ein schwächeres Land seiner Existenz sicher und ist es auch heute nicht. Je mehr die Menschen individuell friedlich zu leben wünschen, in der Zeit des inneren Friedens (Landfriedens), des internationalen Verkehrs, der unentbehrlich ist (Ein- und Ausfuhr; Wissenschaft), mit desto raffinierteren Mitteln wird die patriotische und nationalistische Mentalität überall gezüchtet. Die Beutegier der Besitzenden (Vernichtung der Konkurrenz; neue Märkte), die Ländergier der Staaten und die Expansionsgier und Rachsucht der Nationalitäten inspirieren heute jede Handlung der Staaten unter sich; die Kriegerklasse führt jeden Auftrag aus, die Söldner und Aufseherklasse vom Priester zum Journalisten macht ihn dem Volk mundgerecht und die Volksmassen fügen sich, willig, murrend oder gedankenlos. Jedenfalls hat das Volk in diesen Jahrtausenden nicht so viel Opfer zur Erhaltung des Friedens gebracht, als jeder einzige der tausende von Kriegen ihm an Gut und Blut gekostet hat.

So leben wir noch heute dahin, uns freuend, daß die Menschheit etwa die Invasionen asiatischer Nomaden des Mittelalters, Religionskriege wie im 16. und 17., sogenannte Kabinettskriege, wie im 17. und 18. Jahrhundert, anscheinend nicht mehr zu befürchten hat, und übersehend, daß nur die Kriegsvorwände den Namen gewechselt haben. Das 19. Jahrhundert brachte die **nationalen**, das 20. die wesentlich verschiedenen **nationalistischen** Kriege mit imperialistischen und finanziell-industriellen Hinterzielen.

Ich bin mit den fortschrittlichen Bemühungen der Menschheit nicht ganz unvertraut und glaube viele derselben in ihrer Entwicklung und Bedeutung einigermaßen überblicken zu können. Ich ehre diese Bemühungen und es wäre ein Vergnügen, sorglos bei ihrer Betrachtung auszuruhen und das Kommen besserer Zeiten zu erhoffen. Es ist leicht sich mit solcher Literatur zu umgeben, in einem freundlichen, alles rosig betrachtenden Milieu zu leben, und ich habe dies ja auch reichlich in meinem Leben genossen. Aber ich fühlte doch immer, wenn ich die Tür dieser kleinen Welt zumachte und in die große Welt hinaustrat, daß dies Oasen in einer Wüste sind und daß, solange wir neben der Entwicklung betrachtend und kritisierend einhergehen, statt tatkräftige Teilnahme zu versuchen, nichts erreicht wird. Wir sind so sehr von den Ereignissen getrennt und beurteilen vor allem dieselben aus solcher Entfernung, unter solchem Gesichtswinkel, daß wir nicht erwarten können, auf im Leben Stehende wirklichen Eindruck zu machen. Nirgends war und ist dies so fühlbar und in seinen Folgen so verhängnisvoll, als auf dem Gebiet der Begriffe **international, national** und **nationalistisch**. Sind wir das eine oder das andere oder schließen diese Begriffe einander aus? Welchen Inhalt und welche Berechtigung vom freiheitlichen Gesichtspunkt aus haben dieselben? Wünschen wir zur Klarheit hierüber zu gelangen oder soll alles im heutigen Halbdunkel bleiben? Daß hier Unklarheit, Sorglosigkeit, Unentschlossenheit bestehen, dürfte aus dem Folgenden hervorgehen. Ich trage nicht diese Diskussion unnötig in die Bewegung hinein; ich wünschte, daß sie überflüssig wäre und würde sie dann gewiß unterlassen. Ich hoffe wenigstens auf die Bedeutung der Frage aufmerksam zu machen und der Leser wird seine eigene Entscheidung treffen. Ich glaube nicht, daß "die soziale Frage" all diese Fragen automatisch hinwegfegt oder daß mit der Feststellung einiger ökonomischer Hintergründe der nationalen Fragen etwas getan ist. Diese Fragen hängen auf das nächste mit dem Staat zusammen, den wir nicht zugleich als Anarchisten verabscheuen und als Freunde nationaler Befreiungen begrüßen können, wie dies seit 1918 vielfach geschah.

Ich beginne also diese Diskussion, wieder in die ältesten Zeiten zurückgreifend, weil wir eben noch in der direkten Fortsetzung dieser Zeiten mitten drinnen stecken und der Unterschied zwischen den vielen Errungenschaften auf geistigem, moralischem, technischem, künstlerischem Gebiet und der grenzenlosen Zurückgebliebenheit auf staatspolitischem und sozialem Gebiet, von den Religionen hier ganz abgesehen, eben das wahre Elend unserer Zeit ausmacht. Für die modernen Errungenschaften und das vorweltliche Staats-, Eigentums- und Religionswesen ist nicht Platz nebeneinander. Entweder werfen wir die vorweltliche Last ab oder sie zieht uns zu sich in ihre Abgründe hinunter. Der **Nationalismus** ist einer der Stränge, an denen sie uns niederzieht.

## IX.

Als in der Urzeit noch wenig zahlreiche Menschengruppen die ihren Lebensbedürfnissen die reichlichste Befriedigung gewährenden Gegenden der Erde besiedelten und sich auch ihrer Sicherheit wegen möglichst isolierten, entstanden Verschiedenheiten an Gebräuchen und auch der Sprache, dem lokalen **Dialekt**. Kämpfe, Wanderungen, günstigere Lebensverhältnisse, Handelsstraßen usw. gaben einzelnen Stämmen größere Bedeutung und sobald Reiche gebildet wurden, gewann der Dialekt des herrschenden Stammes größere Verbreitung, assimilierte sich benachbarte Dialekte, wurde nach dem Gebrauch der Schrift allmählich in einheitlichere Form gebracht und bildete dann, falls Regierungen, Literatur usw. eine gewisse Stabilität und Dauer hatten, ein **Sprache**, die zwar durch Unterricht und Bildung beständig weiter übermittelt wurde, die aber doch nur dem Bestehen all solcher Einrichtungen ihre Fortdauer verdankte. Neben ihr bestanden die Dialekte weiter, und wenn der politische und kulturelle Organismus fiel, mochte auch die Sprache so gut wie spurlos verschwinden, während die Bevölkerung ihren Dialekt weiter sprach und für Bildungs- und Geschäftszwecke die Sprache des nachfolgenden Staatsorganismus annahm, wozu sie auch durch die Verwaltung mehr oder weniger gezwungen werden mochte, obgleich in alten Zeiten bei dem fehlenden Unterrichtswesen systematische Aufzwingung einer Staatssprache wohl selten war.

Vielmehr zeigen z.B. die griechischen Inschriften die bunteste Dialektfülle, die ältere Poesie war äolisch, Athens Blüte stellte den jonischen Dialekt in den Vordergrund und in Alexandrien, später in Byzanz wurde dann die Sprache ganz und gar zur gleichmäßigen Schriftsprache umgebildet, bis sie als tote Gelehrtensprache ausstarb, während die vielfachen fremden Einflüssen ausgesetzten Volksdialekte schließlich wieder, mit Altgriechisch versetzt, zu einer Einheitssprache, der neugriechischen Schriftsprache, die Grundlage lieferten.

Oder römische Legionen, Verwaltungsbeamte, Kaufleute hausten Jahrhunderte in den eroberten Ländern, von der pyrenäischen zur Balkanhalbinsel, und viele Römer blieben dort auch nach dem Fall des Reichs. Das Vulgärlatein, im Munde der schon ihrem Ursprung nach verschiedenen Römer, dann in dem der lokalen iberischen, ligurischen, gallischen und sonstigen Bevölkerungen, nahm die verschiedensten Formen an, die Grundlage zahlreicher romanischer Dialekte, von denen durch politische und kulturelle Verhältnisse einige wenige zu großen Schriftsprachen wurden, im ganzen fünf mit drei Sprachen geringerer Ausdehnung und derzeit ohne selbständiges Staatsgebiet, dem Katalanischen, Provençalischen und Rhätoromanischen.

Die Sprache machte also, solange ihr nicht Gewalt angetan wurde, zwei natürliche Entwicklungen nebeneinander durch, genauer gesagt, die Einwohner eigneten sich in der Regel zwei Sprachen an – den Dialekt ihres Milieu und die ihnen nützliche oder unentbehrliche Verkehrssprache, die in den Hauptstädten und Handelszentren sich ausbildende Schriftsprache, zu deren Ausbildung Dichter und Gelehrte viel beitrugen und die von den Regierungen, sobald sie die lateinische oder in England z.B. die anglonormannische, also französische, Geschäftssprache aufgaben, ebenso durch den Unterricht, den Buchdruck usw. immer mehr vereinheitlicht und von den Grammatikern reguliert wurde. Man war also in früheren Jahrhunderten so vernünftig, der sprachlichen Entwicklung ihren freien Lauf zu lassen; der Gebildete lernte drei Sprachen, lateinisch als internationale Sprache, die Schriftsprache seines Landes und den ihm anerzogenene Dialekt; die weniger Gebildeten verstanden Schriftsprache und Dialekt und die lokale Bevölkerung lernte von der Schriftsprache, was sie eben Gelegenheit hatte zu hören oder zu brauchen. So ist es schließlich noch heute, da der Volksschulunterricht zwar einen sehr viel größern Teil der Kinder erfaßt als früher, aber meist noch wenig vertieft wurde und bei den vom harten Leben in der Entwicklung gehemmten Ärmsten der Armen geringe Spuren zurückläßt.

Die **staatliche Entwicklung** liegt dem so wechselnden Schicksal der Dialekte und Sprachen zugrunde. Jedes Land besteht ja aus einer Anzahl einst mehr oder weniger selbständiger Territorien, die oft ihren früheren Zustand beinahe vergessen haben und die Vorteile der Zugehörigkeit zu einem geräumigen Land angenehm empfinden, während in andern wenigstens ein Teil der politischen und ökonomischen Faktoren offen oder schweigend an der Restauration der einstigen Unabhängigkeit arbeitet und dann natürlich alles an die Vergangenheit Erinnernde in den Vordergrund stellt, darunter die lokale Sprache. Die orientalischen Despotenstaaten und das römische Weltreich verschlangen viele Nationen ganz, sodaß kaum der Name und geringe Sprachreste erhalten sind und manchmal selbst die Stammesangehörigkeit eines solchen Volkes nicht mehr sicher festzustellen ist. All das kennen wir nur aus den einseitigen Berichten der orientalischen und klassischen Geschichtsquellen, während für Iberer, Ligurer, Illyrier, Kelten, Germanen und Osteuropäer sich nur sehr wenig aus ihrer wahren Geschichte aus Stammessagen und indirekten Quellen verschiedenster Art enträtseln läßt. Dann brachte die Völkerwanderung eine Überfülle von Völkern mit verschollener Vergangenheit in das mittlere, südliche und westliche Europa und bis nach Nordafrika, die sich teils im Kampf aufrieben, teils in überall verschiedenem und selten genauer zu bestimmenden Grade mit der einheimischen Bevölkerung vermischten, die selbst durch die römischen militärischen, administrativen und bürgerlichen Niederlassungen auf ihrem Gebiet, schon mit den aus allen Teilen des Reichs stammenden Soldaten, Beamten, Händlern usw. Roms vermischt war. Nach Jahrhunderten solcher Wirren erfolgte der kurzlebige Versuch Karls des Großen, ein kontinentales Kaiserreich wieder zu begründen, ein weströmisches Reich neben dem byzantinischen Ostrom.

Die Weltgeschichte zeigt zu allen Zeiten — und hierin liegt auch die Erklärung der gegenwärtigen bolshevistischen Episode und vieler anderer Vorgänge —, daß die auf Unterdrückungen unmittelbar folgenden sogenannten **Befreiungen** noch lange keine wirkliche **Freiheit** bringen, die eben nicht auf bisher autoritärem Boden plötzlich gedeihen kann, sondern einen ihr günstigen Nährboden braucht. So folgte dem Fall des allen Völkern verhaßten Rom eben auch nur neues Streben nach eigener Macht im römischen Sinn, jeder Staat will zugleich selbst ein kleines Rom werden und die Macht jedes andern Staates brechen. Also Machtzusammenfassungen wie durch Karl den Großen wechseln mit den Rivalitäten und wechselseitigen Versuchen einander zu verschlingen der unabhängigen Staaten ab. Karl des Großen in drei Teile zerfallendes Reich sieht die jahrhundertelangen Kämpfe des westlichen und östlichen Teils um die Mitte, das Flußgebiet von Rhein und Rhône, das Land von der Nordsee zum Mittelmeer. Von der Normandie aus wird England erobert und druch Jahrhunderte sind später große Teile Frankreichs im Besitz der englischen Krone. Später wogen die langen Kämpfe zwischen Frankreich und Spanien hin und her und die italienische Halbinsel, in viele Herrschaftsgebiete zerfallend, wird abwechselnd Beute oder Kompensationsobjekt der verschiedensten Mächte.

Asiatischer Druck wirkt über Nordafrika auf Spanien und die ganzen Mittelmeerküsten, über Rußland hin nach Mitteleuropa, zeitweilig bis Frankreich hin, durch die Invasionen der Nomadenvölker, dann auf ausdauernde Weise Jahrhunderte hindurch von den Nachfolgern des oströmischen Reichs, den Türken, von der Adria und den Alpen bis Südrußland, ein besonders auf Ungarn und Österreich bis ins achtzehnte Jahrhundert lastender Druck. Die im Westen und Süden an weiterer Ausbreitung gehinderten Germanen dehnen sich nach Osten, jenseits der Elbe aus in Konflikt mit den dortigen Slaven und den baltischen Preußen, Litauern und Letten. Die entstehende russische Großmacht absorbiert die Ukraine, große Teile Polens, die südrussischen Tatarenländer und später den Kaukasus und regt die andern slavischen Völker zu Staatsgründungen an auf Kosten der Türkei und der mitteleuropäischen Großstaaten.

Inzwischen wuchsen die Macht und der Reichtum günstig gelegener Seestädte und anderer Handelszentren und ganzer industrieller Regionen, wie Flandern. Einzelne Seevölker wendeten ihre große Bewegungsfreiheit rücksichtslos an, speziell die Normannen skandinavischer Herkunft, die zur See einfallend bis Paris drangen und dann wieder von der Normandie nach England, im Süden bis Süditalien und Sizilien, überall intensivstes Staatstum und den Feudalismus zur Entwicklung bringend; sie beherrschten auch die Ostsee und begründeten den großrussischen Despotismus (Waräger), wie sie auch militärische Stützen des byzantinischen Despotismus waren. Ihr Geist inspirierte die großen Raubzüge, den Eroberungs- und Vernichtungskampf Nordfrankreichs gegen den friedlichen, zivilisierten und freisinnigen Süden — den Albigenserkreuzzug. Ebenso die internationalen Raubzüge in den Orient, genannt Kreuzzüge, die beutelustiges Rittertum, die den absterbenden Fanatismus dadurch neu aufpeitschende römische Kirche und der damals nach Osten gerichtete Welthandel zusammen inszenierten. Dies provozierte den starken Rückstoß des Orients, der in Form der Türken westwärts vordrang, das byzantinische Reich überrannte und dann Jahrhunderte lang kaum am Ostrand der Alpen (Wien) gebrochen werden konnte.

Die westlichen Völker hatten so durch die Kreuzzüge die Türken nach Europa gebracht und die Balkanvölker unter türkischer Herrschaft, die Völker Ungarns und Österreichs von den Türken teils lange unterjocht, teils beständig bedroht, wurden dadurch aus der Weltentwicklung bis heute ausgeschaltet; denn statt ihnen zu helfen, begrüßte und unterstützte man im Westen nur die Vorstöße der Türken bis zu den beiden Belagerungen von Wien, 1526 und 1683, und ebenso später die slavischen Aspirationen, sodaß die Allianzen des Weltkriegs, West- und Osteuropa gegen Mitteleuropa schon seit dem Ausgang des Mittelalters ungeschrieben bestanden. Dies zwang Mitteleuropa immer zwei Verteidigungsstellungen nach Westen und Osten auf, eine Lage, die das Kräfteverhältnis nie entscheidend zu lösen erlaubte.

Ferner wurde dadurch Mitteleuropa vom Weltverkehr abgeschnitten und von der Besiedlung und kolonialen Verteilung der Erde ausgeschlossen. Denn als durch die Türken die Handelsrouten in den Orient abgeschnitten wurden, suchten die Seevölker westliche Seewege, umfuhren Afrika und entdeckten und okkupierten Amerika. Seitdem brachte dann das den normannischen Seegeist am reinsten vertretende England, sich moralisch stützend durch den Geist des Calvinismus, der jedem Wunsch die Stärke eines vor nichts Halt machenden, sich immer der Gerechtigkeit seines Wunsches bewußten Dranges gibt, – seitdem brachte England unermüdlich die meisten Kolonialgebiete unter die eigene Kontrolle und brach die Macht Spaniens und Frankreichs auf diesem Gebiet (16. bis 18. Jahrhundert); Portugal und Holland wurden Englands Satelliten, das lateinische Amerika zersplitterte sich sehr zum Vorteil Englands, und nur die Vereinigten Staaten von Nordamerika waren in der Lage, sich volle Unabhängigkeit zu erkämpfen.

Frankreich, durch fünfzehnhundert Jahre von den Römern, Franken, Normannen und Engländern ganz oder teilweise erobert oder besetzt, konsolidierte sich erst im fünfzehnten Jahrhundert durch den definitiven Fall von Burgund, der ihm auch die ewige Freundschaft der Schweiz brachte. Seitdem brachten Arrondierungs- und Expansionsbestrebungen Jahrhunderte von Kämpfen mit dem alten deutschen Reich und Spanien, Vergrößerung im Norden, nach Flandern zu, im Osten, die Oberrheingegend (Elsaß) und Lothringen, dagegen keinen territoritalen Gewinn auf der iberischen und appeninischen Halbinsel und erst 1860 die Alpengrenze (Savoyen, Nizza), endlich in der Gegenwart ein afrikanisches und ostasiatisches Kolonialreich an Stelle des früheren verlorenen.

Diese wenigen Striche einer Übersicht zeigen, was für Europa seit anderthalb Jahrtausenden die Erbschaft des römischen Despotismus war: alles wogt noch immer, jetzt wie damals, feindlich durcheinander im Interesse der Begierden herrschender Kreise, von denen keine je ganz befriedigt wurde und keine je auf neuen Kampf verzichtete. Kein Volk fand auch nur eine kürzere Periode ruhiger Entwicklung; es ist mehr eine Kuriosität als ein größere Folgen zeigender Faktor, daß allein von größeren Ländern in Europa das bis dahin vielfach kämpfende und Eroberungen suchende **Schweden allein seit 1815 keinen Krieg geführt hat** und auch der Sezession Norwegens 1905 keinen bewaffneten Widerstand entgegensetzte, während z.B. die Schweiz 1847 einen Bürgerkrieg hatte und Holland die Sezession Belgiens 1830 bekämpfte. Zufällig hatte Schweden auch 1848 und sonst keine inneren blutigen Ereignisse und hat auch keine Kolonien; in den Lappen allerdings haben Schweden und Norwegen ein fremdes Volk in sich, aber ein besonderer Staat der Lappen ist wohl noch keine aktuelle Forderung. **Einem einzigen Land** war es also möglich, über hundert Jahre dem Krieg zu entgehen, wozu besondere Verhältnisse, speziell äußerste Vorsicht in der Nachbarschaft des lange sehr mächtigen Rußland beitrugen, ebenso die ungehinderte Seefahrt und die reichliche Auswanderung nach Amerika.

Man darf wohl sagen, daß gewalttätige Herrscherklassen überall die Nachfolge der Römer antraten und nach staatlicher und ökonomischer Beute trachteten, Land und Untertanen, reichen Rohstoffgebieten und Märkten. Wir stecken in all dem 1927 genau so mitten drinnen wie die Europäer irgend einer Zeit seit 476 und weit früher. Nichts ist noch geschehen, diese ununterbrochene Reihe von Beutezügen Stärkerer gegen Schwächere zu unterbrechen, und jeder Tag zeigt uns, wie alte Wunden nicht heilen, neue sich aber öffnen und neue Katastrophen sich vorbereiten. Es wäre nach meiner Ansicht einfach kindisch, sich einzubilden, daß der Sozialismus **aller** Richtungen, wie er jetzt ist, im Stande wäre oder auch nur den wirklichen festen Willen hat, dieser tausendjährigen Kette von Kriegen und sogenannten Friedenszeiten, in denen neue Kriege systematisch vorbereitet werden, irgendwie Einhalt zu gebieten.

Derartiges **könnte** nur durch den Willen erreicht werden, auf die Vorteile, die Stärkere **immer** von Schwächeren mit Gewalt erpressen können, zu verzichten. Wer will aber, heute oder je, auf einen durch welches Mittel immer zu erreichenden Vorteil freiwillig verzichten? Einige **durchweg anständig fühlende** Menschen sind dazu bereit, alle andern, welches immer ihre Klassenlage ist, nicht. Um nur das Geringste zu erreichen, muß man die Zahl der wirklich menschlich fühlenden

Menschen vermehren und muß dazu an alle noch vorhandenen Keime der Menschlichkeit anknüpfen (s. Kapitel VI und VII); ebenso muß man Intelligenz und Wissen verbreiten. Von dem meisten hiervon ist die tägliche Routine der Bewegungen sehr weit entfernt und darum geht auch nichts ernstlich weiter. Deshalb halte ich es nicht für überflüssig, die Grundlagen verständnisvoller Einsicht hier weiter zu besprechen, soweit meinen schwachen Kräften solche Einsicht zugänglich ist; jeder tut, was er kann.

## X.

Das wirre und stets feindliche Treiben der zahlreichen Völker Europas vom Fall Roms bis heute stand vor allem unter dem Einfluß der gewalttätigen und genießenden Klassen; die Machtgier der Herrschenden, Kriegerkaste, Feudalherren und Dynasten, die geistige Herrsch- und die Bereicherungssucht der Geistlichkeit und allmählich die stille Lenkung all dieser Kräfte durch das Kapital bestimmten die Vorgänge derart, daß ein Wille der Völker so gutwie gar nicht und die Macht der ökonomischen und anderer Tatsachen möglichst wenig zur Geltung kamen. Tatsachen, denen ein vernünftiges Handeln entsprechen würde, können sich nämlich durchaus nicht immer gegen den Unverstand und bösen Willen durchsetzen, die zwar schließlich zu einer Krise führen, aber dies kann sehr lange dauern und unzähliges Unrecht geschieht inzwischen und normale Entwicklungen werden schwer gestört. Wir ernten in den gegenwärtigen Jahren, was seit 1500 Jahren an Unvernunft ausgesät wurde, und der schließliche Zusammenbruch des Elenden, der noch gar nicht da ist, ändert nichts an dem Übel, das diese 1500 Jahre lang oben auf war und uns alle als Ruinen zurückläßt.

Mindestens standen stets gänzlich willkürliche und unsoziale Tendenzen und der Wunsch nach vernünftigen Entwicklungen nebeneinander und es verwirklichte sich sowohl **sozial Schädliches** wie **sozial Nützliches**. Die Länderzusammenraffungen zu kurzlebigen Riesenreichen, die einzig auf Gewalt gestellte Tätigkeit gewisser Raubstaaten und anderer aggressiver Gruppen, die durch Kapital und Gewalt erzielte Ausdehnung der Machtsphäre und des Monopols einzelner Staaten über die ganze Erde hin (Imperialismus) waren und sind sozial schädliche Erscheinungen. Beispiele für diese drei Entartungen sind die Rom nacheifernden Reiche Karls des Großen und Napoleons I. und die ephemeren alavischen Großreiche des Mittelalters, das großmährische, großserbische Reich u.a.; die Seeinfälle der skandinavischen Normannen bis zu den Ausläufern derartigen Vorgehens durch die nordafrikanischen Raubstaaten; die kolonialen Imperien Spaniens, Englands usw. In all diesen Fällen setzte sich die Gewalt zeitweilig oder dauernd durch, lebte auf Kosten der Schwächeren, deren Entwicklung dadurch unterbunden wurde und die

gehindert wurden, sich zu humanisieren, weil die Verteidigung ihrer Existenz ebenfalls von ihrer Kampffähigkeit abhing.
So hatte die einfachste lokale Entwicklung Feinde rund um sich, da kein Land dem andern eine ruhige Entwicklung gönnte. Sobald der primitive Zustand gänzlich lokalisierter Produktion überwunden wurde und größere wirtschaftliche Einheiten mit Austausch der jeweils in einem Teil des Landes am leichtesten gewonnenen Produkte das natürliche Ziel des friedlich arbeitenden Volkes wurden, begann ein solcher Zusammenschluß, befördert durch den gemeinsamen Widerstand gegen Gewalt von außen. Da ergaben sich also allmählich die großen natürlichen Wirtschaftsgebiete Europas, deren Größe durch die Halbinselformen und Gebirgs- und Flußsysteme der der russischen Ebene vorgelagerten Teile Europas sich von selbst ergab. Solche Teile sind die **britannische** Inselgruppe, die großen Halbinseln (**Skandinavien, Spanien, Italien, Balkan**), das von drei Meeren und großen Bergketten begrenzte **Frankreich** und der nördliche und südliche Teil **Mitteleuropas** von der Nord- und Ostsee bis zur Adria, der zu groß eine dauernde Einheit zu bilden, aber auch in mancher Hinsicht zu einheitlich, um dauernd getrennt zu bleiben, und mit Bevölkerungen durchsetzt, von denen ein Teil mehr zu Osteuropa neigt, all die zahllosen Schwierigkeiten in sich trug, die aus der Geschichte **Deutschlands** und **Österreich-Ungarns** bekannt sind. Östlich hiervon bestehen andere Größenverhältnisse (das ungeheure Rußland usw.), die eben das östliche Europa vor allem mit Asien verbinden, während kultureller Drang es nach Westen und Süden orientierte.

Hieraus ergibt sich schon, daß die natürlichen wirtschaftlichen Zusammenfassungen sich unter sehr verschiedenen Verhältnissen, aber doch, bis 1918, überall vollzogen, weil sie eben die Grundlagen normalen Lebens waren. Wenn ein Land so glücklich war, diese Einheit leicht und früh zu erreichen, darf es deshalb nicht auf andere Länder herabsehen, die hierbei größere Schwierigkeiten zu überwinden hatten. Tatsächlich aber suchte die Politik **jedes** Landes die eigene Einheit zu fördern und die Einheit der andern Länder zu verhindern und zu stören. Das Maximum an Einheit und Schlagkraft für das eigene Land und das Minimum für jedes andere Land ist das Ziel der "Staatskunst" und die nationale Denkweise jedes Landes wird nach diesem Muster gebildet: vom eigenen Land darf kein Zollbreit aufgegeben werden — das Nachbarland möge nur in Stücke zerfallen, lieber heute als morgen!

Die **englischen** Teilkönigreiche, die sächsische Heptarchie, vereinigten sich schon im neunten Jahrhundert, während die Vereinigung von Wales, Schottland und Irland noch Jahrhunderte in Anspruch nahm und die Stellung Irlands noch heute nicht als definitiv geregelt betrachtet werden kann. Die **spanische** Einheit datiert vom Ende des fünzehnten Jahrhunderts; England hinderte stets, daß Portugal dieser Einheit in irgendeiner Form beitrete, und in Spanien selbst wurden baskische und katalanische Separatismen wachgehalten oder ins Leben gerufen. Die **skandinavische** Geschichte, Dänemark inbegriffen, läßt die gegenwärtige so friedliche Haltung dieser Länder als Resignation erscheinen, nachdem im Lauf von Jahrhunderten ihre Expansion in benachbarten Küstengebieten durch russische und deutsche Macht verhindert und durch England ihre maritimen Ambitionen zum Stillstand gebracht wurden. Die **französische** Einheit war erst seit Mitte des fünfzehnten Jahrhunderts, als England seine französischen Besitzungen verlor, und seit dem Fall Burgunds einige Dezennien später fest begründet und im achtzehnten Jahrhundert (Lothringen) abgeschlossen.

**Italien** und der **Balkan** waren derart die Fortsetzung von **Westrom** und **Ostrom**, daß normale Entwicklungen hier am wenigsten möglich waren. Alles wollte ein neues Rom verhindern, griff aber zugleich selbst nach den Resten römischer Macht. Die türkische Einheit an Stelle der byzantinischen wurde von Europa nie ernstlich anerkannt; hier besteht aktiver oder latenter Krieg vom fünfzehnten Jahrhundert bis heute. Diese Länder tragen heute das autoritäre Gift Roms in virulenter Form in sich und sind mit dem Nationalismus und dem Imperialismus anderer Länder eine Quelle der die Menschheit zerfleischenden Zwietracht.

**Polen** und **Rußland**, die in dem asiatisch erweiterten Teil Europas lagen, konnten leicht Länderzusammenballungen nach Art des orientalischen Despotismus schaffen, etwas dauernder als die ephemerischen west- und südslavischen Großreiche des Mittelalters, aber doch wesentlich schwächere Staatsorganismen als die großen westeuropäischen Einheiten, den asiatischen Staatengruppen wie Persien, Indien, China näher verwandt.

**Mitteleuropa**, in seinen südlichen und westlichen Teilen, bis zur Donau und dem Grenzwall (limes) von den Römern unterjocht, in seinen übrigen Teilen durch Jahrhunderte dem römischen Vordringen Widerstand leistend, hatte hierdurch eine gegen Süden und Westen (das romanisierte Gallien) gerichtete Angriffs- und Verteidigunsfront erhalten. Inzwischen war es durch das Vordringen östlicher Völker, besonders der slavischen Stämme im Osten eingeengt und die nördliche Meeresküste war im Bereich der Einfälle der skandinavischen Seevölker. Später kam weiterer östlicher Druck dazu, die großen Invasionen asiatischer Nomaden und, besonders im 16. und 17. Jahrhundert, die zweimal bis Wien vordringende beständige Türkengefahr, endlich, nach Zurückwerfung der Türken, im 19. Jahrhundert und bis zur gegenwärtigen Krise, der Druck der slavischen Völker unter dem Impuls des mächtigen Rußland.

Diese Verhältnisse bedingten die Einkeilung eines großen Volks zwischen Elbe, Rhein und unwirtlichen Alpengegenden und nach dem Westen und Süden, der manche vordringende Germanenstämme verschlungen hatte (Westgoten, Burgunder, Franken, Langobarden usw.), eine sich dauernd am römischen Geist inspirierende Welt geworden war, blieb nur eine beschränkte Ausdehnung nach Osten übrig, die im Norden im ostelbischen und heutigen ostpreußischen Gebiet und in geringem Grade an der baltischen Küste bis Riga stattfand, während im Süden höchstens Teile von Böhmen, Mähren und Westungarn noch besiedelt werden konnten. Im Süden kam es im 16. Jahrhundert der Alle bedrohenden Türkengefahr gegenüber zur vierhundertjährigen Vereinigung der drei Ländergruppen, Deutschösterreich, die böhmischen und ungarischen Länder (**Österreich-Ungarn**). Im Norden legte das sich nicht bedroht fühlende und selbst nicht polnische Länder (Weißrußland, Litauen, ukrainisches Sprachgebiet) an sich reißende **Polen** auf eine Verständigung mit den Deutschen keinen Wert, bis es zu spät war und das dem russischen Druck im 18. Jahrhundert erliegende Polen dann, um nicht ganz von Rußland verschlungen zu werden, zwischen Rußland, Preußen und Österreich geteilt wurde.

Trotz dieser dauernd bedrohten Lage bewahrten die deutschen Stämme ihre aus der Römerzeit (Tacitus) so bekannte Selbständigkeit einander gegenüber, die nur in wenigen Jahrhunderten des späteren Mittelalters von einigen Kaisern eingeschränkt wurde und vom 15. bis zum 18. Jahrhundert in der Häufung autonomer Zwergterritorien, jedes mit enormem staatlichen Apparat und sich als Selbstzweck betrachtend, einen grotesken Ausdruck fand. Da war es nicht zu verwundern, daß angesichts der in ganz Europa, Italien allein ausgenommen, längst vorhandenen einheitlichen Staats- und Wirtschaftsgebiete solche Bestrebungen auch für Deutschland entstanden und, da eine Vereinigung des protestantischen Nordens mit dem katholischen Österreich oder Bayern nicht gewünscht wurde und der Westen Norddeutschlands meist unter französichem, englischem und römischkirchlichem Einfluß stand, von Hannover bis zur rheinischen Bischofsstraße, so war es historisch unvermeidlich, daß im Norden **Preußen**, das größte dortige Land, für diese Einigung den wesentlichen Faktor bildete. Bekanntlich wären vom achtzehnten Jahrhundert ab, als Preußen in den Vordergrund trat, bis 1866 und 1871, die mannigfaltigsten Gelegenheiten gewesen, die deutsche Einigung auf anderer Grundlage zu vollziehen, aber es ist nun einmal nicht geschehen, und wenn sich diese Einigung, in der ziemlich lockeren Form der Verfassungen von 1867 (Norddeutscher Bund), 1871 (deutsches Reich), 1919 (Deutsche Republik), erst so spät vollzog, – später als für irgendein anderes großes europäisches Land –, so kann man weder von einer Europa bedrohenden Übereilung noch von einer Überrumpelung Deutschlands durch Preußen in dieser Frage sprechen, ob nun das Resultat seine Fehler hat oder nicht. Während so Deutschland überaus langsam in gewissem Grade geeinigt wurde, war Österreich-Ungarn von slavischer Seite aus schon vom 19. Jahrhundert an der beständigen Unterminierung als staatliches Doppelgebiet und wirtschaftliches Einheitsgebiet ausgesetzt.

**Italien** zahlte bitter für die Sünden des despotischen Rom und seine neue Lage als Sitz des Zentrums der nicht minder despotischen römischen Kirche und bis zur Entdeckung der ozeanischen Seewege als Vermittlerin des orientalischen Seeverkehrs verwickelte die Lage ungemein. Jede Großmacht suchte dort Fuß zu fassen, – Spanien, Frankreich, Österreich im Norden, England im Süden (von den Normannenzügen bis zur Besetzung von Malta und sizilianischen Plänen und selbst der heutigen Mächtekonstellation ist Italien der nordischen Seepolitik, die dem Orient zustrebt, eingeordnet) usw. Das durch alle Jahrhunderte verhinderte Entstehen eines italienischen Gesamtstaates vollzog sich im 19. Jahrhundert gewiß durch die restlose Tätigkeit und zahllosen Opfer vieler Patrioten, deren bekannteste Mazzini und Garibaldi waren, aber ebenso als eine sehr komplizierte Operation der europäischen Politik und besonders geschickte Förderung der Interessen des Staates Piemont: Italien wurde abwechselnd gefördert als französisches und 1866 auch preußisches Werkzeug gegen Österreich, als englisches gegen Frankreich und die Turiner, Florentiner, und römische Diplomatie machte dieses Spiel im eigenen Interesse mit und tut noch heute dasselbe.

Jedenfalls erschien der Wunsch der Italiener nach Einigung jedem liberalen Europäer als etwas Selbstverständliches und dasselbe muß daher auch von den gleichen Wünschen der Deutschen gelten. Auch den Italienern wurden föderalistische Lösungen vorgeschlagen, fanden aber keine Verbreitung. Wie groß die Vorzüge des Föderalismus auch sind, er fand nirgends bei der Einigung der modernen Staaten Verwendung und die Entwicklung bewegte sich immer von ihm weg. Mit einem Schlag beseitigte die französische Revolution die alten Provinzen und führte die ganz künstliche Departementseinteilung ein; nur die das alte Österreich bildenden "Königreiche und Länder" und die auch heute noch bestehenden vielen deutschen Staaten und die Landeseinheiten des jetzigen Österreich ragten und ragen noch in die Gegenwart hinein; in der 1918-19 neugebildeten Tschecheslovakei zum Beispiel wird grade gegenwärtig Schlesien mit Mähren vereinigt usw.

Wenn früher außerhalb von Europa staatliche Neugründungen stattfanden, so war der Zusammenschluß der früheren Verwaltungs- und sonstigen Einheiten eines großen Gebiets zu einer wirtschaftlichen Einheit bei noch so großer Autonomie und Föderalismus das Selbstverständliche. Die Vereinigten Staaten von Nordamerika, die spanisch-amerikanischen Staaten und Brasilien, das heutige Australien, das sich eine neue Hauptstadt baute, sind Beweise hierfür. Niemand fiel es ein, dort Kleinstaaten zu errichten, und die Sezesseionsbestrebungen in den Vereinigten Staaten wurden durch den größten Bürgerkrieg der Neuzeit mit Erfolg vereitelt.

Die großen Wirtschaftsgebiete und zentralisierten Staaten sind zwei Entwicklungen, die miteinander nichts zu tun haben. Die Wirtschaftseinheit gedeiht am besten bei Föderalismus, der den lokalen Bedürfnissen entgegenkommt, während die Zentralisation, die dieselben Maßregeln ungleichen Verhältnissen aufzwingt, die Ungleichheit verstärkt. **Bakunin** schrieb 1870, die **Schweizer** Entwicklung seit dem Sieg der radikalen Zentralisten 1848 betrachtend: . . ."Diese politische Zentralisation, welche die radikale Partei im Namen der Freiheit schuf, tötet die Freiheit. . . . Alle seit 1848 im Bund erreichten Fortschritte sind ökonomischer Art, wie die Vereinheitlichung des Geldes, der Maße und Gewichte, die großen öffentlichen Arbeiten, die Handelsverträge usw. Man wird sagen, daß ökonomische Zentralisation nur durch politische Zentralisation erreicht werden kann, daß eine die andere mit sich bringt, daß beide im gleichen Grade notwendig und wohltätig sind. Keineswegs. Die ökonomische Zentralisation, wesentliche Bedingung der Zivilisation, schafft die Freiheit, aber die politische Zentralisation tötet sie, indem sie zum Nutzen der Regierenden und der herrschenden Klassen das eigene Leben und die spontane Tätigkeit der Bevölkerungen zerstört." . . . (**Oeuvres**, II, 1907, S. 33-4). Freiheit und Föderalismus waren Bakunin teuer, aber es fiel ihm nicht ein, sie in ökonomischer Zersplitterung sehen zu wollen.

Wie schon bemerkt, sieht jeder Staat die günstige Entwicklung anderer Staaten mit Mißgunst an, und da die wirtschaftlichen und politischen Einigungen der europäischen Staaten sich über ein ganzes Jahrtausend verteilten – ein Beweis, wie shr sie gestört wurden –, so häuften sich gradezu die Schwierigkeiten für die **letzt kommenden** (Italien und Deutschland), und die festgebliebenen Großstaaten, die nicht daran denken, ihre eigene Einheit preiszugeben, fanden sogar im 19. Jahrhundert ein ihnen sehr willkommenes Mittel, **andere** Staaten zu zerstören – den **Nationalismus**, die Auflösung ihnen unbequemer wirtschaftlicher Einheiten in separate **kleine Staaten**. Daher die große Liebe der öffentlichen Meinung für neue **kleine** Staaten . . . Darin liegt kein menschliches Wohlwollen, keine Freiheitsliebe der eigentlichen Macher, sondern nur der Wunsch die Position des Gegners zu schwächen, mehrere schwache, statt einer starken Einheit sich gegenüberzusehen. Ermöglicht wurde diese Taktik durch die Verblendung des Nationalismus, der sich so von der Diplomatie gefördert glaubt, während er doch nur schlauen Rivalen und Feinden in die Hände arbeitet.

Die Sozialisten, auch die freiheitlichen, sind auch leider nur zu sehr Opfer dieser Duperie, sodaß die eingehende Besprechung dieser Verhältnisse mir nicht überflüssig erscheint. Man muß die übliche Mentalität auf diesem Gebiet gründlich einer Prüfung unterziehen und umzugestalten versuchen oder unsere Anregungen und Bemühungen fallen auch auf andern Gebieten auf unfruchtbaren Boden, wie ich zu zeigen versuchen werde.

## XI.

So wenig die heutige europäische Entwicklung unseren Ansprüchen und unserm Ideal entspricht, ist doch unzweifelhaft in kultureller Hinsicht viel geleistet worden, und zwar wurden **große, möglichst vollständige Wirtschaftsgebiete**, die Industrie und Landwirtschaft, Rohstoffgewinnung und Verkehrsrouten, kurz alle günstigen Produktionsverhältnisse vereinigen, als die notwendige Grundlage normalen Lebens und allmählicher Fortschritte erkannt. In dieser glücklichen Lage befanden sich **Großbritannien, Frankreich, Spanien, Italien** ungefähr seit 1860, **Deutschland** seit dem Zollverein, das 1918-19 zerstörte **Österreich-Ungarn** und das vorrevolutionäre **Rußland**. Ferner waren und sind kleinere und kleine Länder, die durch irgend eine oder mehrere Spezialitäten besonders begünstigt sind, in der Lage, sich blühend zu entwickeln — so **Schweden** (Bodenschätze), **Norwegen** (Seehandel), **Dänemark** (Landwirtschaft), **Holland** (alter Handelsreichtum, Kolonien und Landwirtschaft), **Belgien** (Industrie, Bodenschätze und Handel), die **Schweiz** (Naturschönheiten und Spezialindustrien), **Portugal** (Wein und Seehandel) und die **Balkanstaaten** (Landesprodukte aller Art). Ein Teil dieser Länder kontrollierte ungeheure außereuropäische Rohstoffgebiete und wenig besiedelte, zur Auswanderung geeignete Landstrecken; die Industrie hatte das große Problem der Konkurrenz mit den Vereinigten Staaten vor sich; die Landwirtschaft war überall durch die Ernährung der wachsenden Bevölkerung in Anspruch genommen und alles arbeitete an der technischen Umgestaltung der Produktions- und Verkehrsmittel, der Beseitigung rückständiger Verhältnisse und einer Verallgemeinerung möglichst hoher Lebenshaltung, wie dies ja für Nordamerika, wo die Entwicklung nicht gestört wurde, gelungen ist. Der Kapitalismus als Ganzes mußte sich eine ruhige Weiterentwicklung in dem hier geschilderten Sinn wünschen, was nicht ausschloß, daß einzelne rivalisierende Teile des Kapitalismus wünschten, mit allen Machtmitteln ihre Konkurrenten zu zerstören oder niederzuzwingen.

Zu letzterem Zweck wurde in steigendem Maße Kapital und Staatspolitik verbunden und es kam die Zeit der **Finanzierung** von Staaten, deren politische und militärische Hilfe dadurch gekauft wurde, und der verhüllten Kreditsperre gegen als feindlich betrachtete Staaten, der finanzielle Aufmarsch zum Vernichtungskrieg.

Ebenso kam die Zeit der Unterstützung jedes ein als feindlich betrachtetes Land untergrabenden lokalen **Nationalismus** in einem solchen Land, die stille Organisation der Landesfeinde innerhalb der feindlichen Länder, um durch sie diese Länder in ihrem Widerstand zu schwächen und schließlich von innen heraus zu zerstören.

Zu diesem Zweck wurden **Sprachenfragen, historische Grenzen, verschollene Staaten** usw. und vor allem der **Nationalhaß** zur üppigsten Entwicklung vor der sogenannten öffentlichen Meinung gebracht, wodurch das betreffende Land im Innern möglichst zerrüttet, international beschämt und diskreditiert und so geschädigt werden sollte. Zu diesem Spiel gab sich der europäische Nationalismus blindlings her und wirkte so nicht nur als den Weltkrieg anfachend, ihn unendlich verbitternd, vergiftend und dadurch verlängernd, sondern auch als sein eigenes Wesen zur Entartung bringend, sich selbst zur Monströsität entstellend und sein Ziel dadurch verfehlend. Denn jeder 1918-19 siegende Nationalist ist dadurch zum nationalen Unterdrücker anderer, zum nationalen Büttel geworden, und eine viel größere Zahl von Menschen ist heute in Europa national unterdrückt als je zuvor und in intensiverem Grade als früher auch nur geahnt wurde.

Denn wenn die ganze europäische Entwicklung zur dauernden Bildung ausreichend großer und den gegebenen Boden-, Rohstoff-, Verkehrs- und anderen Verhältnissen angepaßter **Wirtschaftsgebiete** geführt hat, **dann** kann nicht gleichzeitig eine **ganz andere** Gruppierung der Einwohner lebensfähig sein, wie der **siegende** Nationalismus sie für große Teile Europas seit Ende 1918 durchführte. Diese Neuteilung alter Wirtschaftsgebiete zieht Grenzen nach dem zufälligen Maßstab der Sprache, wozu die Sieger im weitesten Umfang gemischtsprachige Gegenden dazuraffen und als Sieger diese Grenzen noch in ihrem Interesse nach strategischen und kommerziellen oder Verkehrsgesichtspunkten erweitern lassen, falls nicht irgendeine verschollene "historische Grenze" noch weitere Annexionen rechtfertigt. Die Besiegten erhalten dann das Übrigbleibende, für dessen Lebensfähigkeit niemand Sorge trug. Trotzdem so die einen aus der Karte Mitteleuropas sich die besten Stücke herausschnitten und die andern die Abschnitzel und Abfälle erhielten, ist auch den siegenden Nationalstaaten kein wirklich normales Wirtschaftsleben möglich.

Sie sperren sich ängstlich durch Zollschutz ab, suchen nationale Industrien zu improvisieren, kultivieren den intensivsten Fiskalismus und Militarismus, — sie stehen aber doch hinter den jetzigen normal entwickelnden Staaten und hinter dem, was sie selbst früher als Teile großer Wirtschaftsgebiete waren, wesentlich zurück. Sie erhoffen ihr Heil von der peinlichsten Aufrechterhaltung ihrer 1919 besiegten privilegierten Stellung oder sehen neuen Kriegen entgegen. Welches Elend über die besiegten Abschnitzelstaaten seit Ende 1918 kam, ist allbekannt.

Sollte all das die freiheitlichen Sozialisten nicht veranlassen, den Nationalismus, den viele mit einer nationalen Befreiung verwechseln, mit kritischerem Blick zu betrachten?

Einstmals mußten Stammesrivalitäten und -kämpfe nationalen Stolz und Haß hervorrufen, die sich steigerten, wenn kleinere Völker von größeren ganz absorbiert wurden. Wenn dies aber ohne zu große Gewalt geschah und das größere Wirtschaftsleben dauernde Vorteile bot, so wurde der Schmerz und Haß meist vergessen und dies ist der Zustand der heutigen sogenannten **großen** Nationen, die eben das Resultat der glücklichen Verschmelzung vieler Teile sind. Auch hier sind diese Teile durch den Dialekt und die lokale Geschichte, Traditionen und Gebräuche oft noch sehr verschieden und pflegen gern diese Erinnerungen als die Art ihrer engeren Heimat. Dies ist die richtige Verbindung von engerem und weiterem Leben und hieran kann die Pflege noch weiterer, inter-nationalen, inter-humanen, kosmopolitischen Lebens sich anschließen. Ein solcher Mensch liebt seine engere Heimat, deren lokales Leben und Sprache ihm am nächsten stehen, aber es wird ihm nicht einfallen, für sein Tal, seinen Bezirk, seine kleine Provinz einen **selbständigen Staat** zu verlangen, weil ein solcher, irgend eine verschollene Territorialherrschaft, dort einmal bestand. Er wird den lokalen Dialekt und die Gebräuche durch Vereine, Literatur, Volkstheater, persönlichen Gebrauch usw. allein oder mit andern zusammen pflegen und, wenn es wirklich noch wertvolle ganz lokale Einrichtungen gibt, darauf sehen, daß diese Autonomie oder Schutz (wie den Natur- und Denkmalschutz) genießen und erhalten. Aber er wird nicht verlangen, daß die lokale Sprache wieder Staats- und Unterrichtssprache wird, das heißt, daß sie unnötigerweise die Zahl der Sprachen vermehrt und andern aufgezwungen wird.

Nichts wäre leichter, als solche Sprachen für Millionen der Bevölkerungen als nationale Forderungen zu proklamieren, z.B. das Plattdeutsche für Norddeutschland, das schottische Englisch für Schottland, das Provençalische für Südfrankreich, aber es fällt dies einfach niemand ein, so sehr diese und viele andere lokale Formen der großen Sprachen in engerem Kreise literarisch gepflegt und von den ansässigen Bevölkerungen allgemein gesprochen werden. Übrigens würde sofort ein neues Problem entstehen: das Plattdeutsche ist von Ost nach West sehr verschieden, ebenso das Schweizerische von Appenzell, Zürich oder Bern; es müßte also wieder **eine** Varietät oder eine künstliche Mischung zur Sprache proklamiert werden und die **übrigen** Dialekte würden sich wieder benachteiligt fühlen, falls sie so wehleidig wären.

Sprachen als soziales Verständigungsmittel sind also immer auf das vernünftige Nachgeben vieler angewiesen, die einsehen, daß, wenn jeder seine eigene Sprechweise zur Sprache erheben will, von einer Sprache als menschenverbindendem Organ eben nicht mehr die Rede sein kann. Im Zeitalter des Verkehrs, das sogar die Entstehung internationaler Verständigungssprachen sah, ist daher die Gründung nationaler Staaten, um einer bisher lebenden und blühenden, aber niemand aufgezwungenen Sprache die exklusive Geltung einer nunmehr durch Staatsgewalt den annektierten Minoritäten und der Mitwelt, die mit einem solchen Land in Verkehr steht, aufgezwungenen nationalen Sprache zu geben, – ist eine solche Gründung eine antisoziale Handlung, und dasselbe bezieht sich auf all die andern lokalen Verschiedenheiten, die angeblich nur sich ausleben können, wenn sie einen nationalen Staat erhalten, obgleich ihre Existenz und Lebensfähigkeit bis 1918 beweisen, daß die Jahrhunderte angeblicher Unterdrückung ihnen nicht viel zu Leide getan haben.

In früheren Jahrhunderten spielten auch all diese Dinge keine besondere Rolle und diejenigen Kämpfe, die man allgemein achtete und bewunderte, Verteidigungskämpfe der Griechen, Schweizer, Holländer und anderer kleiner Völker gegen eine Übermacht, hatten vor allem soziale, politische, religiöse und nicht nationale Motive. Man gelangte in den Dezennien vor der französischen Revolution zu international-freiheitlichen und -humanitären, zu wahrhaft **weltbürgerlichen** Ideen und begrüßte in diesem Sinn die amerikanische und die französische Revolution mit Freude. Aber die Revolution entartete zur europäisch-kontinentalen Diktatur Napoleons I. und vor dieser Nivellierung suchte man Zuflucht in der nationalen Vergangenheit der von Frankreich unterjochten Länder. Man empfand als Ziel sowohl die Beibehaltung und Kräftigung des lokalen nationalen Lebens, als auch größeren staatlichen Zusammenschluß (das einige **Deutschland**, das geeinigte **Italien**), um einer so vollständigen Unterwerfung, der Folge totaler Zersplitterung, nie wieder ausgesetzt zu sein. Dieser ältere Nationalismus suchte also Vereinigung, nicht Zersplitterung eines bestehenden Ganzen. Es fiel keinem Italiener ein, die unabhängigen Staaten Italiens, Venedig und Genua, Toscana und Neapel usw. anzustreben und keinem Deutschen, das unabhängige Bayern, Baden, Sachsen oder Hessen zu wünschen; **solche** Wünsche hatten zwar die lokalen Fürsten und Patrizier, aber ihrem Legitimismus galt der nationale Kampf aller freisinnigen Italiener und Deutschen.

Daher war **dieser** Nationalismus in der Linie der kulturellen Entwicklung gelegen und fiel mit der Schaffung der großen Wirtschaftsgebiete zusammen, die für die Bewohner des jetzigen Italien und Deutschland noch fehlten und die doch für die moderne Produktion Notwendigkeiten und Selbstverständlichkeiten sind. Die westlichen Staaten hatten sich seit Jahrhunderten daran gewöhnt, in Deutschland ein Staatentrümmerfeld mit einigen Dichtern und Denkern hie und da zu sehen und in Italien ein gleiches Trümmerfeld mit einigen römischen Ruinen, Renaissancepalästen und wertvollen Bildern. Sie fühlten durch die Erstarkung Deutschlands und Italiens das Gleichgewicht gestört und es ging nicht ohne den großen Kampf von 1870-71 ab, durch den das erneuerte Deutschland sich erst internationale Duldung erkämpfen mußte.

Dies gelang für die immerhin beträchtliche Zeit bis 1914, aber die Duldung wurde nie zur Freundschaft und die **slavische** Frage, **der Nationalismus der slavischen Völker** war der Hebel, mit welchem Westeuropa das neue Deutschland wieder in die frühere Ohnmacht zurückzuwerfen unternahm. Was Italien betrifft, so waren seine Regierungen so wenig der Freundschaft der Westmächte, mindestens der von Frankreich sicher, daß sie durch mehrere Dezennien und bis in den Weltkrieg hinein eine formelle Allianz mit Deutschland und sogar mit Österreich-Ungarn aufrechtzuerhalten für zweckmäßig hielten. Das Frühjahr 1915 sah die italienische Regierung ja dann auf der Seite der voraussichtlichen Sieger. Dem Sieg selbst verdankt dann das heutige Italien jene Verstärkung des militanten Nationalismus, die in Mussolini ihren klassischen Ausdruck findet. Ich bin sonst kein Bewunderer von Mussolini, aber ich gebe neidlos zu, daß er das Idealbild des vollendeten Nationalisten ist.

Hierüber ist alle Welt sich klar, aber die **slavischen** Angelegenheiten sind im allgemeinen so wenig in unseren Kreisen beachtet, daß sie eine besondere Besprechung verdienen. Es genügt nicht, in Bakunin, Tolstoi und Kropotkin, in Dostojevski und Gorki, in so vielen Kämpfern und Märtyrern gänzende Vertreter der slavischen Geistes- und Befreiungsbestrebungen zu kennen. Hier handelt es sich um das Verhältnis des Slaventums zur mitteleuropäischen Entwicklung, eine sehr berechtigte Frage, da daraus nicht nur der Weltkrieg sondern auch viele Nachkriegsfolgen entsprangen.

## XII.

Die **Slaven**, längst der Zahl nach der stärkste Bestandteil der Bevölkerung Europas, kamen mit der antiken Welt in keine nennenswerte Berührung; erst das byzantinische Ostrom übte starken Einfluß auf einen Teil derselben. Sie schoben sich westwärts vor, als germanische Stämme nach Süden und Westen vordrangen und leeres, richtiger nur noch schwach besiedeltes Land hinter sich zurückließen. So besetzten die Slaven Teile der Ostalpen und ihres nördlichen Vorlands, Böhmen und Mähren, das Land östlich der Elbe bis zum Meer und selbst zeitweilig Teile des heutigen Franken den Main abwärts. Sie kamen weder als Eroberer noch als erste Siedler, sondern als Ansiedler in einem bereits bewohnt gewesenen Land, das die weiterziehenden germanischen Stämme wohl nicht für immer aufgegeben zu haben meinten. Mit den ungeheuren russischen Ebenen hinter sich war die westwärts strömende Slavenmenge gewiß eine reichliche. Nun fanden bald die germanischen Wanderungen durch den Widerstand der gallo-romanisch-fränkischen und italienischen Bevölkerungen einen Abschluß und eine Rückstauung trat ein, die nun den ganz nahen Osten weithin mit Slaven besetzt fand. Dies mußte zu einem unfreundlichen Verhältnis führen, das vielleicht hätte vermieden werden können, wenn die Slaven selbst sich wieder ostwärts gewendet hätten, wo die ungeheure Fläche des heutigen Rußland doch in der Zeit vor tausend Jahren Siedlungsraum für alle geboten hätte. In diesem Fall hätten die vorgeschrittenen Westslaven dem slavischen Osten ihre Kultur übermitteln und diesem die Mongolen und Tatarenzeiten ersparen können; der Ural würde dann auf wirksamere Weise als es der Fall war, die Grenze Europas gegen Asien gebildet haben oder es wäre viele Jahrhunderte früher die slavische Masse über Sibirien verteilt worden usw.

All dies taten die Slaven nicht; sie zeigten nur die Neigung, in dem weit vorgeschobenen östlichen Teil Mitteleuropas seßhaft zu bleiben und in ihrer östlichen Masse nach Süden gegen Byzanz vorzudringen und sie verteilten sich dann auf dem Balkan; nicht sie eroberten Byzanz, sondern Byzanz und später die Türken wurden ihr Herr, wie in Rußland Mongolen und Tataren. In Deutschland wurde durch viele Grenzkämpfe mit den Wenden die Möglichkeit deutscher Niederlassungen östlich von der Elbe hergestellt und es fand auf weite Strecken hin eine langsame Vermischung der Bevölkerungen statt bis zu dem allmählichen Aussterben der slavischen Sprache erst im siebzehnten Jahrhundert (polabisch). Weiter östlich blieb die polnische Masse intakt und die Polen riefen selbst deutsche Handwerker in die dann bald zu Städten anwachsenden größeren, für den Handel günstig gelegenen Orte. Die nördlichere, der Ostseeküste folgende deutsche Besiedlung der altpreußisch-litauisch-lettischen Gegenden stieß auf den Widerstand dieser Völker und der selbst der Ostsee zustrebenden Polen und verlief als immer schmälerer Küstenstreifen bis zum heutigen Memel.

Nach Böhmen fand eine starke deutsche Einwanderung statt in die wahrscheinlich nie ganz von den früheren germanischen Bewohnern verlassenen westlichen und nördlichen Teile des Landes, ebenso in eine Reihe von Städten, und Böhmen und Mähren traten sehr früh in ein ganz lockeres verfassungsmäßiges Verhältnis zum alten deutschen Reich. Die Slovaken Nordungarns gelangten in volle Abhängigkeit vom magyarischen Königreich. Die Slovenen der Ostalpen (Krain), die nie einen Staat bildeten, teilten das Schicksal der deutschen und der friaulischen Alpenbevölkerung, die Teile Innerösterreichs bildeten und diese Zugehörigkeit als Schutz gegen die sich ausdehnende Macht Venedigs und gegen magyarische, später gegen die türkischen Einfälle betrachteten.

Die Balkanslaven versuchten Byzanz und den Türken Trotz zu bieten, manchmal entstanden kurzlebige große Slavenreiche, bis der türkische Sieg von Kosovo (auf dem Amselfeld) die slavischen Hoffnungen für Jahrhunderte vernichtete. Dann hielten sich nur noch die Montenegriner auf ihrer Felsenhochebene; an der dalmatinischen Küste und auf den Inseln setzte sich die Republik Venedig fest und es bestand nur noch die slavische Stadtrepublik Ragusa. Endlich wanderten aus Bosnien und Serbien zahlreiche Slaven aus oder flüchteten vielmehr und waren zufrieden, in dem von Österreich den Türken endlich entrissenen Südungarn sich ansiedeln zu können; ebenso bildeten Kroatien und Slavonien die sogenannte "Militärgrenze" gegen die Türkei.

Wie wenig gesichert in dem jetzigen Deutschösterreich die deutsche Besiedlung war, zeigt, daß nach der ersten Besiedelung donauabwärts zur Zeit Karls des Großen durch einige Jahrhunderte alles an die Avaren (ein asiatisches Nomadenvolk) verlorenging, daß im dreizehnten Jahrhundert der König von Böhmen, Ottokar, Wien und die Alpenländer mit seinem Reich vereinigte und daß noch Ende des fünfzehnten Jahrhunderts Mathias Corvinus, der König von Ungarn, Wien einnahm und jahrelang besetzt hielt.

Dann näherte sich die Türkengefahr und die Türken, die große Teile Ungarns durch Jahrhunderte besetzten und deren nächstes Ziel die Eroberung von Wien war, hätten dies und andere Ziele ohne Zweifel im sechzehnten und siebzehnten Jahrhundert erreicht, wenn damals, 1526, nach dem Aussterben der böhmischen und ungarischen Dynastien nicht die bekannte zunächst sehr lockere, aber vier Jahrhunderte dauernde Vereinigung der deutschösterreichischen Alpenländer und der Länder der böhmischen und ungarischen Krone stattgefunden hätte, der Hauptbestandteile des späteren Österreich-Ungarn.

Wenn jemand sich die Mühe nimmt, an Stelle dieses ganz kurzen Rückblicks auf eine Fülle von Ereignissen in anderthalb Jahrtausenden unbefangene eigene Geschichtsstudien zu setzen, wird er vielleicht, wie ich, zu der Überzeugung kommen, daß das "ungeheure historische Unrecht", das den **Slaven** geschehen sein soll und zwar speziell von den Deutschen und von dem alle Slaven, auch Bakunin, felsenfest überzeugt waren und sind, wirklich nicht stattgefunden hat: auf dieser Überzeugung beruht aber die tiefe Bitterkeit und Unversöhnlichkeit des slavischen Nationalismus, der uns den Krieg und den Nachkrieg gebracht hat. Hier muß eine andere Mentalität sachlich begründet werden oder dieser Haß wie der ganz ähnliche westliche Deutschenhaß frißt weiter und die Zukunft wird immer trüber.

Die auf Kosten so vieler unterjochter Völker, der geistigen und künstlerischen Arbeit Griechenlands und der Kunstfertigkeit des Orients gegründete, von den Römern in die starrsten autoritären Formen gegossene Zivilisation Roms faszinierte die von Rom ihrer alten Freiheit beraubten **Gallier** derart, daß sie dieselbe nach Kräften nachahmten und sich später, wie auch die **Italiener**, für die Erben der römischen Zivilisation hielten. Die von Rom nie ganz unterworfenen **Germanen** standen dieser Zivilisation viel kritischer gegenüber und versuchten zwischen den ihren einfacheren Verhältnissen entsprechenden eigenen und den römischen Einrichtungen ein Kompromiß herzustellen, was nicht so leicht gelang und ihnen die Geringschätzung der ganz latinisierten Gallier eintrug. Von den **Slaven** nun, die nur einige byzantinische Berührungen hatten, konnten die sich durch Jahrhunderte mit Römern, Galliern und Italikern berührenden Germanen tatsächlich nichts lernen, und die Slaven scheinen keinen Drang empfunden zu haben, sei es sich der allgemeinen Zivilisation, die noch immer vom Süden ausstrahlte, mehr zu nähern, sei es nach Osten, der russischen Ebene und Asien zu, selbst ihre eigene im Westen erworbene Kultur zu verbreiten. Sie waren eine beschaulich lebende Bauernmasse, die einen recht bald den Feudalismus recht gründlich einführenden Adel über sich hatte, der wieder zu seiner Bequemlichkeit deutsche Handwerker ins Land rief und auch den Handel den Deutschen überließ. In all dem liegt, wie gesagt, eine gewisse Bequemlichkeit und Passivität und es ist kein Wunder, daß so in all jenen stürmischen Jahrhunderten die Westslaven den rührigeren Deutschen und Magyaren gegenüber an die zweite Stelle gerieten, wie sie in Rußland Normannen (Waräger), Mongolen und Tataren über sich herrschen ließen, obgleich sie die ungeheure Mehrheit des Volks bildeten. Der Versuch Byzanz zu stürzen wurde von der europäischen Welt nicht mehr wie einst die Befreiungskämpfe gegen das übermächtige Rom betrachtet, sondern als eine Barbareninvasion gegen einen Rest der alten Zivilisation, und obgleich die südlichen Slaven in den Balkanbergen bald die kriegerischesten Eigenschaften annahmen, waren ihnen die Türken militärisch überlegen, was wirklich nicht Schuld der Deutschen, Österreicher und Magyaren ist. Letztere beide vielmehr waren durch Jahrhunderte Schutz und Zuflucht der Balkanslaven, brachen mit den größten Opfern die Macht der Türken und ermöglichten erst den Balkanslaven wieder Hoffnung zu schöpfen.

Die Besitznahme Österreichs durch den böhmischen König Ottokar, die Verwüstungszüge der Hussiten außerhalb Böhmens und die Entfesslung des dreißigjährigen Krieges in Böhmen können auf deutscher Seite keiner Sympathie begegnen. Die Teilungen Polens waren das einzige Mittel, zu verhindern, daß Rußland **ganz** Polen allein nahm und dadurch in eine solche Nähe von Berlin und Wien gelangte, daß die Unabhängigkeit Mitteleuropas illusorisch geworden wäre.

Dies sind nur einzelne Beispiele. Das Resultat ist: hätten die Slaven in all diesen Jahrhunderten mehr geleistet, würden sie eine andere Stellung eingenommen haben. Im neunzehnten Jahrhundert haben sie endlich viel nachgeholt, viel gearbeitet, viel geleistet, aber sie konnten doch nicht erwarten, daß nun sofort all ihre Wünsche restlos erfüllt werden würden, besonders wenn man die Art bedenkt, wie diese Wünsche ausgesprochen wurden.

Es begann mit einer dem Aufblühen der Germanistik folgenden Begründung der slavischen Philologie, Volks- und Heimatskunde besonders von tschechischer und serbischer Seite, was niemand freundlicher begrüßte als Deutsche wie Goethe und Jakob Grimm und die jungen liberalen deutschen Dichter in Böhmen. Sobald aber politische Forderungen gestellt wurden, wurde nie eine wirkliche Verständigung mit fortschrittlichen Deutschen gesucht, sondern entweder der russische Zar mit seinen Armeen zur Eroberung Mitteleuropas und der Türkei angerufen oder ein Bündnis mit der österreichischen Reaktion gegen die liberalen Deutschen geschlossen oder endlich es erfolgte Bakunins vereinzelt dastehender Vorschlag einer slavischen Föderation, der die freiwillige oder erzwungene Auflösung der Staaten Preußen, Österreich, Ungarn und der Türkei zur Voraussetzung hatte, etwas, das auch 1848-49 für niemand außer Bakunin praktisch in Frage kam. Auch später stand Bakunin immer allein, während besonders seit dem Krimkrieg bis 1917 die russophile panslavische Propaganda immer am Werk war und von 1879 an die österreichischen Slaven die parlamentarische Stütze aller österreichischen Regierungen, mit ganz geringen Ausnahmen, gegen die Deutschen waren. Hierdurch erlangten die österreichischen Slaven eine enorme Zahl von Zugeständnissen, was ihnen bis zum letzten Augenblick die Gewinnung ökonomischer Prosperität und kultureller Blüte ermöglichte, ferner die äußerste Pflege ihres Nationalismus und die Aufzucht des politischen und administrativen Personals ihrer Nationalstaaten. Je mehr man sich 1914 näherte, desto weniger wurde ihre Solidarität mit der russischen und der Ententepolitik verhehlt. Nie hat ein Nationalismus verstanden, intensivere und vielfachere Unterstützung zu finden, und zwar von beiden Seiten, von allen Feinden Österreichs und von dem zum Tode verurteilten Österreich selbst, in dem man sich aber bis zur letzten Minute behaglich einrichtete und sich Zugeständnis über Zugeständnis machen ließ.

Das mag alles ausgezeichnete nationalistische Taktik sein und ich kritisiere sie ja hier nicht; sie hat ja ihren Zweck vollkommen erreicht. Aber allen freiheitlichen Ideen, die mir lieb und teuer sind, ist solches Vorgehen fremd, da es eben ein sicheres Mittel zur Gründung neuer Staaten ist und ich habe für die Gründung neuer Staaten nicht das geringste Interesse ... ·

Der **Nationalismus** ist eben, von seinen kulturellen Phasen und seiner

Idealisierung durch ganz vereinzelte Idealisten abgesehen, **stets** das bewußte oder unbewußte Werkzeug der jeweiligen Feinde eines Landes. In älterer Zeit trat dies etwas weniger hervor und manchmal sahen beide Teile gern, wenn opfermutige Leute, die sie als Revolutionäe fürchteten, um das Leben kamen. Um Piscane wird die piemontische Regierung ebensowenig getrauert haben, wie die neapolitanische, und wäre Garibaldis Landung in Marsala nicht gelungen, hätte sich Piemont über den Untergang eines Revolutionärs leicht getröstet. Einem unzeitgemäßen Nationalismus zeigt man die kalte Schulter; der finnische Nationalismus z.B. wurde in Paris und London immer kühler behandelt, je mehr man mit Rußland liiert war. Wohlbedacht unterstütze England in der Schleswig-Holsteinischen Frage stets Dänemark, um die Gewinnung einer Seestellung durch Deutschland zu verhindern. England unterstützte die Einigung Italiens, um ein Gegengewicht gegen Frankreich zu besitzen. Frankreich kam dem irischen, ägyptischen und indischen Nationalismus entgegen, die gegen England gerichtet sind, ebenso dem gegen Spanien gerichteten katalanischen und allen slavischen Nationalismen gegen Österreich und Deutschland.

Keine Bewegungen sind so eng mit den Regierungen verbunden, wie die **nationalistischen**, weil sie eben der ununterbrochene stille Krieg im Frieden sind, durch die ein gegnerischer Staat gelähmt wird. In den Jahren vor 1914 warf der slavische Nationalismus in Österreich eine Speiche in jedes Rad, sabotierte was immer geschehen sollte; seit 1918 entstand eine ganze Enthüllungsliteratur, in der all diese vorbereitenden Handlungen des Zusammenbruchs rühmend erzählt werden. Deshalb war keine Befriedigung der Wünsche, keine Versöhnung möglich, weil sie eben nicht gewollt wurde.

Was hat nun dieser Nationalismus durch seinen so vollständigen Sieg 1918-19 erreicht? Ein Paradies für Politiker und Beamte, deren aber so unendlich viele sind, daß sie sich meist bitterfeindlich in den Haaren liegen; tiefste Verfeindung mit den hundertjährigen Staatsgenossen und Nachbarn; die der Welt immer sichtbarer werdende Rolle von Unterdrückern der annektierten Minoritäten; höchste Zollgrenzen und künstliche lokale Industriegründungen ohne rechten Bedarf, ökonomische Zustände, die die Abhängigkeit vom großen internationalen Kapital vermehren, und politische Abhängigkeit von den Plänen der westlichen Großstaaten, beständiges Lavieren, um immer mit dem Mächtigsten mitzuschwimmen und bei keiner Kombination übergangen zu werden; Militarismus, der ja allein ein politisches Ansehen gibt, Angst vor jeder Änderung der Friedensdiktate von 1919 und schließlich die Hoffnung, aus neuen Kriegen Vorteile herauszuschlagen.

Betrachten wir selbst die nationale **Sprache**, die nun Staatssprache, Zeitungs- und Unterrichtssprache usw. wird. Die slavischen Sprachen in Österreich haben allerdings schon seit vielen Jahren definitive Form gewonnen und besitzen eine reiche Literatur, aber selbst hier ist z.B. das **Slovakische**, das seine eigenen Wege ging, jetzt nicht gern gesehen und man hofft, daß es sich dem Tschechischen ganz anähnlichen und seine eigenen Ambitionen aufgeben werde. Auch das **Slovenische** wird neben dem Serbo-kroatischen als überflüssig empfunden. Aber wie mag es in Ländern wie Litauen und Lettland sein? Die Sprachen beider waren nie Staatssprachen und das **Litauische** hatte zwar eine Buch- und Zeitungssprache, bestand aber für die meisten Litauer nur als eine von Dorf zu Dorf beinahe variierende Bauernsprache von ganz ungemeinem Reichtum an Nuancen und lokalen Varianten aller Art, die uraltes Sprachgut bis zur Gegenwart übermittelten. Die Unbekanntheit der Allermeisten mit der Zeitungssprache begünstigte die wunderbare Erhaltung des Alten. Damit wird es nun wohl bald vorüber sein; die uniforme Schul- und Amtssprache wird die Dialekte beeinflussen und das einen solchen Reiz bildende Mannigfaltige und Alte eliminieren. So wird die wertvolle alte Sprache geopfert und die gleichgültige neue Schriftsprache wird als richtiges Verkehrshindernis aufgerichtet, ein Hindernis, das den Fremden stört und das den Einheimischen oft in seine kleine Sprache einsperrt, während er früher eine benachbarte große Sprache lernte, die ihm die Welt eröffnete.

**Der Nationalismus als Reinkultur**, wie 1918-19 ihn brachte und wie er noch besteht, ist also das denkbar Antisozialste und Unfruchtbarste, über dessen Treiben die Minoritätskonferenzen und die Genfer ökonomische Weltkonferenz von 1927 schon überwältigendes Material zu Tage gefördert haben, wenn es dessen noch bedürfte. Selbst die bekanntesten Financiers und Bankiers haben in dem Manifest vom Herbst 1926 gegen sein antiwirtschaftliches Wüten Verwahrung eingelegt. Ist es wirklich die Bestimmung der europäischen Menschheit, in eine Reihe nationaler Staaten eingesperrt zu werden, die sich gegenseitig den möglichsten Schaden antun? – Vermutlich doch nicht, denn es fällt z.B. Ländern wie Frankreich oder England gar nicht ein, sich in nationale Bestandteile zu zerlegen oder Sezessionen zu erlauben. Der Nationalismus à la 1918-19 ist eben die härteste Strafe, die man einem Land auferlegen kann und deshalb wurde ihm im Mitteleuropa freie Hand gelassen.

## XIII.

Jede Kritik des Nationalismus verstummt aber, sobald die geheiligten Worte **Selbstbestimmungsrecht der Nation** ausgesprochen werden. In diesem Begriff ist Freiheit, Autorität und Willkür, Soziales und Antisoziales unentwirrbar vermischt, so daß jeder die gutgemeinten Worte auf seine Weise gebraucht.

Darin steckt unter anderm die Anerkennung des Willens einer Majorität, ohne daß der Rechte der Minoritäten gedacht wird.

Ferner das absolute Verfügungsrecht, etwas dem **jus utendi et abutendi** (Recht zu Gebrauch und zu Mißbrauch) des starrsten absolutesten Eigentumrechts Paralleles, das Recht, nach Belieben antisozial zu handeln.

Ebenso ist der Begriff Nation oder Volk grade in den Fällen der Anwendung dieses Rechts ein mehr oder weniger willkürlicher. Der bis zur Ausübung des Rechts vorhandene Zustand brachte so viele Bindungen und Mischungen, daß die Personen und Grenzen einer Nation schwer aus- und abzusondern sind. Je nach den Machtverhältnissen wird die Nation also möglichst viel an sich raffen oder es wird ihr möglichst wenig überlassen werden, so daß neue als Unrecht empfundene Zustände unvermeidlich enstehen.

Endlich müßte das Selbstbestimmungsrecht aller andern Personen und Gruppen von Personen jeder Art ebenso anerkannt werden, was, wenn dieses Recht über jede soziale Rücksicht hinwegschreiten darf, den rücksichtslosen Kampf Aller gegen Alle bedeutet. Deshalb muß das Selbstbestimmungsrecht der Nation entweder als **eine antisoziale Durchsetzung des absolutesten persönlichen Willens einer Majorität** betrachtet werden — oder es muß in sozialer und freiheitlicher Hinsicht wesentliche Ergänzungen erfahren, die mit ihm untrennbar verbunden bleiben.

Das Minimum solcher Ergänzungen wäre wohl, daß **in jedem Fall ein gleiches Recht allen Völkern und Volksbestandteilen zustände, die durch die geplante Veränderung irgendwie betroffen würden**, und daß **für jeden durch Trennungen usw. verursachten Schaden Ersatz geleistet würde**. Nach den Erfahrungen seit 1918, die man vorausgesehen hatte, ist überhaupt eine Zerreißung des gemeinsamen Wirtschaftslebens — eine einseitige, zu Gunsten der einen Hälfte, wie 1918, oder auch eine gütliche Trennung, die Kosten und viele unnütze Doppeleinrichtungen erfordern würde, — etwas derart Ruinöses und Absurdes, daß das **Recht des ungestörten normalen Wirtschaftslebens** das nationale Selbstbestimmungsrecht wesentlich überragt. Dieses normale Wirtschaftsleben ist zugleich eine moralische Pflicht jedes Landes gegenüber allen andern Ländern, sowie die persönliche Gesundheitspflege eines Menschen seine Pflicht gegenüber den Mitmenschen ist, da in beiden Fällen Elend und Krankheit auf alle zurückwirken. Die wesentliche Ergänzung würde also wohl die sein, daß **ein festbegründetes normales Wirtschaftsleben nicht entzweigerissen werden darf**, weil dies allgemeinen Schaden verursacht.

Das gestörte europäische Wirtschaftsleben von 1927 geht auf die willkürlichen Zerreißungen von 1918-19 zurück und die Genfer Weltwirtschaftskonferenz hat dies tausendfach konstatiert, war aber außerstande, einen Rettungsweg vorzuschlagen, da sie an den 1918-19 durch das nationalistische Selbstbestimmungsrecht, das den Anhängern der siegenden Mächte gegeben wurde, entstandenen Verhältnissen nicht rütteln durfte.

**Sprachliche, kulturelle, administrative Autonomie und gemeinsames Wirtschaftsleben vorläufig innerhalb der großen durch die geographische Konfiguration und die Geschichte Europas entstandenen Länder, volle Bewegungsfreiheit aller in einem großen Territorium und nationale Betätigung der an jedem Ort Befindlichen nach ihren Kräften und ihrem Wunsch** — dies ziehe ich der nationalistischen Praxis vor: für jede Sprache einen Staat, Politiker, eine Bureaukratie, Stacheldrahtgrenzen, ein separates Wirtschaftsleben und Feinde ringsum, gegen welche die Anpassung an den Willen entfernter Großmächte Schutz versprechen muß. Dies ist permanenter Kriegszustand, und wenn auch das Nebeneinanderleben großer Länder Feindschaft und Kriegszustand nicht ausschließt, so sind doch die Reibungsflächen etwas geringer und es ist wirklich nicht am Platz, sich von der Phrase einschüchtern zu lassen, daß das geringere und das größere Übel gleichwertig seien, weil ja beide Übel sein. Das ist ein demagogischer Trugschluß, der nur zur Indifferenz und Indolenz dem Übel gegenüber führt. Die große Zahl von Staaten, welche die Vereinigten Staaten von Nordamerika bilden, hat in 150 Jahren ein einzigesmal aus wichtigen Ursachen einen Krieg unter sich geführt: wie viele Kriege führte Europa unter seinen Staaten seit 1776 und wie häufen sich Kriege und Kriegsdrohungen, seit 1918-19 die Zahl der Staaten maßlos vermehrt wurde. Zwischen diesen beiden Wegen hat die europäische Menschheit zu wählen — der frivolen Vermehrung der Staaten aus nationalistischer Laune und zur Befriedigung ganz lokalen Machtgefühls und dem relativ friedlichen Nebeneinanderleben in großen Staatskörpern, wie es von 1815 bis 1914, ein volles Jahrhundert hindurch, möglich war. Diese hundert Jahre sahen wohl Kriege, die aber kurz waren, sie sahen Staatsgründungen, die aber große lebensfähige Organismen bildeten (Italien, Deutsches Reich), und auch die neuen kleinen Staaten (Griechenland, Belgien, Serbien, Rumänien, Bulgarien, Albanien) waren mit Rücksichtsnahme auf ihre Lebensfähigkeit gebildet und hatten den Staaten, denen sie entnommen wurden (Türkei, Holland), keine tötlichen Verletzungen durch ihre Abtrennung zugefügt. Diese hundert Jahre sahen auch Annexionen, aber immer wurde ein Gebiet, das einem größeren Lande entzogen wurde, einem andern größeren Lande hinzugefügt und nahm dadurch ökonomisch keinen Schaden (Savoyen und Nizza, formell übrigens freiwillig abgetreten, Schleswig und Holstein, Elsaß und Lothringen, Bosnien und die Herzegowina).

All diese Vorgänge, so rauh sie sein mochten und so sehr sie in zahllose Verhältnisse gewalttätig eingriffen, vollzogen sich doch sozusagen **gentlemanlike** gegenüber dem 1918-19 und seitdem befolgten Vorgehen, das nur zu töten oder unheilbare Wunden zu schlagen versteht. Vor und bis 1914 versuchte man z.B. in dem damaligen Österreich durch viele Jahre, eigentlich seit 1848-49 und 1859 ununterbrochen auf dem Wege von Verhandlungen Bedingungen für das Nebeneinanderleben der Nationalitäten zu schaffen, und eine in **Mähren** bereits durchgeführte Form war der sogenannte **nationale Kataster**, Eintragung jedes Bürgers in die Liste seiner Nationalität, wodurch weitgehende Autonomie in kulturellen Angelegenheiten neben Zusammenwirken in Angelegenheiten von gemeinsamem Interesse bestand. Ich ziehe dies den Nachkriegsmethoden vor, z.B. der Regelung des vielhundertjährigen Zusammenlebens von Griechen und Türken durch die Wegtransportierung sämtlicher Griechen aus der Türkei und sämtlicher Türken aus Griechenland, einer der heutigen Mentalität rechnungtragenden Methode, die zeigt, wie tief wir gesunken sind.

Kein großes Land zeigte übrigens je dem **Selbstbestimmungsrecht** eines seiner Bestandteile Entgegenkommen. **England** bekämpfte bitter die amerikanische Unabhängigkeit (1775-83), die Selbständigkeit Irlands, die es nie zugab, die ähnlichen Wünsche in Südafrika, Indien, Ägypten usw. und man kann höchstens anführen, daß es Anfang der sechziger auf die Ionischen Inseln zu Gunsten Griechenlands verzichtete. **Holland** bekämpfte 1830 die Losreißung Belgiens. Die **Schweiz** verhinderte die dem allgemeinen Interesse zuwiderlaufende Politik der katholischen Kantone durch den Sonderbundskrieg (1847). **Spanien** hält den baskischen und besonders den katalanischen Separatismus nieder. Die Nordstaaten **Amerikas** erdrückten die sezessionistischen Südstaaten in vierjährigem Bürgerkrieg (1861-65).

Nur die Türkei ließ sich 1885 die Vereinigung Ostrumeliens mit Bulgarien durch den Staatsstreich von Philippopel ruhig gefallen, während das "arme kleine Serbien" aus diesem Anlaß sofort Bulgarien mit Krieg überzog, worauf es dann nach der Niederlage von Slivnica von Österreich, das den Bulgaren Halt gebot, gerettet werden mußte. Und Schweden akzeptierte 1905 schweigend die Sezession von Norwegen, wahrscheinlich weil es hinter Norwegen stärkere Mächte stehen sah, gegen die es ohnmächtig war; denn ein getrenntes Norwegen, das keine schwedische Armee mehr verteidigte, war sowohl der russischen wie der englischen Politik willkommen und es wurde, im Vorgedanken des kommenden Zusammenstoßes, der deutschen Politik eine Karte aus der Hand geschlagen. Wenn also **kein Land** je innere Differenzen durch Verzicht auf die Staatseinheit und Freigabe der Loslösung schlichtete, ist es sehr naiv oder sehr ungerecht, Österreich, Ungarn, Deutschland und der Türkei den Vorwurf zu machen, daß ihre sehr großen nichtslavischen Teile nicht die Slaven einluden, ihrer Wege zu gehen und sich neue Nationalstaaten zu gründen! ...

Wie steht es mit dem **Selbstbestimmungsrecht** seit 1918? — Da werden das uralte **Montenegro** und das seit vielen Jahren Autonomie verlangende **Mazedonien** trotz aller Proteste Jugoslavien einverleibt, ebenso die Stadt **Marburg**, eine wesentlich deutsche Stadt, in Südsteiermark und die deutschen Kolonisten des 18. Jahrhunderts in **Südungarn**. Millionen von Magyaren und Deutschen (Deutschösterreich und Deutschland) bewohnen von alten und neuen Nachbarstaaten annektierte Gebiete und die Behandlung der annektierten Minoritäten in Polen, der Tschechoslovakei, Italien spottet jeder Beschreibung und in den andern Ländern ist es nicht viel besser. Überall erscheint jede der nationalen Beschwerden, wie man sie vor dem Krieg hörte, eine wahre Kleinigkeit gegenüber dem, was heute einfach die Regel ist. Die Versuche, die heutigen **Mac**hthaber und internationalen Instanzen und die öffentliche Meinung zur Befürwortung menschlicheren Vorgehens zu veranlassen, gehen im Schneckenschritt oder verlaufen im Sand und das Unrecht frißt sich immer mehr ein. Auch in den nationalen Staaten selbst herrscht Zwietracht, da es ja nur selten wirkliche nationale Uniformität gibt. So wünschen die Kroaten und Slovenen nicht hinter den Serben zurückzustehen, die Slovaken nicht hinter den Tschechen, die siebenbürgischen und ungarischen Rumänen nicht hinter den Walachen und Moldauern usw. und Polen wird von den in seine jetzigen Grenzen hineingezwungenen Weißrussen, Ruthenen und Litauern ebenso feindlich betrachtet, wie die Polen selbst früher Rußland betrachteten. Diese Beispiele ließen sich vermehren; das Gesamtresultat ist, daß die nationalistischen Schöpfungen von 1918-19 die Zahl der sich national unterdrückt Fühlenden, der ökonomisch, moralisch, kulturell Geschädigten, der sich als Fremde in einem feindlichen Zwangsstaat Fühlenden und dadurch moralisch heimatlos Gewordenen gegen früher vervielfältigt haben, daß die Zahl der Reibungsflächen in Europa außerordentlich gewachsen ist und daß eine nie geahnte Aussaat von Elend und Haß stattfand und weiter andauert, der nichts Gutes entspringen kann. Diese trübe Masse angeschwollenen nationalen Hochmuts und dumpfen Leidens lagert sich den übrigen menschlichen Empfindungen fast überall in Europa vor und hindert die normale Entwicklung irgendeiner andern menschlichen Frage, also auch der sozialen und Freiheitsfrage. Ohne all das wären die Entartung oder Stagnation auf all diesen Gebieten nicht möglich. Daher muß hier eine Gesundung eintreten oder alle übrige Mühe ist vergebens.

Ein in vergifteter Luft der Erstickung Naher kann nicht durch welche Heilmittel und ärztliche Kunst immer der Heilung zugeführt werden, wenn nicht die Fenster aufgerissen werden und ihm frische Luft zugeführt wird. So kann in den nationalistischen Kerkern oder Käfigen von heute keine soziale und freiheitliche Bewegung, überhaupt nichts menschlich Gutes und Freies gedeihen, da es eben ein Kerkermilieu ist, das nur Träume oder Blicke auf vorüberziehende freie Wolken und Vögel gestattet, aber keine Verwirklichung des geringsten dieser Träume. Wer nur ein bißchen nachdenkt, wird einsehen, daß über diese Tatsache nicht hinwegzukommen ist.

Sehr wohlmeinende Leute pflegen auch einer Idealisierung der

**kleinen Staaten** ergeben zu sein. Als Anarchist will ich weder große noch kleine Staaten, aber als Betrachter der bisherigen Entwicklung glaube ich zu sehen (s. Kapitel XI), daß die durchaus nicht anarchistische allgemeine Menschheit bisher sich dort die relativ besten Lebensbedingungen bereitet hat, wo sie sich nicht in ganz kleine nationale Staaten einsperrte, sondern sich relativ große, geräumige, reichliche Wirtschaftsgebiete ohne innere Grenzen schuf. Man wird mir dies als Schwärmerei für große Staaten übelnehmen, während man keinem Anarchisten aus einer Vorliebe für kleine Staaten und freie Städte, wie sie so oft ausgesprochen wurde, einen Vorwurf macht. Ich nehme nur dasselbe Recht auf unbefangene Beurteilung in Anspruch, wie jene, mit denen ich nicht ganz übereinzustimmen vermag.

Gewiß bewundere ich die Blüte von Griechenland und Venedig, Florenz und Brügge, die heutige Prosperität und den ruhigen Kulturgenuß von Holland, die der Kunst, dem freien Gedanken, dem Radikalismus vielfacher Art in kleinen Staaten und Städten früher oft gegebene Pflege und Zuflucht usw., und dem Fortschritt wurden durch all dies unschätzbare Dienste erwiesen. Nichts wäre schöner, als wenn sich diese kostbaren Blüten vermehren, verallgemeinern würden. Aber wenn dies das fernste Ziel der Anarchie ist, so ist es schon dadurch etwas, dessen unmittelbare Verwirklichung nicht ganz nahe bevorsteht und in der bisherigen Vergangenheit erst recht nicht stattfand. Die Erde bringt eine Anzahl prachtvoller Orchideen, genialer Künstler, herrlicher Sänger hervor, die jeder möglichst zahlreich sehen möchte, aber man fühlt doch, daß es Orchideenwiesen oder -felder und Künstler- und Sängermassen vorläufig nur im Märchen vom Schlaraffenland geben kann und daß Mittel und Wege, sie in Massen herzustellen, fehlen. So ist es auch mit den erwähnten Stätten besonders glanzvoller menschlicher Entwicklung: sie sind ganz und gar Ausnahmserscheinungen, die dem seltenen Zusammentreffen vieler besonders günstiger Bedingungen ihr Entstehen verdanken. Sie mögen Vorläufer späterer häufigerer Erscheinungen sein, aber zwischen **Vorläufer** und **Bestandteil einer normalen Entwicklung** ist eben ein Unterschied; ersterer ist wirklich so gut wie isoliert, letzterer ist in der großen Reihe der Entwicklung. Das Normalkräftige pflanzt sich fort, das abnorm Kräftige in der Regel nicht, d.h. nicht ohne Rückschlag. Es gab nur **ein** Griechenland, nur **ein** Florenz, weil eben für mehrere Prachtblüten dieser Art die nötigen Kräfte der jeweiligen Menschheit fehlten. Die übrige Menschheit braucht immer viele Jahre, um sich das an einigen Orten oder von einigen Menschen schnell Erreichte auf die ihr mögliche Weise ganz oder teilweise anzueignen.

Natürlich fanden unzählige Fortschritte auch in **großen Staaten** ihren Ursprung und, genauer betrachtet, hat die Frage der großen oder kleinen Staaten mit der Entstehung der Fortschritte wahrscheinlich nicht mehr zu tun, als die sehr zahlreichen übrigen jeden einzelnen Fall bedingenden Faktoren. Wenn der kleine Staat isoliert und arm ist, so bringt er wenig hervor wie z.B. Sparta. Wenn eine reiche Welt ihn umgibt und er sich in profitablem Verkehr mit derselben zu erhalten weiß, wie der reiche athenische, venezianische, florentinische Handel, dann entsteht ein Zentrum des Reichtums und der Macht in dem es für vielfältige geistige, künstlerische, soziale Entwicklungen Gelegenheit gibt. Dem **Mehr** in diesen begünstigten Zentren entspricht aber ein **Weniger** an all den Orten im weiten Umkreis, aus denen sie ihre Nährkraft ziehen. Ebenso steht die lokal erworbene politische Freiheit mit der außerhalb bestehenden Unfreiheit in nicht zu verkennendem Zusammenhang und so war es wohl mit allem: je glänzender hier das Leben blühte, desto elender und finsterer lebte man außerhalb. Ernstlich kann man an Athen und Florenz, welche die Umwelt für Barbaren hielten, nicht mehr reine Freude haben, als an den glänzenden Villenvierteln einer Stadt, deren Bewohner ja auch die Bevölkerung der "schmutzigen" Arbeiterviertel für Barbaren erklären. Solche nichtsoziale Zivilisation leuchtet, aber sie erwärmt nicht; sie verbreitet sich nur langsam und den Privilegierten fehlt der Wille, sie der Menschheit mitzuteilen.

Die **kleinen Staaten** des jetzigen Europa – ich meine die älteren, nicht die 1918-19 improvisierten – sind in ähnlicher Lage. Sie sind, wie bereits erwähnt, durch günstige Lage usw. in besonders guten Verhältnissen, schwimmen still im Kielwasser einzelner Großstaaten, die darin ihren Vorteil sehen, und so ist es kein großes Wunder, daß es ihnen materiell gut geht und daß ihnen auch Lust und Mittel zu geistiger Entwicklung nicht fehlen. Das wirkliche harte Leben wogt in den großen Ländern und legt den Völkern die härtesten Opfer auf. Die kleinen Staaten sehen zu, wie der Wind weht, und stellen sich dann ganz still und ohne besondere Mühe und Kosten nach dieser Richtung ein. Das bedeutet eben, daß sie nur einen unverhältnismäßig kleinen Teil der Sorgen der Menschheit tragen und nie recht den Ernst des Lebens fühlen. Daß dies besonders charakterbildend und soziales und freiheitliches Gefühl erweckend ist, kann ich mir nicht vorstellen. Jedenfalls ist es sehr angenehm ein alteingesessener "kleiner Staat" zu sein, wie es sehr angenehm ist, Rentier zu sein und sich um das übrige Leben nicht mehr zu kümmern, aber wie es nun schon einmal ist, können dies **nicht alle** werden; noch keinem der neuen "kleinen Staaten" von 1918-19 ist es gelungen, sich irgendwie der Behaglichkeit der alten "kleinen Staaten" zu nähern, und während man vor 1914 ganz ernstlich in den "kleinen Staaten" und ihrer Vermehrung Garantien einer freiheitlichen Zukunft zu sehen glaubte, dürfte es schwer sein nach den Erfahrungen seit 1918 dieser Illusion weiter anzuhängen. Auf jeden Fall sind all das Nebenerscheinungen, die nie die Kraft hatten, richtunggebend zu sein; Athen fiel und Mazedonien und das römische Reich erhoben sich, die freien Städte des Mittelalters fielen und die modernen Staaten erhoben sich: hier, in diesen, den großen Staaten ist der Kampfplatz, diese müssen gebrochen werden — **dann** kann sich das freie Leben entfalten. Aus den vereinzelten Frühblüten entsprießt es noch nicht. Wir müssen dem Kampf in seiner ganzen Größe ins Auge sehen und in den **kleinen Staaten**, dem **Selbstbestimmungsrecht der Nationen** und den in noch so glühenden Farben geschilderten **nationalen Befreiungskämpfen** Erscheinungen erblicken, die wir sehr kritisch betrachten müssen.

## XIV.

Der Sozialismus des neunzehnten Jahrhunderts, den die ersten großen Sozialisten, Godwin und Owen, Saint-Simon und Fourier als Sache der ganzen Menschheit auffaßten, begegnete derartiger kapitalistischer und staatlicher Feindschaft, daß er sich zunächst nur in einem einzigen Milieu verbreitete, dem allgemein humanitären mitfühlender Menschen aller Kreise, und diese wendeten sich bald fast allgemein der Arbeiterklasse zu, deren Leiden grade in der ersten Hälfte des vorigen Jahrhunderts ungeheure waren. Hier gab es so viel zu tun, daß der Sozialismus sich spezialisierte und Hauptteile seiner Aufgaben fast ganz aus dem Gesicht verlor. So die **geistige Befreiung**; nichts paßte sich leichter der Religion an als manche Richtungen des älteren Sozialismus. Ebenso die **äußere Politik** und **die nationalen Fragen**, die man durch einige allgemeine Erklärungen erledigt glaubte und bei Seite ließ.

So war es leicht, alles auf diesem Gebiet als bloße **Folge des Kapitalismus** zu betrachten und genauerer Betrachtung für unwürdig zu erachten. Ebenso glaubte man mit dem **Bekenntnis zum Internationalismus** und den lockersten Organisationsbeziehungen und gelegentlichen Kongreßbegegnungen dem Nationalismus hinreichend wirksam entgegenzutreten. In einigen wenigen Ländern, speziell in Deutschland, war man vielfach prinzipiell Gegner der äußeren Politik des Landes und empfand gern eine gewisse **antinationale Schadenfreude** bei Mißerfolgen des Landes und bildete sich ein, solche Stimmung herrsche in allen großen Ländern, was aber ein vollständiger Irrtum war und ist.

Vielmehr hielten und halten die Sozialisten so ziemlich jedes Landes den Bestand und das Wohlergehen desselben als etwas, an dem niemand rüttelt, und sie folgen daher aktiv oder passiv so ziemlich jeder Aktion der äußeren Politik. Ferner fanden sie stets vom theoretischen Internationalismus über die Menschen- und Freiheitsliebe hin den Weg zur Verteidigung des Nationalismus in einem Lande, falls ihnen die Leiter der äußeren Politik und der öffentlichen Meinung ihres Landes auf diesen Weg helfen. Wenn nicht, nicht. Hier stellte sich noch immer eine gewisse Harmonie her, da ja auch alle andern politischen und sozialen Gruppierungen der nationalen Politik keinen ernsten Widerstand bereiten. Kurz, der **Internationalismus** machte sich noch in keiner wirklich ernsten

Sache entscheidend geltend und ist auch nicht einmal in allgemeiner von Sozialisten anerkannter Form definiert und präzisiert worden.

Hier hat nur **Proudhon** in seinen **föderalistischen** Schriften der Jahre 1859-63 Außerordentliches geleistet und Wege gewiesen, die genau diejenigen sind, die der europäische Sozialismus bis heute nicht eingeschlagen hat. Schon **Bakunin**, der den vollsten föderalistischen Willen auf politischem und sozialem Gebiet hatte und ebenso die geistige Befreiung unermüdlich vertrat, hat sich selbst gelähmt durch maßlose slavisch-nationale Gefühle, und ebenso war **Marx** zur Unfruchtbarkeit verurteilt durch seine leidenschaftliche antirussische Stimmung. Andere Sozialisten waren französische und italienische Patrioten; Lassalle war einer der wenigen deutschen Patrioten. Alle waren im vorigen Jahrhundert vom polnischen und italienischen Nationalismus fasziniert und die meisten liessen sich in den Jahrzehnten vor 1914, ohne die Frage näher zu untersuchen, in den der russisch-französisch-englischen Politik genehmen slavischen Nationalismus hineintreiben, der eben — woran sie nicht dachten — den Auftakt zum Weltkrieg bildete. Diese Anteilnahme geschah aus Sympathie mit Bevölkerungen, die als unterdrückt und befreiungsbedürftig hingestellt wurden; sie wollten einen eigenen Staat — nun, warum sollten sie ihn nicht haben? Ihre Unterdrücker waren die Türken, die Österreicher, die Deutschen, die man nur als schwärzeste Tyrannen und als Sozialist speziell durch Marx und die reaktionäre Sozialdemokratie kannte — nun, so mußten diese Tyrannen niedergeworfen werden! So wurden diese Dinge allen Parteien mundgerecht gemacht und auch dem europäischen Sozialismus aller Richtungen und auch von deutscher Seite stimmte man in diesen Chor ein; ich bin vielleicht der einzige, der 1913 Widerspruch erhoben und aufzuklären versucht hat, und stand allein, wie ich wohl heute noch stehen werde.

Ich konnte die 1914 beginnende Katastrophe nicht in ihrer ganzen Furchtbarkeit voraussehen, aber so wie ich nie wünschte, daß der Sozialismus eine deutsche oder österreichische oder türkische Politik vertrete, ebensowenig wünschte ich, daß er eine russische oder französiche oder englische Politik vertrete, und seine beständige Sympathie mit dem Nationalismus, der immer unverhüllter mit der Politik der beiden großen Gruppen von Regierungen zusammenhing, brachte den Sozialismus in das Schlepptau einer der beiden Gruppen. Daß dies die russisch-französisch-englische war, folgte aus der ganzen Vergangenheit seit

Dezennien; denn seit **Proudhon** (1859-63) ist kein Sozialist dieser Strömung ernstlich entgegengetreten und der Sozialismus hatte nie eine unabhängige internationale Politik, d.h. eine wirklich dem sozialistischen Gefühl und nicht dem Lokalgefühl eines Landes und dessen patriotischen Strömungen entspringende Stellungnahme zum künftigen Nebeneinanderleben der Völker, das sich ja in der Gegenwart anbahnen muß. Denn all das in ein Zukunftsprogramm zu setzen und in der Gegenwart den allgemeinen Strömungen zu folgen, ist für den Sozialismus, vom moralischen Wert abgesehen, einfach ruinös.

Denn wenn er mit einem Teil seiner Ideen und Handlungen am gegenwärtigen System haftet, so haftet er eben ganz daran und bleibt in seinem Fortschritt stecken. Wenn z.B. der Sozialismus den Kollektivbesitz verlangt, kann er nicht sich zugleich freuen, wenn der Kleinbesitz, das intensive Privateigentum oder das Privateigentum überhaupt, zunimmt; er kann nicht zugleich agrarisch sein und die Bauern vertreten wollen. Oder wenn er als Anarchismus die Abschaffung der Staaten wünscht und selbst in seinen staatlichen Richtungen das Aufgehen des Staates in der Gesellschaft als ein ferner liegendes Ziel anerkennt, dann kann er nicht die Gründung neuer Staaten, der von den Nationalisten verlangten Nationalstaaten, also die Vermehrung der Staaten begrüßen. Er muß auch wissen, daß, während in den älteren Staaten eine gewisse innere Bewegungsfreiheit, so relativ sie ist, sich entwickelte — Verhältnisse wie etwa wenigstens im früheren England, Holland, Schweden usw. —, neue Staaten der intensivsten Autorität, der allmächtigen Bureaukratie und des verstärkten Militarismus, zu sein pflegen. Was will der Sozialismus und Anarchismus also — wirklichen Internationalismus oder den vorgeblich "befreienden", in Wirklichkeit zum intensifizierten Staat führenden Nationalismus? Kann man vernünftigerweise erwarten, beides vertrage sich miteinander?

Für mich genügt längst die europäische Geschichte von 1815 bis 1927: von **Mazzini** führt der Weg direkt zu **Mussolini**, wie er von **Arndt** oder **Follen** zu **Bismarck** führte und von **Armand Carrel** und **Godefroy Cavaignac** zu **Napoleon III**. — und in diese und ähnliche Reihen ließen sich nicht wenige Sozialisten und Anarchisten einordnen, die glaubten, den an alle Welt um Unterstützung rufenden Nationalisten Gehör schenken zu müssen.

Was wünscht nun der Nationalist? — Er wünscht das absolute Besitzrecht seines Nationalstaates auf einen bestimmten Teil der Erde und das Verfügungsrecht dieses Staates über die Bewohner, einheimische und fremde, dieses Gebiets nach den Direktiven der Majorität der stimmberechtigten Einwohner.

Was würde der Kapitalist wünschen? — Daß ihm der volle Besitz seiner Fabrik und die Ausbeutung der darin enthaltenen Verdienstmöglichkeiten für alle Zeiten als persönliches Recht garantiert werde.

Dem Kapitalisten würde der Sozialist ins Gesicht lachen und auf seine Wünsche pfeifen. Dem Nationalisten ist er bereit, ein Recht auf einen exklusiv nationalen Staat zuzuerkennen. Jeder neue Staat bedeutet aber einen neuen Bruch mit der Idee des Rechts aller Menschen auf die Erde, des Rechts auf friedliches Leben und die Gründung eines neuen Brutherds der Autorität.

Wird sich der Sozialismus je diese Frage ernstlich vorlegen, ob er zugleich seinen eigenen Ideen und denjenigen der Verteidiger der Eigentums- und Staatsrechte dienen kann? Der parlamentarische Sozialismus und die Großgewerkschaften sind ja bereits durch ihre Wähler- und Mitgliedermassen an das heutige System gefesselt (s. Kapitel V); wird der noch freie Anarchismus und Syndikalismus und werden die andern geistig freien Teile der Menschheit sich aufraffen und einen andern Weg gehen, aufhören Düpierte der Staatenpolitik zu sein, deren Lockvögel die Nationalisten sind? Ohne diesen Aufschwung ist keine Hoffnung da.

## XV.

Man darf nicht einfach annehmen, daß der **Kapitalismus** selbst durch die Katastrophen seit 1914 wesentlich geschädigt ist. Er hat Verluste erlitten und Fehler gemacht, aber er sieht mit Befriedigung, daß die Fehler und Verluste seiner Gegner weitaus größer sind.

Der **Weltkapitalismus** unterstützte vor und seit 1914 die stärkere Staatengruppe, um sozusagen alles Land zwischen England und Indien unter seine Kontrolle zu bringen und die gleichen Wünsche der deutschen Gruppe zu vereiteln. Es gelang und Deutschland wurde gründlich ruiniert und alle Länder von Österreich bis Mesopotamien wechselten den Herrn oder wurden zu willenlosem Nichts. Dazu wurde der russische Partner, der sonst weit nach Süden ausgelangt hätte, durch die in ihren Anfängen nur politische Revolution von 1917 eliminiert, in weiterem Umfang wohl, als zunächst erwartet wurde, und vielleicht war auch die grenzenlose Härte der Vorgänge des Winters 1918-19 in gewissem Grade eine Überraschung, jedenfalls aber wurden sie durch die Verträge von 1919 vollständig ratifiziert. Der Sozialismus machte den Krieg ruhig mit und zeigte dadurch die Schwäche oder die patriotischen Illusionen seiner revolutionären Bestandteile. Der russische und sonstige Bolschevismus zeigte ferner, daß auch der revolutionäre Wille und der Besitz der Rohstoffe und Arbeitsmittel eines ungeheuren Landes nicht genügen, einen anziehenden, werbekräftigen, die allgemeine Revolution fördernden Sozialismus zu begründen, wenn autoritäre Doktrinäre sich der Bewegung bemächtigen. Man sah in Mitteleuropa, daß Elend, Hunger und die tiefste Erniedrigung und Hoffnungslosigkeit nur wenige ohnmächtige Verzweiflungsausbrüche und keine soziale Revolution auslösten. Endlich zeigte sich selbst der zeitweilig mächtig aufblühende Anarchismus und Syndikalismus in Italien nicht im Stande, die latenten Widerstände der konservativen Sozialisten und Gewerkschaftler zu überwinden, und mußte dem Fascismus das Feld überlassen. Daß in Spanien ebenfalls große revolutionäre Hoffnungen begraben werden mußten, ist etwas weniger bekannt. In den übrigen Ländern gab es nicht einmal Hoffnungen, dagegen viel unfruchtbaren Zank und Streit. Dem Weltkapitalismus ist all dies wohlbekannt, er ermutigte den Fascismus, die Gesetzgebung, die Gerichte usw., überall aggressiv vorzugehen, und die sozialen Bewegungen werden überall in die Defensive gedrängt.

Der Kapitalismus glaubt also, seine Hauptziele erreicht und seine Rivalen und sozialen Feinde auf das stärkste geschädigt und lahmgelegt zu haben. Er geht allmählich daran, seine eigenen Wunden auszuheilen und die Folgen seiner Irrtümer und Fehler möglichst einzudämmen.

**Rußland** und **Sibirien** gingen der Weltwirtschaft Jahre hindurch verloren, sind aber nicht im Stande, von ihr getrennt zu bleiben — weil dem dortigen Staatskapitalismus die schöpferische Kraft eines wirklichen Sozialismus natürlich versagt ist —, und der Weltkapitalismus liegt auf der Lauer. Je mehr Rußland diese Transaktionen mit dem internationalen Kapitalismus nötig hat, desto feindlicher zeigt sich ihm letzterer und verstärkt den "sanitären Kordon" um Rußland, den Wall feindlicher Territorien und Aufmarschgebiete der Gegenrevolution, von Finnland bis zum Kaukasus. Rußland spielt seine nächstbeste Karte aus — seine beste, die Weltrevolution zählt gegenwärtig kaum mehr —, die Erhebung **Asiens**, speziell **Chinas** und verursacht tatsächlich dem Kapitalismus Besorgnis und Unbequemlichkeiten. Diese Partie ist noch in vollem Gang, aber es zeigt sich wohl schon, daß etwa ein siegreicher Bolschevismus in China nur eine Wiederholung, eine Verdoppelung des russischen Problems bringen würde, einen Staatskapitalismus, der nichts leisten kann und nach einiger Zeit hilflos dasteht, wie das jetzige Rußland. Oder es siegt der mächtig aufgestachelte chinesische Nationalismus mit seinem sehr lebendigen Kern, dem aufstrebenden chinesischen Kapitalismus; dann wird dieser neue Kapitalismus, mit den Hilfsmitteln und Arbeitskräften des ungeheuren Landes, sich schon mit dem europäischen und amerikanischen Kapitalismus zu verständigen wissen auf Kosten der Konsumenten und der Arbeiter. Dasselbe gilt von den übrigen asiatischen und andern entfernten Völkern, falls sich überhaupt eines derselben der keine Zerstörungen und kein Gemetzel scheuenden militärischen und Seemacht der kapitalistischen Staaten entziehen könnte. Der Bolschevismus ist unfähig ein normales Leben zu organisieren, der Nationalismus mit Absperrung und künstlich emporgezüchteter lokaler Produktion ebenso, und der internationale Kapitalismus, dem die Arbeiter Europas und Amerikas ja durch ihre unermüdliche Arbeit eine Hauptkraft geben, kann auch hier erwarten, daß man sich wieder an ihn wendet. Solange also die Empörung der unterjochten Völker anderer Erdteile nur Bolsche-

vismus als nächstes Ziel kennt, wird sie keine dauernde Befreiung bringen.
Betreffs der **neuen** und **vergrößerten Staaten von 1918-19** gab sich der Kapitalismus jedenfall nie einer Illusion hin. Sie sind Trutzburgen gegen Deutschland und Rußland und das kostet Geld. Deshalb legen die eingeweihten Kapitalisten ihre Hand auf die dort von früher vorhandenen soliden Werte und haben Sicherheit; die minder eingeweihten Kapitalisten dürfen Kredite geben und so werden künstliche Organismen aufrechterhalten mit immenser Bureaukratie, intensivem Militarismus und künstlicher oder ganz vom Ausland abhängiger Industrie, die aus eigener Kraft nicht leben könnten. Dies muß auch jeder aufrichtige Patriot dieser Länder fühlen. Ebenso fängt auch der Kapitalismus schon an, Berechnungen anzustellen. Solange aber der Bolschevismus nicht gebrochen ist und Deutschland nicht gänzlich darniederliegt, müssen die Trutzburgen um jeden Preis gehalten werden. So schleppt sich das europäische Völkerleben dahin, indem immer ein Volk auf das Unglück eines andern Volkes wartet, um daraus Vorteil zu ziehen ...

**Italien** nun ward ungeduldig und wartete nicht mehr und so entstand die Macht des **Fascismus**, der seine Kraft zog aus dem in diesem Land seit hundert Jahren ununterbrochen geschürten **Nationalismus**, der endlich Weißglühhitze erreichte. Ohne diesen übermächtigen Faktor wäre der Fascismus der Kontrolle des Kapitalismus, der seine Anfänge förderte, nicht derart entglitten, wäre der Fascistenstaat, die Ständeorganisation und die Regulierung der Arbeit nicht möglich gewesen. Dies ist reines Mittelalter, das Ideal des zweiten, des päpstlichen Roms und die heute proklamierte nationale Politik ist die des ersten, des cäsarischen Roms; das Ziel ist eben die **Terza Roma**, die neue Weltherrschaft Roms, die von Mazzini bis Mussolini jeder italienische Nationalist träumte. Dieses Ziel kann weder das der italienischen Kapitalisten sein, die wissen, daß sie allein nicht den Weltkapitalismus überwinden können, und ebensowenig fällt es dem Weltkapitalismus ein, sich von Mussolini dirigieren zu lassen. Es ist also ein Ziel, dem Italien sich nur durch die brutalsten Vorstöße des fanatisiertesten Nationalismus gewaltsam nähern könnte, was der Geduld der Menschheit vielleicht doch zu viel zumuten würde. Inzwischen bereitet Mussolini wahrscheinlich ein solches Vorgehen einerseits vor, läßt sich aber andrerseits das Abstehen von wirklichen Handlungen durch Zugeständnisse vergüten. Er wird wohl schließlich im Osten dafür entschädigt werden, daß er den Westen vorläufig in

Ruhe läßt oder sich nur an die Schwächeren hält. Eines Tages wird ihm der internationale Kapitalismus, der ihn wohl noch immer als Schreck für den Sozialismus für nützlich hält, den Hals brechen. Um wie viel besser wäre es, wenn das italienische Volk selbst sich dieses unerreichten Tyrannen entledigte, aber die mit allen Poren eingesogene nationalpatriotische Mentalität scheint dies zu verhindern. Das schwerste Problem bliebe auch durch einen zufälligen Sturz des Fascismus unberührt: wie kann dieser maßlos dem Volk anerzogene nationale Patriotismus auf normale Proportionen reduziert werden, eine Vorbedingung, bevor überhaupt an die Begründung einer menschheitsverbrüdernden Denkweise gedacht werden kann? Die Internationale, wie Bakunin sie in Italien vertrat, und der italienische Anarchismus vertraten immer die letzterwähnte Denkweise, aber der parlamentarische Sozialismus, der Wählermassen brauchte, rüttelte an keinem nationalen Vorurteil ernstlich und so wuchs dann unvermeidlich der Nationalismus dem Sozialismus über den Kopf und gedieh zu seiner virulentesten Form, dem Fascismus.

**Deutschland** bereitete auch dem Weltkapitalismus eine Enttäuschung, indem es noch immer nicht vollständig zermürbt und ihm in allem willfährig ist. Es machte unendlich Schweres durch, befindet sich unabsehbaren Schuldverpflichtungen gegenüber, und die weitere Entwicklung liegt im tiefsten Dunkel. Es ist aber doch ein Lebenswille vorhanden und ich halte es für erfreulich, daß im allgemeinen seit 1918 zu keiner der einseitigen, fanatischen und illusorischen "Lösungen" gegriffen wurde, für die sich viele einsetzten. Man wollte weder bolschevistisch noch sozialdemokratisch noch nationalfascistisch werden und sich auch nicht in Stücke auflösen oder entindustrialisieren lassen usw. Dies wurde alles instinktiv von den wirklichen Massen als nicht gut genug empfunden und so ist die Bevölkerung wohl durch Leiden geschwächt und verarmt, aber nicht im geistigen Bann und materiellen Zwang irgendeiner falschen Idee. Das, was ist, ist blutwenig wert, aber es bleibt noch immer einem bessere Entwicklungen ermöglichenden Zustand relativ näher als irgend ein anderer der seit 1918 vorgeschlagenen Zustände. Ich habe hier nicht die Vorschläge von Syndikalisten und Anarchisten im Auge, weil diese ja überhaupt der ungeheuren Masse des Volks unbekannt blieben, während bolschevistische, sozialdemokratische, nationalfascistische und andere Eindrücke auf jeden hereinstürmten. Der Weltkapitalismus würde sich nur gefreut haben, wenn die Deutschen in einen vorläufig unergründlichen Abgrund hineingesprungen wären, wie die Russen und die Italiener. Dies ist zu seinem Verdruß nicht geschehen und es besteht zäher Lebenswille. Mehr Gutes vermag ich nicht zu sehen und das viele Schlechte, das allbekannt ist, hier aufzuzählen scheint mir überflüssig. Ich habe keine besondere Vorliebe für die Deutschen, denen ich selbst angehöre, sehe aber auch nicht ein, warum ich ihr besonderer Feind sein sollte.

Der **Weltkapitalismus** hat also wohl seine Weltherrschaft befestigt und vorläufig gesichert, aber sein eigener Betrieb ist durch den ungeheuren Schaden, den Mittel- und Osteuropa erlitt, geschädigt. Fehlende Kaufkraft und ungesicherte Zustände, unzählige Schuldner, aber wenig Zahler verursachen fast überall **Unterkonsum, chronische Arbeitslosigkeit, steigende Rüstungskosten** und bei den Schwächeren physische und geistige Verelendung, und auch bei den nicht direkt Betroffenen entweder Einseitigkeit, Fanatismus, Aufgeregtheit oder eine sehr vulgäre Indifferenz, die das intellektuelle und moralische Niveau herabdrückt. Dazu kommen, wie erwähnt, das nationale und soziale Erwachen der Völker vieler Rassen und Farben, das dem Kapitalismus viele Einzelkämpfe aufzwingt und die geringen Leistungen der neuen Staaten, die an die Stelle uralter großer Wirtschaftsgebiete, die sichere Weltmärkte waren, getreten sind.

Daher strengt sich der Weltkapitalismus aufs äußerste an und er besitzt in dem ungeheuren einheitlichen Staats- und Wirtschaftskomplex der Vereinigten Staaten, den kein Amerikaner zu zersplittern, verzetteln, "balkanisieren" sucht, — während Amerika den Krieg zu Gunsten einer Kleinstaatenwirtschaft in Europa entschied —, er besitzt in diesem beinahe Halbkontinent und in den zahlreichen großen entwicklungsfähigen Teilen des britischen Imperiums, — deren wirtschaftliche Solidarität man ebenso zu verstärken sucht, wie man ihre politischen Bindungen lockert —, wirklich starke und noch unerschütterte Grundlagen. Dazu kommen kapitalskräftige und produktenreiche Länder von Schweden und Holland (und Kolonien) bis Argentinien, Rohstoffgebiete, auf die der Kapitalismus die Hand legt, Mexiko, Zentral- und tropisches Südamerika ebenso wie die Nilländer und die Petroleumgegenden überall. Internationale Kartelle versuchen Rohstoffe und Großproduktion zu kontrollieren und in den Fabriken wird die Arbeit systematisch intensiviert und der Produktions- und Distributionsprozeß vereinfacht, — ein

Ensemble von praktischen Maßnahmen zur Eliminierung von allem Schwächeren, Menschen und Einrichtungen, zur restlosen Ausbeutung jeder Arbeitskraft, jeder Gewinnmöglichkeit, jedes Abfallstoffes usw., das **Rationalisierung** genannt wird und das die Ausdehnung des Taylorsystems, das im Kleinen begann, auf alle Teile des Produktionsprozesses bedeutet.

Wir stehen erst in den Anfängen dieser Enwicklung und es erscheint mir nicht ganz ausgeschlossen, daß, wenn der Weltkapitalismus mit seinen gegenwärtigen Problemen, Bolschevismus, Fascismus und asiatische Fragen, einigermaßen fertig geworden zu sein glaubt, auch von einer **Rationalisierung des neuen europäischen Staatenbetriebs** die Rede sein könnte. Weder aus dem Manifest der Finanzleute vom Oktober 1926 noch aus den Genfer Beratungen vom Mai 1927 spricht irgendwelche Sympathie mit der Wirtschaftspolitik der ultranationalistischen neuen Staaten und da schließlich die Anleihenwünsche und Kreditbedürftigkeit die neuen Staaten an den Weltkapitalismus verweisen, so könnte hier wohl einmal das Prinzip der Rationalisierung eine neue Erweiterung erhalten, sobald der politische und militärische Nutzen solcher Staaten geringer wird. Denn um ihrer schönen Augen willen, um so zu sagen, wird der Weltkapitalismus ihm nicht mehr nützliche Gründungen wohl nicht dauernd finanzieren.

Auf solche Weise mag der Kapitalismus hoffen, alle Schwierigkeiten allmählich zu überwinden, und **es fragt sich nur: wird der Sozialismus, wird die Revolution ihm einen Strich durch die Rechnung machen?**

Gegenwärtig sieht es nicht danach aus. Der Sozialismus hat in allen Phasen des langen Krieges sich nicht zur Geltung zu bringen verstanden — Proteste einzelner und kleinerer Minoritäten fallen hier nicht ins Gewicht, er hat sich am Kriegsende nicht international fühlbar gemacht und ist dem Nationalismus und den Friedensdiktaten 1918-19 und seitdem nicht wirksam entgegengetreten — wobei wieder vereinzelte literarische Kritik usw. nicht in Betracht kommt. Er verstand weder die russische Revolution vor ihrer bolschevistischen Entartung zu bewahren oder auch nur diese durch Jahre hindurch in ihrem wahren Licht zu sehen, noch den in ungeheurem Elend befindlichen verzweifelten Volksmassen anderer Länder etwas zu bieten, als die Gelegenheit, Sozialdemokraten durch Wahlen usw. in die Parlamente und in Amt und Würden zu bringen; ebensowenig erhielten beginnende revolutionäre Aktionen weitgehende, mitfühlende und intelligente Unterstützung. Dies kann man nur in die Worte zusammenfassen: der internationale Sozialismus ist keinen Augenblick vom Juli 1914 bis heute mit Verstand und Willen auf der Höhe gewesen, er hat nichts geleistet und konnte und kann daher auch nicht erwarten, den Gang der Ereignisse irgendwie wesentlich beeinflussen zu können — außer in dem sehr traurigen Sinn, daß die herrschenden Klassen jederzeit fühlten, daß sie von diesem Sozialismus nichts Ernstes zu befüchten hatten und daher auf die Massen, deren moderner Wortführer ja der organisierte Sozialismus ist, keine Rücksicht zu nehmen hatten.

Brauche ich besonders zu sagen, daß diese Kritik nicht diejenigen Sozialisten aller Richtungen trifft, die anders handelten oder zu handeln versuchten? Aber sie wissen selbst am besten, welchen "kompakten Majoritäten" von Führern und aktionsunwilligen Massen sie stets gegenüberstanden. Diese Majorität glaubte bis 1917, daß Revolutionen überhaupt nicht mehr stattfinden, und als sich dann in Rußland gezeigt hatte, daß die modernen Staatskolosse manchmal recht leicht umzustürzen sind, kam diese Lehre zu spät.

Die wichtigsten Jahre sind nutzlos verstrichen unter endloser Polemik über die Diktatur des Proletariats und Organisationsrivalitäten und auch bei Anarchisten mit den nie endenden Diskussionen zwischen mehr individualistisch und mehr sozial Fühlenden, — als ob die Weltkrise nie existiert hätte. Diese Krise wird meist als selbstverständliche Folge des Kapitalismus und Imperialismus kurz abgetan und die altgewohnte Propaganda geht ihren Gang ruhig weiter. Gewiß ist diese Propaganda notwendig und wertvoll, aber man kann der Ansicht sein, daß sich damit unsere geistige Tätigkeit nicht erschöpfen sollte. Ich möchte mir vorstellen, daß **Proudhon** und **Bakunin, Reclus, Kropotkin** und **Tolstoi** den ungeheuren und ungeheuerlichen Ereignissen seit 1914, die jeden Tag Neues bringen, die intensivste Aufmerksamkeit gewidmet, sie studiert, ihre eigenen Ideen auf Grund dieser Erfahrungen wieder geprüft hätten usw. und daß sie Neues, Wertvolles, uns Beratendes und Anregendes zu sagen gehabt hätten. Daran fehlt es — von wenigen Ausnahmen abgesehen — nur zu sehr und fast nichts davon hat tiefen und dauernden Eindruck gemacht. Viel eher ist vielfache Unklarheit geschaffen worden, indem die natürliche Sympathie mit der russischen Revolution und ihren sozialen Folgen sich mit der Gutheißung oder Duldung der dortigen autoritären Methoden vermischten. Jetzt sind höchstens diese Irrungen für die meisten überwunden, aber Jahre sind darüber vergangen, und obgleich sehr wertvolle anarchistische und syndikalistische und oratorische Kräfte vorhanden und in engerem Kreise tätig sind, dringt doch ihre Stimme nur selten in irgendeinem Lande zur gesamten Menschheit durch.

Doch genug dieser Kritik, die gewiß die vorhandenen Schwierigkeiten nicht übersieht. Manche sind resigniert und freuen sich schon, daß es nicht noch schlechter ist. Nun, das ist nicht genug für eine Bewegung, die der Menschheit so viel zu sagen hat. Es mußte nicht sein, daß dem Kapitalismus und dem Nationalismus die Initiative zufiel, wie es heute der Fall ist. Dies konnte nur durch die Unzulänglichkeit der heutigen sozialen Bewegungen geschehen und diese muß eben behoben werden. **Selbstkritik, Studium und größere und zielbewußtere Tätigkeit** sollen eine Änderung anbahnen; der jetzige Still- und Tiefstand muß überwunden werden. All unsre Ideen haben Erweiterung, Vertiefung und intimere Verbindung mit dem wirklichen Leben dringend notwendig, ebenso sollten Doktrinarismus und Routine einem frischem Geist weichen.

## XVI.

Dies wenigstens ist durch ein Jahrhundert von Agitation, Propaganda und Organisation erreicht worden, daß viele Millionen, wesentliche Teile der arbeitenden Menschheit heute in gewissem Grade in den militanten Persönlichkeiten der verschiedenen sozialistischen Richtungen ihre geistigen Führer oder Ratgeber oder engsten Genossen sehen. Diese Personen selbst sind nun unter sich in Bezug auf ihre Auffassung des Sozialismus und dessen Taktik auf äußerste getrennt und' demzufolge auch ihre Gesinnungsgenossen oder die sie als Führer anerkennen den. Für die einen ist der Sozialismus längst in eine Reihe gesetzlicher Einzelverfügungen aufgelöst, deren Durchführung noch dazu dem heutigen Staats- und Gemeindeapparat obliegen soll; andere arbeiten auf revolutionäre Expropriation hin, sind aber über die allernächsten Schritte verschiedener Meinung, weisen dem Staat, Räten, Gewerkschaften oder Gruppen wesentliche Funktionen zu, vertreten dieses oder jenes Verteilungssystem, diese oder jene Ausdehnung der zwischen den neuen Produktions- und Distributionsorganismen anzuknüpfenden Beziehungen usw.

Es wird nicht möglich sein, sich über all dies zu verständigen — hierüber s. Kapitel XVII und XVIII —, aber es sollte wohl noch möglich sein sich darüber klar zu werden, ob man einen ernsthaften Sozialismus überhaupt will oder nicht; denn ein Teil der heutigen Sozialisten geht bereits so vor — vielleicht nicht immer absichtlich —, daß sie wirklichen Sozialismus gar nicht mehr erreichen **können**. Hiermit meine ich das im Folgenden besprochene Problem.

Es liegt ganz im Sinn des alten Staatsprinzips (absolute territoriale Hoheit), des Nationalitätenprinzips (das Territorium gehört der Nation) und des Privateigentumprinzips (absolutes oder nur durch den eigenen Staat beschränkbares Besitz- und Verfügungsrecht), daß **alle natürlichen Reichtümer und Vorteile eines Landes** ausschließlich den jeweiligen Besitzern unter den von der Landesgesetzgebung bestimmten Bedingungen gehören.

Der Sozialismus verlangt den **Kollektivbesitz dieser Werte, des Bodens und der Arbeitswerkzeuge**. Kollektivbesitz **wessen**? — der diese Werte verbrauchsfähig machenden Arbeitergemeinschaften — oder der Gesamtheit der Arbeiter dieser Kategorie in dem Ursprungsland — oder der

Gesamtheit der Bewohner (Konsumenten) dieses Landes — oder der Gesamtheit der Arbeiter dieser Kategorie in allen den Sozialismus verwirklichenden Ländern — oder der Gesamtheit der Bewohner (Konsumenten) in all diesen Ländern, in letzter Linie also der gesamten Menschheit? Die Hauptfrage liegt zwischen dem Produktionsland und der gesamten Menschheit.

Diese Frage wird eine immer dringendere, da diese Werte nicht willkürlich vermehrbar und übertragbar sind und ihre Abnahme und Erschöpfung fortschreitet (Mineralwerte, Brennstoffe, tropische Produkte, fruchtbarer Ackerboden, nützliche Tiere usw.). Daher gelangen sie in immer festeren Besitz, werden allmählich zu Monopolen, und so wie längst die Kolonialpolitik einen Wettlauf nach solchen Vorteilen vorstellte, so wurden auch die neuen Grenzen von 1918-19 neben dem Nationalismus, — wenn man will vielfach auch unter dem Deckmantel des Nationalismus —, zur Erbeutung solcher Vorteile benutzt, und fast jeder Territorial- und ähnlichen Frage seit 1919 liegt der Kampf um diese natürlichen Vorteile zugrunde (Oberschlesien, Mossul, Albanien, der Kaukasus, der Sudan, das Riff, Mexiko, Nicaragua usw.). Die Weltkapitalisten legen die Hand auf die schwachen Rohstoffländer (Kautschuk, Petroleum), wie vordem schon auf die Goldländer der Buren, die Pelzländer des Nordens usw. Was hiervon z.B. Deutsche im kriegführenden Ausland besaßen, ging 1919 gänzlich verloren, und die gegenwärtige mit steigender Hast sich vollziehende Handlegung auf die Naturschätze der Erde geschieht nach dem Willen und Vorteil des Weltkapitalismus und der dessen Interessen am mächtigsten vertretenden großen Staaten Westeuropas und Amerikas, denen gegenüber einige Ursprungsländer wie etwa Mexiko eigene lokale staatliche Rechte zu vertreten versuchen. Der Besitz der Naturschätze ist also entweder unter der Kontrolle der größten Staaten oder der Ursprungsländer; letztere beginnen an diesem Besitz festhalten zu wollen, während die großen Staaten nicht ruhen zu wollen scheinen, bis sie diese Länder direkt oder indirekt in ihren Besitz oder unter ihre Kontrolle gebracht haben.

Die Anfänge dieser Frage liegen weit zurück. Die wenig zahlreiche Urbevölkerung der Erde verteilte sich nach ihrem Bedürfnis an Jagd- und Fischfanggelegenheiten, später an Weideterrain, dann an Ackerboden, und verbrauchte nahe am Tag liegende einfache Bodenschätze, einige Metalle, Salz und Schmuck- und Werkzeugsteine. Sie verteilte sich auch nach natürlichen Wohnstätten (Höhlen) und gesicherten Siedlungen (Pfahlbauten in Seen, umwallte Häusergruppen auf Hügeln), später nach den Verkehrswegen (Handelsstraßen, Flüsse, Häfen) usw. All dies und unzählige andere Veränderungen und die Besiedlung weniger günstigen Terrains infolge der Zunahme der Bevölkerung geschah lange bevor auch nur der Wert der Kohle richtig geschätzt wurde, von den vielen erst in neuer Zeit in ihrer ganzen Wichtigkeit erkannten Produkten wie Petroleum und Kautschuk ganz abgesehen, ebenso von allen tiefer gelegenen Mineralschätzen, die erst mit modernen Maschinen entdeckt und gehoben werden können.

Ebenso folgte z.B. in Amerika die spanische Besiedlung etwa der Verteilung der indianischen Einwohner und dem Vorkommen von Edelmetallen und tropischen Produkten; für die nordeuropäische Besiedlung Amerikas waren die zur Plantagenarbeit geeigneten und die an Wild und Pelztieren reichen nördlichen Gebiete zunächst maßgebend, später das urbar gemachte Ackerland, dann Mineralschätze (Kalifornien; Pennsylvanien) usw., bis die in riesigem Umfang betriebene Viehzucht, der Weizenbau, die Obstzucht neue Verteilungen der Bevölkerung über große Landstrecken hin bewirkte.

Unter all diesem aus ganz anderen Ursachen besiedeltem Grund und Boden liegen nun die Bodenschätze, entdeckt oder noch unbekannt, und sind Eigentum der zufälligen Grundbesitzer oder des Staates oder sind von zufälligen Kapitalisten erworben. Wer früher kam, wählte das bessere Ackerland im günstigsten Klima und Flüssen oder Eisenbahnen zunächst gelegen usw. Es wird also nicht nur unter günstigen, minder günstigen und ungünstigen Bedingungen produziert, sondern viele unentbehrliche Rohstoffe kommen überhaupt nur an einer beschränkten Zahl von Orten vor und gelten als Eigentum der dortigen Besitzer oder anderer spekulierender Erwerber und werden zu Monopolpreisen verkauft.

Diese Verhältnisse bringen eine sich beständig steigernde **Ungleichheit** hervor und zwar nicht nur **innerhalb eines Landes**, wo allenfalls der Staat durch Verstaatlichung dieser Naturschätze und Besteuerung des zufälligen Wertzuwachses (unearned increment) dieser Ungleichheit entgegenwirken kann, sondern **zwischen den verschiedenen Ländern**, rohstoffreichen und rohstoffarmen, klimatisch begünstigten und benachteiligten, ackerbodenreichen und -armen, kohlenreichen und -armen usw., etwas, an dem, bei der Souveränität der Staaten — von ihren Rivalitäten und Feindschaften ganz abgesehen — nicht gerüttelt werden soll.

Der ungeheure **Raubbau**, der an Naturschätzen betrieben wurde und wird, z.B. die steigende Entwaldung, die Reduzierung der Tierwelt legten schon internationale Vereinbarungen nahe. Sogar England leidet unter einer Ungleichheit, indem seine alten Kohlenbergwerke teurer arbeiten als später erschlossene Gruben in anderen Ländern; in welcher Lage sind aber erst Länder, die alle Kohle importieren müssen? Die englischen Bergarbeiter erwarten, daß irgendwie die Allgemeinheit, innerhalb von England natürlich, den ·Verlust trägt, was gewiß in diesem **einen** Fall geschehen könnte, nicht aber in den **vielen** Fällen mangelnder Konkurrenzfähigkeit, die für die armen Länder bestehen: da ist die Masse der Ungleichheiten zu groß, als daß sie überwälzt und verteilt werden könnte. Nur eine **internationale Ausgleichung** würde die Gleichheit herstellen und dies wäre, wenn die Erde als ein einziges Wirtschaftsgebiet betrachtet würde, nichts wesentlich anderes als die Gleichheit innerhalb eines Landes, die z.B. Henry George anregte, als er die Grundbesitzvorrechte durch Wegsteuerung des Wertzuwachses (single tax) zu brechen vorschlug.

Ob die Kapitalisten, etwa um die Pauperisierung einer Reihe von Ländern, die dann den reichen Ländern nichts mehr abkaufen können, einzudämmen, eine relative Gleichmachung der Produktionsbedingungen durch Vereinbarungen anbahnen werden – oder ob sie vorziehen werden, die armen Länder ihrem Schicksal zu überlassen und sich nur für die reichen Länder zu interessieren, läßt sich nicht voraussehen und wird von ihrem Vorteil abhängen. **Was wird aber der Sozialismus in dieser Angelegenheit tun?** Denn bis jetzt hat er, soviel ich weiß, noch recht wenig getan, während doch die ganze Zukunft der Menschheit von der gerechten und praktischen Lösung dieses Problems abhängig ist.

Denn wenn die Gesamtheit der Naturschätze und natürlichen Vorteile auf irgend eine Weise, unter einem kapitalistischen oder einem sozialistischen Wirtschaftssystem, lokales oder Gruppeneigentum bleiben, dann kann die menschliche Solidarität nie begründet werden, die Länder zerfallen dann, wie jetzt die Einzelpersonen, in reiche und arme und das Staatsprinzip bleibt aufrecht. Dann ist immer ein **Land** Rivale, Ausbeuter oder Ausbeutungsgegenstand eines andern **Landes**, wie heute die einzelnen Menschen unter sich nur in solchem Verhältnis stehen können. Wer also den Sozialismus will, der kann diese Frage nicht auf sich beruhen lassen und kann ebensowenig mit dem lokalen oder territorialen Besitz der Naturschätze usw. einverstanden sein; denn dies macht ihn mit den

Interessen des bevorzugten Landes solidarisch und trennt ihn von der Menschheit. Ein Sozialismus innerhalb eines solchen bevorzugten Landes wäre gewiß für die Beteiligten sehr angenehm, aber es wäre kein Sozialismus mehr — es wären nur Privilegierte, die unter sich gemütlich leben — wie unzählige Bourgeois es tun — und die mit den armen Leuten außerhalb nichts zu tun haben wollen und ihre Privilegien gegebenfalls gegen jeden Angriff verteidigen.

Ich denke nicht an eine wahllose Verschleuderung und Zerstreuung der Naturschätze usw. über die ganze Erde. Ihre beschränkte Quantität lehrt ihren Wert immer besser kennen und ihr Austausch und ihre Versendung würden Gegenstand der größten Sorgfalt sein, aber ihre unerschütterliche Grundlage müßte der feste Wille Aller sein, auf jedes lokale Privileg zu verzichten und die Produkte der Erde allen überall unter möglichst gleichen Bedingungen erreichbar zu machen. Das ist kein unmögliches Problem; man hat es längst z.B. für Briefe in diesem Sinn gelöst (Weltpostverein) und die schnellen Transportmittel von heute reduzieren beständig die Distanzschwierigkeiten auch für Personen und Gegenstände.

Eine andere Auswirkung einer solchen gerechten Ausgleichung wäre die vollste Freizügigkeit, ungehinderte Einwanderung, etwas das immer mehr beschränkt wird und zwar durchaus nicht gegen den Willen der lokalen Arbeiter. Auch in dieser Frage müssen die Sozialisten Farbe bekennen: steht ihnen das lokale Interesse höher als die Bewegungsfreiheit der Menschen auf der **Allen** gehörenden Erde? In diesem Fall werden die Menschen immer mehr **getrennt** und woher soll dann der völkerverbindende, allumfassende Sozialismus kommen?

Die für jeden wirklichen und vollständigen Sozialisten selbstverständliche Forderung des **Rechtes Aller auf alle besondern Vorteile, die Naturschätze und ähnliche quantitativ oder lokal beschränkte Vorteile bieten**, sollte die Sozialisten **aller** Richtungen vereinigen, denn ihre Durchführung würde jeder Richtung von grundlegendem Nutzen sein. Für lokale Sondervorteile setzt sich eben der Monopolist ein, nicht aber der Sozialist. Ebenso würde dieses Recht erst die Völker gleichmachen, ihre Teilung in Günstlinge und Stiefkinder der Natur beseitigen und den Völkerfrieden ermöglichen, der die Abwesenheit von Streitgegenständen zur Voraussetzung hat. Nur wer von dieser Idee durchdrungen ist, wird friedlich handeln, nur wer sich nicht von dem Monopol einzelner, ob Personen oder Länder, verletzt fühlt, wird friedlich fühlen.

Die Gebundenheit der autoritären Sozialisten an Wählermassen und Mitgliedermillionen, wie sie schon geschildert ist (Kapitel V), wird sie verhindern, für diese Forderung einzutreten, die eben den jetzt Benachteiligten Gerechtigkeit bringen, von den jetzt Bevorzugten aber einige Opfer verlangen würde, die übrigens die Arbeiter nur dann treffen würden, wenn sie wirklich an der Ausbeutung eines Monopols Mitbeteiligte sind, ein Ausnahmsverhältnis, das zu verteidigen kein Anlaß ist. **Desto mehr sollten die freiheitlichen Richtungen des Sozialismus**, von denen ja überhaupt der Fortschritt ausgeht, **diese Idee der Gerechtigkeit und Solidarität in die Massen werfen** und sie würden dadurch an das Gefühl aller gerechten und humanitären Menschen appellieren und neue Freunde ihrer Sache gewinnen.

Ich möchte noch bemerken, daß der wohldurchdachte Vorschlag **Kropotkins**, durch Dezentralisation der Industrie und intensive und durch künstliche Wärme usw. vom Klima unabhängig gemachte Agrikultur und ähnliche Viehzucht die Lebensverhältnisse aller Teile der Erde einander anzugleichen und so jede Gegend, jedes Land von allen andern so gut wie ganz unabhängig zu machen, mir keine Lösung dieses Problems zu sein scheint. Denn es ist wohl klar, daß, je ärmer und unfruchtbarer und kälter eine Gegend ist, desto schwerer solche künstliche Lebensmittel- und industrielle Produktion in ihr begründet und ebenso dauernd aufrechterhalten werden kann. Die Ungleichheit, das mühsame und das bequeme Leben, würde also verewigt werden und die Menschheit bliebe in **Länderklassen** getrennt. Sie würde sich entweder weiter differenzieren und hoffnungslos gespalten bleiben, oder es würde doch wieder der Länderklassenkampf, der Drang aus dem trüben Norden nach dem sonnigen Süden, vom Mistbeet und Glashaus weg zum freien Feld und Weinberg eintreten und die Gleichheit, wenn nötig im blutigen Kampf, errungen werden.

Deshalb muß der Sozialismus mit der großen Forderung: **die gesamte Erde und ihre Schätze der gesamten Menschheit**, beginnen, weil nur dies ihm die zu seiner Entwicklung erforderliche breite und feste Grundlage geben kann.

## XVII.

Noch eine andere Idee ist der Prüfstein eines wirklichen Sozialisten: **wie er nicht Monopolist sein will, wird er auch nicht Diktator sein wollen.** Als denkender Mensch sieht er ein, daß es für eine noch nicht in ihrer Gänze verwirklichte Idee nicht im voraus eine ganz bestimmte einzige Form der Verwirklichung und einen einzigen Weg dazu geben kann. Auch wo es sich um die präzisesten Dinge, etwa technische Fortschritte handelt, sieht er, wie auch die genialste Erfindung kaum je unverändert bleibt, sondern ganz unberechenbare Weiterentwicklung oder Abänderungen erfährt. Auf dem so weitumfassenden Gebiet des Sozialismus konnte die theoretische Diskussion wohl das ganz Untüchtige eliminieren, aber nichts konnte und kann die zwei großen Richtungen von ihrer Überzeugung abbringen, die **autoritäre** und die **anti-autoritäre**, die des **zwangsweise von oben nach unten diktierten** und die des **freiwillig von unten nach oben (oder nebeneinander) sich aufbauenden Sozialismus**, also die des **Blanquismus, Marxismus, Bolschevismus und der Sozialdemokratie** und die des **Anarchismus, des Syndikalismus. der freien Ko-operation und aller andern Arten freiwilliger Zusammenarbeit.**

Ein Jahrhundert der Diskussion und der Polemik brachte keine Entscheidung, ebenso wenig die Commune von Paris, 1871, die vor allem zeigte, wie lebendig **beide** Richtungen im revolutionären Milieu sind und wie hinderlich das Fehlen irgendeines Modus der Zusammen- oder Nebeneinander-Arbeit beider für die gmeinsame Sache ist. Die folgenden beihane fünfzig Jahre brachten keinen Versuch, einen solchen Modus zu finden, und verstärkten außerordentlich die Gegensätze der beiden Richtungen. Daher wurden die durch die russische **Märzrevolution 1917** sich **allen** Richtungen plötzlich eröffnenden grandiosen Möglichkeiten sozialistischer Verwirklichungen auf breitester Grundlage jäh durch den **Staatsstreich vom November 1917** abgebrochen, durch den die **bolschevistische Partei** sich der Alleinherrschaft bemächtigte. Von nun ab bis heute zwingt ausschließlich diese Partei ihre vielfach wechselnden Prinzipien und Taktik und ihr Regierungspersonal dem großen Land mit allen Gewaltmitteln auf und systematisch, fanatisch, grausam und rachgierig unterdrückt und verfolgt sie jede andere sozialistische, autoritäre oder freiheitliche Richtung bis zur geringsten Opposition in ihrer eigenen

Partei; sie sucht andersdenkende Sozialisten, die sich ihr nicht beugen, wenn sie ihr erreichbar sind, physisch zu ruinieren und zu vernichten. Und statt daß der Sozialismus der ganzen Erde diese brudermörderische Richtung einmütig gebrandmarkt hätte, liebäugelten nicht wenige mit ihr und wenige haben die moralische Kraft ernstlich zu protestieren.

An letzterem hinderte die meisten wohl das innere Bewußtsein, daß auch sie, wenn sie die Macht in Händen hätten, nicht wesentlich anders gehandelt haben würden. Kümmert sich denn irgendein in einen Vertretungskörper gewählter Sozialdemokrat darum, wie die Ausführung der mit Majorität beschlossenen Gesetze, für die er oft selbst stimmt, erzwungen wird? Die Duchführung der Majoritätsbeschlüsse wird eben mit allen Machtmitteln des Staates erzwungen und dazu gehört gegebenfalls die physische Vernichtung der diese Beschlüsse nicht Anerkennenden. Anders als jeder andere Staat geht auch der bolschevistische Staat nicht vor und würde auch der sozialdemokratische Staat nicht vorgehen, wofür die Jahre seit 1918 bereits Beweise brachten ...

Glaubt nun jemand ernstlich, daß eine durch Wählermillionen oder durch einen Staatsstreich, den leider viele Revolutionäre guten Glaubens damals unterstützten, in den Sattel gelangte Partei nun wirklich **sachlich** dadurch irgendeinen besondern intellektuellen Wert oder **moralisch** irgendeine Mission erlangt? Nur wer das bitter spottende: Wem Gott ein Amt gibt, dem gibt er auch den Verstand, naiver Weise wörtlich nimmt, wird so etwas glauben. Dann hätte auch Bonaparte am 18. Brumaire der französischen Revolution mit Recht den Hals umgedreht und Louis Napoleon hätte am 2. Dezember die Republik von 1848 mit Recht erwürgt usw. Auch Mussolini hätte dann Recht und überhaupt jeder, der einen andern niederschlägt: Tritt er dadurch etwa seine "geistige Erbschaft" an?

Es ereignete sich also nur die im Verlauf von Revolutionen leider so häufige Erscheinung, daß ein schwächeres Regime von brutal zugreifenden Elementen gestürzt wird und eine militärische Diktatur ans Ruder kommt und sich durch ein Schreckensregiment obenauf hält. Dies war auch das Schicksal der in Rußland im Sommer 1917 beginnenden **ersten sozialen Revolution**: sie war vom Kampf um die Macht der autoritären Parteien, die nichts besseres gelernt hatten, **begleitet** – dieser Kampf und die Revolution selbst sind sehr verschiedenes – und die **Macht** fiel der am gewaltsamsten den Machtapparat des Staates an sich reißenden Partei zu, die sich von da ab berufen glaubte, der **Revolution** ihren Weg vorzuschreiben. Sie stellte tatsächlich die Ordnung her und machte der Revolution ein Ende, wie überall, 1848-49, 1871, 1918-19... die Regierungen schließlich den Revolutionsversuchen ein gewaltsames Ende bereiteten. Von den altgriechischen Tyrannen, den Renaissance-Condottieres, den bonapartistischen und fascistischen Usurpatoren unterscheidet sich das Régime vom November 1917 nur durch die ihm, wie jedem dieser Régimes, besondere Abart der politischen Heuchelei: Jeder Tyrann verbrämte seine Herrschaft mit irgend einer patriotischen Ideologie und "rettete die Gesellschaft". Der Bolschevismus profanierte leider die sozialistische Geistes- und Gefühlswelt zu seinen Zwecken einer **sozialistischen Autokratie** oder **Tyrannis** und brachte dadurch große Verwirrung in den ganzen Sozialismus, die, wenn man je aus einer bösen Erfahrung etwas lernen will, zu einer heilsamen Krise im Sozialismus aller Richtungen führen sollte.

Will man sich nicht endlich die ernste Frage vorlegen: Soll derartiges sich immer wiederholen? Soll immer einer Französischen Revolution ein Bonaparte, einem 1848 ein Louis Napoleon, einer russischen Revolution ein Lenin und Trotzki folgen, um die Früchte einzuheimsen und ihr Säbelregiment zu errichten? Soll man unter Sozialisten, den Namen "Proletariat" mißbrauchend, dies gar zur Theorie erheben und den Usurpatoren die Türen der Revolution weit öffnen, die dann prompt jede andere sozialistische Richtung mit Füßen treten? Soll die Tragödie, die seit dem November 1917 spielt, sich immer wiederholen? Ihr Beispiel lehrte bereits Mussolini fünf Jahre später, im November 1922, zuzugreifen und sich eine der in Rußland vorhandenen gleiche absolute Herrschaft über alle Lebensfunktionen eines reichentwickelten großen Volks anzumaßen — und an andern Griffen der Diktatoren hat es seitdem in Europa nicht gefehlt und diese Gefahr ist nichts weniger als überwunden.

Wird man hier einwenden, derartiges scheine der natürliche Verlauf der Revolutionen mit sich zu bringen? In der Tat, wenn nur die Gewalt spricht, siegt zuletzt die stärkste Gewalt, die eben eine Diktatur zu sein pflegt und die dann ein alleiniges System aufrichtet, das der Jakobiner oder des Cäsarismus, das der Bolschevisten oder des Fascismus, das der autoritären Revolution oder das der siegenden Reaktion. Solche Revolutionen entarteten eben zu Kämpfen um die Macht, die Alleinherrschaft, und diese kann nur durch Diktatur gesichert werden, da ihr momentaner materieller Sieg ja nicht die Denkweise der übrigen Teile des Volks, die keineswegs eine Minorität zu sein brauchen, sofort verändern kann. Je schwächer die Diktatur numerisch im Verhältnis zur Volksmasse ist, desto terroristischer ist ihre Herrschaft, und sie wird zugleich versuchen, auf einem gewissen Gebiet demagogisch zwischen sich und dem ganzen Volk eine Verbindung herzustellen — so Bonaparte durch Eroberungen, siegreichen Patriotismus, Louis Napoleon 1851 als Schützer des Eigentums gegen 1848, Mussolini durch den Roms alten Ruhm erneuernden Nationalismus, Lenin durch Usurpation des geistigen Prestige des gesamten Sozialismus und aller proletarischen Befreiungskämpfe. Sind das nun Entwicklungen, die immer so stattfinden werden, oder ist es nicht doch der Mühe wert dagegen anzukämpfen?

Letzteres ist während der Ereignisse, die dann unaufhaltsam werden, bereits nicht mehr möglich und ebensowenig kann spätere Kritik, wenn das Unglück geschehen ist, etwas ändern. Weder Napoleon I. noch Napoleon III. wurden durch literarische Kritik, die Akte einzelner oder Volksbewegungen gestürzt, beide nur durch Kriege, die ihr Prestige zerstörten. Der Bolschevismus und Fascismus widerstanden den gleichen Angriffen all diese Jahre hindurch und es ist durchaus nicht unmöglich, daß auch sie erst durch verlorene Kriege weggefegt werden. Die erwähnte Taktik der Diktatur, Schreckensherrschaft und zugleich Faszination des Volks durch demagogische Vorspiegelungen, ist wohlerprobt, wie die Geschichte zeigt.

Wenn man also solche Entwicklungen ernstlich zu verhindern wünscht, muß man rechtzeitig vorbauen. Ich habe hierüber wiederholt einen Vorschlag gemacht, der zwar wenig oder gar nicht beachtet wird, den ich aber hier wieder ausführen will. Ich sehe keinen andern Ausweg als — hier ist von den künftigen durch plötzliche Ereignisse, ob nun früh oder spät, gegebenen Möglichkeiten sozialistischer Verwirklichungen die Rede, also kurzgesagt vom Tage einer erfolgreichen sozialen Revolution —, ich sehe keinen andern Ausweg, eine neue Tragödie der Revolution zu vermeiden, als **vorherige, in das Bewußtsein aller nicht selbst herrschsüchtigen Sozialisten übergehende Vereinbarungen aller Richtungen im Sinn des festen Entschlusses: Nie wieder Diktatur! und der Sicherung von Betätigungsmöglichkeiten aller Richtungen innerhalb ihrer Einflußsphäre.**

Jeder hält ja seine besondere Auffassung für richtig und abweichendes Vorgehen für mehr oder weniger schädlich. Der theoretische Streit soll aber nicht die Revolution durch sofortigen Parteienkampf spalten und ebensowenig sollen wertvolle Ideen durch Kompromisse usw. bei Seite gestellt werden und der Eigensinnigste, Geräuschvollste oder zufällig numerisch Stärkste sich durchsetzen. All das bedeutet doch nur, daß die nur durch Versuch und Erfahrung zu gewinnende Erkenntnis des Werts verschiedenster Ideen nicht erreicht und daß die Entscheidung dem Zufall, der Intrige, der Gewalt, dem Kompromiß usw. überlassen wird. Notwendig ist also **der freie Versuch** und hierzu gehört die **gegenseitige Toleranz** in Bezug auf diese Versuche, die also **nicht aggressiv** werden. Ebenso die **gegenseitige Solidarität gegen jede aggressive Richtung**: der Diktaturlüsterne steht dadurch von vornherein außerhalb der neuen sozialen Gemeinschaft.

Um dies durchführen zu können, **müßte jede Richtung im voraus sicher sein, aus dem Besitz der ganzen sozialen Gemeinschaft**, das heißt der sozial befreiten Teile der Erde, **eine ihrer Zahl und ihren nächsten Ausdehnungsaussichten reichlich entsprechende Menge von gutem Land, Rohstoffen, Arbeitsmitteln, Wohnungen usw.**, von **ausreichenden Lebensmöglichkeiten** also, **ohne Schwierigkeit und Zeitverlust zu erhalten**, um innerhalb dieser Sphaere die ihr besonders zusagende soziale **Lebensweise zu verwirklichen**. Dann kann jede Richtung ihr Bestes leisten und wird, je nach den Erfahrungen, ihre Anhänger vermehren oder an andere Richtungen verlieren, was mit reibungsloser Überlassung entsprechender Mengen von Produktionsmitteln usw. an diese verbunden wäre.

Solche Verständigung im voraus als unmöglich zu bezeichnen ist unendlich leicht. Ich meine dagegen, daß man bis zum tatsächlichen Eintreffen der hier supponierten Situation wahrscheinlich noch sehr hinreichend Zeit haben würde, diesen Gegenstand ernstlich zu studieren, wenn man nur will. Es darf sich nicht um pedantische rechthaberische Zersplitterungen und bis auf den letzten Knopf stimmende Aufteilungen handeln, sondern um großzügige Verständigungen in versöhnlichem Geist, der jedem Zank bei der Detailausführung im voraus die Spitze abbricht. Es handelt sich auch durchaus nicht prinzipiell um räumliche Trennung oder gar Absperrung. Man wird doch nicht einen Zustand herbeiführen, der tiefer steht als selbst der heutige. Heute lebt man nebeneinander und kümmert sich nicht um den nächsten Nachbarn und die Leute im nächsten Haus sind einem meist so unbekannt, wie die im nächsten Weltteil. Ob diese Leute diese oder jene Gesinnung haben, berührt mich nur dann, wenn sie oder die Vertreter ihrer Ideen aggressiv vorgehen, also eine Diktatur ausüben wollen. Dies soll eben **die Solidarität aller toleranten Menschen** hindern und könnte es, wenn sie wollte.

Diese Solidarität könnte noch viele weitere Schwierigkeiten aus dem Weg räumen. Es gibt viele Einrichtungen, die **technisch** eine Teilung oder Anwendung verschiedener Methoden nicht vertragen oder dadurch unnötig kostspielig usw. würden, und es gibt auch gewiß eine Reihe von Fragen, über die man sich beim besten Willen nicht gleich praktisch einigen kann und deren Entscheidung durch Majorität immer Unzufriedene zurücklassen würde. Hier würde ich vorschlagen: **die Neutralisierung solcher gemeinsamer Angelegenheiten, die ganz nach den technischen Anforderungen besorgt würden, und die möglichste Verschiebung der Entscheidungen über Streitfragen bis zu einer Zeit allgemeiner Beruhigung, größerer Erfahrungen und,** wie zu hoffen ist, **steigender Prosperität,** wo dann viele Dinge anders aussehen werden als in der ersten Zeit der Aufregung, Ungeduld, relativen Mangels und mancherlei Sorgen.

So wie man bereits heute bei Konflikten Spitäler, Wasserleitungen und anderes respektiert, könnten viele faktisch neutrale und von niemand individuell produzierte und konsumierte Objekte als neutralisierter allgemeiner Besitz betrachtet werden, der mit größter rein **technischer Vollkommenheit** betrieben und erhalten wird. So Straßen, Kanalisation, Transportmittel und -wege, die Wasserleitungen, die Hygiene, das Beleuchtungswesen, Bibliotheken und große Bildungsanstalten, auch die kraftproduzierenden und -verteilenden Werke, Bergwerke, Wälder und andere Gegenden allgemeinen Naturschutzes. All dies erfordert in steigendem Grade den sorgfältigsten und pünktlichsten, **technisch fehlerlosen** Betrieb und wird **dadurch** zu einer ungeheuren Quelle von Kraft, Gesundheit und Bewegungsfreiheit, durch die **dann** erst den einzelnen Personen, Gruppen und Organisationen die freie Disposition über ihre Lebensweise möglich ist. Wer ganz außerhalb auch einer solchen Gemeinschaft leben will, mag es ja tun und es wird ihm gelingen, wie es vielen auch heute gelingt und wie es den Zigeunern und anderen seit alten Zeiten gelingt; von diesen Elementen ist hier nicht die Rede. Der frei **und sozial** zu leben wünschende Mensch, den ich hier bespreche, würde es wohl, ob er sich als Anarchist oder als Sozialdemokrat fühlt, angenehm empfinden, wenn, so wie eine Quelle Wasser gibt, auch ein Fingerdruck ihm Beleuchtung oder motorische Kraft verschafft, wenn die Straße in gutem Zustand ist, Verkehrsmittel bereitstehen, Epidemien abgehalten werden usw.: all das stört nicht seine Freiheit, sondern macht ihm erst möglich, sie ganz zu genießen. Jeder hat also an dem technisch vollendetsten Funktionieren solcher Einrichtungen ein Interesse und dies sollte unter vernünftigen Menschen dazu führen, daß Mittel und Wege gefunden werden, die **Arbeit** und die **Kosten** sachlich so zu ordnen und verteilen, daß nicht eine Parteiwirtschaft noch ein neuer behördlicher Organismus noch auch eine Übermacht der Arbeitskräfte dieser unentbehrlichen Betriebe entstehen und die übrige Gemeinschaft schädigen. Wie dies am besten geschehen kann, ist eine des Studiums bedürftige und werte Frage, da man bisher die öffentlichen Einrichtungen selten vom rein technischen, politisch und sozial neutralen Gesichtspunkt aus betrachtet. Die Autonomie wissenschaftlicher Institute, die allgemeine Achtung vor Kranken- und Wohlfahrtsanstalten, die Einsicht des Wertes der Hygiene, des Feuerschutzes usw. sind aber Ausgangspunkte und man muß suchen, alle andern nützlichen Einrichtungen dem Parteiwesen, der Bureaukratie zu entziehen, sie aber auch nicht einer neuen Kontrolle, der ihrer Arbeitskräfte zu überlassen. Sie müssen mit allen Richtungen der Gesellschaft in lebender Verbindung bleiben und technische Vollendung erreichen; dann fühlt sich auch jeder mit ihnen verbunden und ihnen dankbar und wird zu ihrem Betrieb direkt oder indirekt beitragen. Schon heute wirken zwar die meisten öffentlichen Einrichtungen abstoßend, aber z.B. einer guten öffentlichen Bibliothek gegenüber, einem schönen Museum, einem öffentlichen Park und Wald gegenüber empfindet man Freundschaft und fördert sie gern. So **anziehend** müßten eben all die allgemeinen Grundlagen gemacht werden, der Rahmen, in welchem sich dann das bunte Leben der verschiedenen sozialen Richtungen entfalten würde.

Ich habe hier nur den **Anfangszustand** einer neuen Gesellschaft im Auge, einen Modus, der den sozialistischen Bürgerkrieg vermeiden könnte und allen vom kapitalistischen und bureaukratischen Druck befreiten Menschen ermöglichen würde, sich nach dem Grade ihrer sozialistischen Erkenntnis, ihres Freiheitsbedürfnisses und ihres Wunsches oder ihrer Fähigkeit eines sozialen Lebens überhaupt zu gruppieren.

Denn nichts kann die immer vielartige Menschheit plötzlich vereinheitlichen, nicht die Diktatur, nicht die Spontaneität; nur längere freie Erfahrung kann größere Einheitlichkeit der Disposition anbahnen, ohne deshalb die Talente, die Temperamente usw. gleichzumachen, und es wäre ein Unglück, wenn es einmal keine unabhängigen Vorstürmer geben würde ...

Wenn eingewendet würde, daß ein solches Nebeneinanderleben mit Autoritären den freiheitlichen Richtungen ein Opfer auflegen und für sie einen Verzicht bedeuten würde, – nun, die Autoritären wären ja in derselben Lage, die ihnen ungewohnte Freiheit neben sich dulden zu müssen. Sie würden sich schließlich mit einer Diktatur befreunden, die ein bißchen die Macht mit ihnen teilt, und werden dies auch in Rußland tun, falls keine Katastrophe eintritt. Aber die freiheitlichen Richtungen können keine ihnen mit Gewalt unterworfenen Autoritäre brauchen; was sollen sie mit Sklaven, wenn sie verabscheuen, Sklavenbesitzer zu werden? Sie können allerdings fortfahren, eine neue autoritäre sozialistische Gesellschaft, wie die heutige kapitalistische, direkt zu bekämpfen und ihre Ideen durch Propaganda zu verbreiten und müssen und werden dies ja wirklich tun, wenn es zu keiner Verständigung im Sinn dieser **Anregungen** kommt. So mag es ja wahrscheinlich werden und bleiben, aber ich sehe dies nicht als die bestmögliche Lösung an, an der nicht gerüttelt werden soll.

Man kann wohl hierbei an die Geschichte der **Religionen** und der **Wissenschaft** denken. Es gelang keiner Religion sich allein durchzusetzen, es gelang auch nicht der Wissenschaft Stillstand zu gebieten, aber die Versuche beides doch zu tun, Religionen aufzuzwingen und die Wissenschaft erstarren zu machen, brachten unendliche Leiden und sind noch heute eine Hauptquelle des mangelnden Fortschritts in vieler Hinsicht.

Die **geistige Diktatur der Religionen** wurde schließlich doch im Sinn der **Toleranz** gebrochen, die mittelalterliche Erstarrung der Forschung wich der freien Wissenschaft der letzten Jahrhunderte. Wir sind erst so weit, daß die der Religion gänzlich entwachsenen **geistigen Anarchisten**, die **Freidenker**, mit knapper Not in Ruhe gelassen werden und daß die einander spinnefeinden Religionsrichtungen keine offenen Kriege mehr führen und sich nicht direkt aggressiv ausdehnen können. Kein Wunder also, daß auf sozialem Gebiet trotz des gemeinsamen kapitalistischen Feindes der Kampf der Richtungen noch mit der intoleranten Mentalität der Ketzerverfolgungen und der Religionskriege geführt wird und das furchtbare **cuius regio illius religio** (das Land hat die Religion dessen, dem es gehört) auch die sozialistische Regel ist: Rußland dem Bolschewismus, Deutschland der Sozialdemokratie usw.! Ich frage nur immer wieder: Will man es dabei bewenden lassen oder will man **versuchen** es besser zu machen. Soll der Sozialismus alle alten Irrwege wiederholen, um dann nach Jahrhunderten einzusehen, daß nicht ein einziges Dogma der ganzen Menschheit aufgezwungen werden kann, oder will er versuchen der Menschheit diesen Marterweg zu ersparen?

Wie das Christentum hatte der Sozialismus seine idealistische Urzeit, große Verkünder und direkte Praktiker, dann seine harten Organisatoren, seine Bureaukratie, Dogmatiker, dann seine freiheitlichen Ketzer; dann verliert er sich in fruchtlosem dogmatischem Gezänk, der Scholastik und seine Führer nähern sich den herrschenden Gewalten, wie die reiche und genießende Kirche. Es fehlt nicht an großen Spaltungen, an parteieifrigen Jesuiten usw. und der freie Gedanke des Anarchisten ist den autoritären Richtungen ebenso verhaßt wie der Geist des Atheisten der Kirche. Die beiden verhaßten Richtungen aber fühlen, daß die Wissenschaft und das Leben mit ihnen sind und daß ihnen die Zukunft gehört, wie fern diese liegen möge.

Diese Parallele scheint der hier gegebenen Anregung einer Verständigung wenig Aussicht zu geben und doch ist nicht alle Hoffnung aufzugeben. Ich denke ja nicht im Traum daran, daß sich etwa Anarchisten und sozialdemokratische Abgeordnete, Beamte oder Parteigelehrte zusammensetzen sollen, grade so wenig wie ich vorschlagen würde, daß Atheisten, Bischöfe und Oberkirchenräte versuchen sollten sich zu verständigen. Aber unter den nominellen Zugehörigen der Religionen gibt es zahllose Indifferente, mehr oder weniger Tolerante, die nichts weniger als eine Pfaffenherrschaft wünschen. Ich habe mir noch den, vielleicht naiven Glauben bewahrt, daß viele aus der großen Masse der Gewerkschaftsmitglieder und nicht persönlich strebsamen Sozialisten wohl eine ähnliche Mentalität haben oder entwickeln könnten als die Millionen Religionsangehöriger, die nicht Betbrüder und militante Klerikale sind. Diese Kreise, die große Masse der Sozialisten, die doch wohl vielfach fühlen, daß sie nicht alle Minister und Abgeordnete und sonstige Parteigrößen werden können, an diese müßte man sich wenden. Sie stehen im Leben, sie sehen andere Arbeiter neben sich in Werkstatt und Fabrik, die ihnen mehr sagen könnten, wenn sie wollten, als die fernen großen Führer. Auf sie müßte gewirkt werden, von ihnen könnte eine Welle der Einsicht und Eintracht ausgehen, die dem Zank und der Herrschaft Einhalt gebietet. Sie müßten einzusehen beginnen, daß sie vom **Staat** und dem **Kapital** zur **Diktatur** und dem **Staatskapitalismus** wie aus dem Regen in die Traufe kommen und ewig Sklaven bleiben würden.

Hier könnten also solche Bemühungen am besten beginnen und ebenso würden weiterblickende Männer und Frauen aller humanitären Richtungen sie unterstützen. **Allgemeiner Verzicht auf gewaltsames Streben nach ausschließlicher Geltendmachung der eigenen Auffassungen und Bereitwilligkeit, Streitfragen zu eliminieren statt sie aufs äußerste auszufechten** – auf solcher Grundlage sollten einmal Sozialisten aller Richtungen miteinander reden. Das **Leben** will nun einmal sein gutes Recht, die Möglichkeit vielartiger freier Entfaltung und die Wege hierzu würden diejenigen Sozialisten und Anarchisten bahnen, die sich ein friedliches Nebeneinander schaffen auf Grundlage **gegenseitiger Toleranz** und des: **Nie wieder Diktatur!** ...

## XVIII.

Wenn ich so langsam zur Besprechung der **Wege zur Anarchie** gelange, ist die Ursache eben die, daß jeder sozialen Entwicklung die vielen Hindernisse vorgelagert sind, die ich bisher besprochen habe und auch noch in diesem Kapitel erörtere. Es genügt nicht, die zarte Pflanze der jungen Anarchie in den Sand der Wüste oder den arktischen Schnee zu stecken, sie kann nur in einer allgemein fruchtbaren Gegend leben und gedeihen. Wir haben alles Interesse daran ihr einen solchen Nährboden vorzubereiten.

Man sagt und schreibt gewöhnlich vom Tage der Revolution: **dann** werden z.B. die Gruppen oder Syndikate ihre Produkte austauschen oder Delegierte schicken, die Vereinbarungen treffen usw., und scheint anzunehmen, daß **dann** durch allgemeinen Enthusiasmus, Uneigennützigkeit, Vernunft das Bestmögliche geschehen wird und die neue Gesellschaft ins Leben tritt. Oder auch, daß jeder überall spontan das Beste tun wird und daß alle noch Zurückgebliebenen seinem Beispiel folgen werden.

Gewiß wäre das alles erwünscht und notwendig, **aber wie weit sind wir noch alle von der Übung und Gewohnheit solcher Handlungsweise entfernt?**

Wenn heute und seit vielen Jahren Verhandlungen zwischen Organisationen stattfinden, nehmen sie meist einen sehr eng an den Gepflogenheiten des heutigen Systems haftenden Charakter an. Sie sind diplomatischen Verhandlungen ähnlich, bei denen Machtzuwachs, Prestige, Kompensationen, Verquickungen mit anderen Fragen (das **junctim**) und andere Faktoren dieser Art eine große Rolle spielen und Obstruktion und dilatorische Behandlung virtuos geübt werden. Staaten hassen sich untereinander und Organisationen scheinen instinktiv dasselbe zu tun, und die persönliche Art ihrer Vertreter, von denen sich keiner nachsagen lassen will, daß er zuerst nachgegeben habe, tut das übrige. Das Resultat ist oft ein beiderseitiges **non possumus** oder ein mit Widerhaken und Fußangeln gespicktes Kompromiß, bei dem jeder den andern überlistet zu haben glaubt.

Daß sich all dies die Beweglichkeit und Entschlußfähigkeit der Arbeiterorganisationen immer mehr Hemmende — denn der bureaukratische

Apparat und die Interessenverschiedenheiten werden immer größer — vom Tage der Revolution ab auf einmal ändern würde, scheint mir wenig wahrscheinlich. Das Gegenteil ist mehr zu befürchten, wie man wohl in Rußland und Deutschland seit 1917 hinlänglich gesehen hat. Diese alten Hemmnisse wäre man nicht los und es kämen neue dazu — die durch die **Räteidee** vertretene Tendenz eines allgemeinen Urparlamentarismus, allgemeiner Versammlungen, in denen die alten Richtungen zusammenstoßen oder eine momentanes Prestige besitzende neue autoritäre Richtung durchdringen würde. Es gäbe im ersteren Fall in den Komitees, Kommissionen, unter den Delegierten und Bevollmächtigten wieder Verhandlungen, Streit oder Kompromiß der verschiedenen Richtungen, im letzteren Fall wird der Diktaturapparat schnell geschaffen, der dann den Urversammlungen über den Kopf wächst. **So muß jedes Rätesystem zum sich durch Kompromisse dahinfristenden Parlamentarismus oder zur Diktatur werden** oder **eine chaotische Diskussionsanstalt** (assemblee parlante) bleiben, die bald von rührigen Kräften überrumpelt wird.

Zu helfen ist da wohl nur, wenn **viel größere** Vorbereitungsarbeit in den Jahren vor der Revolution geschieht, als heute der Fall ist, wenn eine wesentliche Änderung der Mentalität und Gewohnheiten stattfindet und das Verhältnis aller Sozialisten untereinander ein ganz anderes wird als es heute leider ist.

In dieser vorrevolutionären Zeit stehen für alle Organisationen doch nur sozusagen imaginäre Interessen auf dem Spiel, keine besitzt eine exekutive Macht und jede sollte sich nur freuen, wenn die Größe irgendeiner derselben, also die der antikapitalistischen Gesamtmacht verstärkt wird. Es bestehen aber Spannungen, Kriegszustände oder Nichtbeachtung wie zwischen Staaten. Wie kann da in ernsten Fällen eine aufrichtige Zusammenarbeit gegen den gemeinsamen Feind erwartet werden?

Hier würde also nur **wirklich sozialer Geist** helfen, dem die Gesamtsache näher steht als die Einzelorganisation, und **ein Blick für das Wichtige und Unwichtige, das Große und Kleine, das momentan oder dauernd Maßgebende usw.**, ferner **Rücksichtnahme, Verträglichkeit, Taktgefühl und guter Humor.** Verhängnisvoll sind Rechthaberei, Prinzipienreiterei, Kleinlichkeit, Ungefälligkeit und Abwesenheit menschlicher Güte und des Verständnisses für kleinere Schwächen. Ich habe gewiß erfahrenen Männern, die mit vielen Schwierigkeiten zu kämpfen haben, keine Lehren zu geben, aber die vorhandene Stagnation und das permanente bitterböse Gezänk treffen auch mich, weil sie meine Hoffnungen auf die Zukunft untergraben. Wenn man den Frieden, aller den akuten Krieg vorbereitenden Intrigen wegen, einen "Krieg mit andern Mitteln" genannt hat, könnte man Revolution als die Zeit bezeichnen, in der die papierne Polemik der Friedenszeit mit "andern Mitteln", Guillotine und Fusillade, Tsche-ka und G.P.U. fortgesetzt wird! Ich frage wieder: muß das so sein – und wie kann es vermieden werden, wenn in der vorrevolutionären Zeit dieser Kampfzustand durch Polemik und beständigen Organisationsstreit so gründlich vorbereitet wird?

Auch hier kann ich nicht alle Hoffnung auf Besserung aufgeben, wenn ich bedenke, daß z.B. einst doch dem **Faustrecht** der **Landfriede** gegenübergestellt wurde oder wie man etwa Spiel und Sport durch die von allen Beteiligten akzeptierten Spielregeln usw. möglichst gerecht und der Willkür entrückt zu machen sucht und wie überhaupt im wirklichen Leben gegenseitige Rücksichtsnahme das weitaus Häufigere ist und allen sympathischer als Zank und Brutalisierung. Warum besitzen grade der Sozialismus und die Arbeiterbewegung so viele immerwährende Fehden? Man liest von den Gesellenkämpfen früherer Jahrhunderte, von den blutigen Zusammenstößen der **Gavots** und **Dévorants** der alten französischen **Compagnonnage** und möchte denken, daß diese Zeiten vorüber sind, aber, wenn auch die Arbeiter selbst sich hoffentlich besser vertragen, in den Zeitschriften der **C.G.T., C.G.T.U., C.G.T.S.R.** tobt der Kampf weiter. Auch die glänzendsten Vertreter der älteren sozialistischen Richtungen, die doch hätten einsehen können, daß von einem halben Dutzend von Systemen nicht grade das ihrige das bis zum letzten Buchstaben richtige sein mußte, hatten selten **ein** gutes Wort für ein fremdes System und man weiß, welche Blüten der Unfehlbarkeitsdünkel und die Geringschätzung jedes fremden Sozialismus in Marx und Engels trieben. Die Parteien und Organisationen betreiben eine Prestigepolitik und stehen einander geringschätzend gegenüber. Ist es von diesem Zustand aus näher zu einem Zusammenwirken zum Aufbau einer neuen Gesellschaft oder zu einem Pandaemonium, wie es die russische Revolution brachte?

Könnte man hier nicht einen **modus vivendi** schaffen, eine Art inter-sozialistisches Völkerrecht oder einen **code d'honneur**, einen Landfrieden, der eine **Amnestie** bringen würde? Ist wirklich das beständige Wühlen in der Vergangenheit, um einige Sünden des Gegners an den

Tag zu bringen, so erfreulich? Wer nicht selbst ein ausgepichter Streithahn ist, wird durch all das nur abgestumpft und fühlt sich abgestoßen.

Vielleicht wirft man mir persönlich ein, daß ich in meinen historischen Arbeiten nicht wenig polemisches Material zur Beleuchtung älterer Vorgänge selbst zusammengetragen habe. Da handelte es sich aber um den großen Versuch von Marx, seine Gegner wie Bakunin nicht nur herabzusetzen sondern auch moralisch zu vernichten, um den Versuch, die ganze Geschichte der freiheitlichen Richtungen in der Internationale zu verfälschen oder zu verschweigen, in späterer Zeit um die Bekämpfung des deutschen Anarchismus durch die Sozialdemokratie in den Jahren etwa bis 1890 usw. Es war notwendig die ganze Methode dieser unloyalen Bekämpfung in ihren Einzelheiten aufzudecken. Hierbei mußte, wo es nur möglich war, weit über die gedruckten Quellen hinaus in die Sache eingedrungen werden, auf Grund von Briefen, Manuskripten und mündlichen Angaben Überlebender. Das war also keine unnötige Polemik, sondern ein Versuch, durch oberflächliches und entstelltes Material zu den wirklichen Vorgängen nach Möglichkeit vorzudringen. Ich machte dabei auch die Erfahrung, wie unzulänglich das gedruckte Material in der Regel ist, auch das in guten Zeitschriften erscheinende, und wie wenig es ausreicht, das wirklich Geschehene zu erkennen und sich ein sicheres Urteil zu bilden. Seitdem stehe ich der vielen Polemik, die ich in späteren und jetzigen Publikationen finde, meist ohne besonderes Interesse gegenüber, wenn ich keine eigene nähere Kenntnis der betreffenden Personen und Dinge besitze. Diese Erwägung müßte eigentlich jeder machen und er würde dann den Polemiken geringe Aufmerksamkeit schenken und sobald dies in größerem Umfang geschähe, sobald keiner mehr zuhört, wenn gestritten wird, würde auch weniger gestritten werden.

Hier muß man auch den rechten Sinn für Proportion und für Wichtiges und Unwichtiges wahren. Wir haben eine ungeheure Arbeit vor uns und nach den gegenwärtigen reaktionären Rückschlägen können auch die Jüngsten von uns nicht sicher sein, ob sie die freie Gesellschaft erleben werden. Da sind wir unserm Ziel gegenüber alle nicht viel mehr als etwa Ameisen vor einer ägyptischen Pyramide und unsere größere oder geringere persönliche Vollkommenheit ist bei diesen Größenverhältnissen ein unbedeutendes Detail. Die Hauptsache ist, daß jemand überhaupt an unserer Arbeit teilnimmt, der sich so unendlich viele ganz fern halten oder feindlich sind. Ob er nun viel oder wenig tut, ob er mehr tun könnte, ob er diese oder jene Schwächen und Fehler hat, darüber kann man sich seine Gedanken machen und mag auch wirkliche Fehler verbessern, aber man soll sich sonst dabei nicht aufhalten und selbst umso mehr tun, wenn andere lässig sind. Nur unermüdliche Arbeit bringt uns dem Ziel näher.

Im allgemeinen haben die sozialen Bewegungen ja längst einen ungeheuren Umfang angenommen, wenn man etwa 1927 mit 1827 und dieses mit 1727 vergleicht und es besteht kein Zweifel, daß ein von all diesen erwachten und sich vereinigenden Kräften ausgehender Druck früher oder später Gesamtzusammenbrüche hervorbringen wird, wie bereits 1917 in Rußland. Diesen muß man intelligent gegenüberstehen, nicht in eine Doktrin oder eine Organisation eingesperrt, nicht von allen andern getrennt, mit allen andern zerstritten, nicht Weltereignissen gegenüber das: **Alles oder nichts!** proklamieren. **Alles** steht immer am Ende der Entwicklung, nicht am Anfang; das neugeborene Kind kann nicht ein erwachsener Mann sein. **Etwas** oder nichts wäre richtiger; einer Diktatur gegenüber würde man **nichts** haben, unter solidarisch gegen jede Diktatur vereinigten toleranten Sozialisten verschiedener Richtungen würde man ein sicheres **Etwas** haben, aus dem durch die anziehende Werbekraft des anarchistischen Beispiels ein **Alles**, eine **freie Gesellschaft** sich entwickeln kann; hoffen wir es.

Wenn sich so neben den freiheitlichen Formen **nicht aggressive** autoritäre Formen des Sozialismus betätigen würden, sollte das für die Anarchie nur der Ansporn sein ihr Bestes zu leisten. Die Anarchie ist ja auch nicht einheitlich, sondern enthält verschiedene Nuancen und wird noch andere Blüten hervorbringen. **Dann** wird jeder das ihm zusagende Milieu wählen oder auch, im Lauf eines Lebens, mehrere nacheinander oder selbst nebeneinader. Es ist ganz unmöglich vorauszusehen, ob eine **Vereinheitlichung** stattfinden wird oder, bei vollständiger Solidarität und vollstem gegenseitigen Vertrauen, eine Auflösung aller Zusammenhänge in das einfache Leben selbst, etwas, das der kranke Cafiero in einer Vision seiner letzten Jahre **Amorphie** nannte.

Diese Entwicklungen vorauszusehen ist uns versagt, Aber einen guten Keim dazu zu legen und diesem Keim einen guten Nährboden zu geben, das muß unsere Arbeit sein und diesem Gegenstand wende ich mich nun im besonderen zu.

## XIX.

Alles Vorhergehende in dieser Schrift würde sehr mißverstanden sein, wenn man darin eine Abkehr von der direkten **anarchistischen Propaganda** zu sehen glauben würde. Nichts liegt mir ferner, aber ich erkenne, daß die der Wirkungskraft dieser Propaganda vorgelagerten Hindernisse durch die direkte Propaganda **allein** in absehbarer Zeit nicht beseitigt werden können und daß diese Hindernisse wachsen, während die ihr entgegengesetzten Kräfte ihrer autoritären und sonstigen falschen Orientierung wegen eben nicht wachsen und das Kräfteverhältnis sich daher immer mehr zu Ungunsten einer freiheitlichen Entwicklung verschiebt. So wie es also wenig aussichtsvoll wäre, in einem Krankensaal an fortschreitender Lähmung leidender Kranker Gymnastik und Alpinismus zu propagieren, beinahe so steht die direkte Propaganda der autoritätskranken Menschheit gegenüber, nur daß hier trotz allem einzelne Teile noch mehr oder weniger heilungsfähig sind. All diese Heilungsprozesse müssen wir zu erkennen und fördern suchen, an alles Gesunde anknüpfen und das Kranke, solange es nicht zu beseitigen ist, mindestens an weiterem Fortschritt hindern, lokalisieren, isolieren. Wir können nicht erwarten, daß alle sich der uns richtig scheinenden Lösung anschließen, nur daß möglichst viele gesunde Entwicklungen an Stelle krankhafter Entartungen treten. Der Arzt verlangt nicht, daß der Kranke genau so wird, wie er selbst, sondern nur daß der Kranke seinen eigenen normalen Zustand wiedererlangt; mehr können wir auch von den Menschen nicht verlangen.

Denn **Propaganda** darf nicht mit **Unterricht** verwechselt werden. Der Unterricht vermittelt anerkannte Resultate der Forschung und Erfahrung an solche, die freiwillig — oder als Kinder durch die besten Vertreter ihrer Interessen, ihre Familie — eine solche Mitteilung wünschen, und ein solcher Unterricht, einheitlich und sachlich, kann auch über die Ideen und Probleme des Anarchismus gegeben werden, sobald jemand dies wünscht. Eine Propaganda aber richtet sich an dem Gegenstand mehr oder weniger Fernstehende, meist indifferente oder feindliche, die durchaus nicht den Wunsch haben, sich lehrhaft unterrichten zu lassen. Sie müssen also im Interesse der Sache irgendwie aufgerüttelt, geistig gepackt und interessiert werden und dazu genügt einseitige dogmatische

Lehrhaftigkeit ebensowenig wie leidenschaftliche Aufregung, schärfste Worte usw. All das ist den geistig Fernstehenden fremd und geht mit geringen Ausnahmen verloren. So lassen sich bestenfalls Moden oder fanatische Vorurteile oder Aufregungszustände den Leuten aufdringen, weil sie eben in deren Mentalität an Verwandtes, bereits Vorhandenes appellieren, nicht aber Gefühle und Ideen, die freiheitliche Denk- und Handlungsweise begründen würden. Eine solche Propaganda — und das ist die unsrige — muß an all das in den heutigen Menschen noch schlummernde Beste appellieren und es zum Erwachen und zur Betätigung bringen. Dazu gehört Vielartigkeit, Vielseitigkeit, Ausdehnung und Tiefe. Wir haben nicht mathematische oder chemische Formeln zu vermitteln, sondern den Menschen die Wege zu zeigen, ihr eigenes Wesen von allen Hemmnissen zu befreien und zur organischen Entwicklung zu bringen, zum wirklichen freien, bunten Leben, verschieden von der heutigen Aufzucht von Arbeits- und Parteitieren, die von Raubtieren in Respekt gehalten und von parasitischen Tieren aufs Blut ausgesogen werden. Wir müssen den Menschen Lebensfreude, Lebensschönheit, Lebensgenuß nahebringen. Diese kann auch der ärmste Mensch **für sich** und **um sich** in gewissem Grade schaffen, wenn er nur will, und sein Beispiel wird wirken. Zahllose Gefangene gingen im Kerker stumpf und dumpf zugrunde, viele aber wußten sich auch in der traurigsten Lage durch Geist und Willen aufrechtzuhalten und noch anderen zu helfen. Dies kann auch in der heutigen Gesellschaft geschehen und ist vor allem Sache der geistig Freiesten, der Anarchisten, die ihren Freiheitswillen selbst und um sich herum betätigend auf vielfachste noch so unscheinbare Weise für die Freiheit Boden gewinnen können und sollen. Derartiges wirkt ganz anders als Aufgeregtheit, Schroffheit, Strenge und Abgeschlossenheit, die an sich nichts beweisen, von andern mißverstanden und abstoßend empfunden werden und so kaum die Beteiligten selbst befriedigen und unsere Sache so verkannt und isoliert lassen wie zuvor. Jeder hat an so etwas den besten Vorwand uns fernzubleiben.

Gruppen und Vereine, Versammlungen und Zeitschriften, Syndikate und Arbeitsbetriebe bieten gewiß ausgezeichnete Möglichkeiten der Propaganda, aber da all dies **seit vielen Jahren** Arbeitsfeld ist, so tritt doch wohl — trotz des Personenwechsels — eine Ausschöpfung dieses Milieu ein; Übersättigung, Abgestumpftheit führen zu einem Stillstand oder minimalen Fortschritt. Daraus entstehen Resignation oder Hoffnungslosigkeit, Nervosität und bittere persönliche Kritik. Die eigentliche Schuld trägt das Fehlen wirklicher Ausdehnung, die geistige und moralische **Inzucht**. Nicht jeder kann größeres Talent besitzen und dies wird sehr bald erkannt und der Talentierte gilt dann als geistiger Führer, während der weniger Begabte sich oft zum Mitglied der unzufriedenen Mitgliedsmasse entwickelt, die an den Talentierten recht hämische Kritik ausübt. Kurz, es wird ein "Parteileben" im Kleinen und Kleinsten daraus, und wenn dann von der Idee neu ergriffene junge Elemente in dieses alte "Vereinsmilieu" kommen, so erhalten sie oft sonderbare Eindrücke und ihr Enthusiasmus kühlt sich sehr ab — oder aber, sie gehen auch in diesem engen Milieu unter, das vielen für ihre Person genügt und das sie gar nicht erweitert sehen wollen. Auch wenn sich die "Jugend" getrennt organisiert, ist damit nicht geholfen, da auch bei ihr bald ähnliche Zustände eintreten und die Form die Idee überwuchert.

Dieser zu enge Rahmen sollte erweitert werden. Nicht jeder kann geistig und rednerisch begabter, unermüdlich und in voller Öffentlichkeit tätiger Propagandist werden, aber **jeder** kann etwas mehr werden als Mitglied, Abonnent und Versammlungsbesucher. **Jeder** könnte auf seine eigene Weise ganz anderes leisten. Jeder kann wenigstens in seinem engsten Kreise das Vorbild eines freien, aufrechten Menschen werden. Jeder hat durch Familie und Bekannte **ein Milieu persönlichen Vertrauens** um sich, in dem gewiß autoritäre, egoistische, lächerliche, gänzlich unbedeutende, also derzeit oder dauernd hoffnungslose Elemente nicht fehlen, in dem aber auch gute, entwicklungsfähige, sich nach Licht und Freiheit sehnende Elemente nicht immer fehlen werden. Auf diese kann er auf die jeder öffentlichen, allgemeinen Propaganda überlegene, der Persönlichkeit angepaßte intime Weise wirken, wie sie der beständige private Verkehr ermöglicht, und kann so eine sozusagen **private Gruppe** um sich bilden.

Da handelt es sich dann nicht um abstrakte Ideen, die den Anfänger immer langweilen, weil sie ihm einfach unverständlich sind, sondern um die Ausmünzung der Freiheitsidee in praktische Betätigung, also um die Ausmerzung der Autorität aus der eigenen Lebensweise, Achtung der Freiheit anderer, ob sie stark oder schwach sind, praktischen Rat und Tat im täglichen Kleinkampf gegen die Autorität ringsherum. Nicht Streitsucht, aber praktischer Nachweis der Unsinnigkeit des autoritären und des ihm zur Ergänzung dienenden gehorsamen und untertänigen

Tuns und Treibens, gegebenenfalls direkte Aktion, Initiative, Ungehorsam, moralische Isolierung der niedrig Denkenden, Witz, Spott und Humor — alles Mittel, die Autorität, die in allen Winkeln und Höhlen, Ritzen und Spalten des täglichen Lebens nistet, aus den Köpfen der Menschen zu vertreiben. Erst begreifen die meisten so etwas nicht, halten es für exzentrisch, fühlen sich selbst nicht fähig, so in einem allgemeineren Interesse aus sich herauszugehen, weil eben stummer Gehorsam so lange ihre "Schutzfarbe" war, dank welcher kein autoritäres Raubtier sie aus der einförmigen Masse herausgriff, — aber nach und nach freuen sich einzelne auch darüber, sehen, daß es ganz vernünftig war und nicht den Kopf kostete, und beginnen sich dann auch freier zu fühlen. Ohne Prahlerei, Stolz, Popularitätshascherei oder gar ohne durch das bißchen Prestige selbst ein Autoritär zu werden muß derartiges geschehen, und so kann der Anarchist um sich herum die Autorität untergraben, die Fügsamkeit und Furcht der Menschen zerstören und so die **allgemeine Mentalität** freiheitlich beeinflussen, was wirklich Vorbedingung des Erfolgs auch der äußerlich revolutionärsten Ereignisse ist, welche die Zukunft in irgendeinem Lande bringen mag.

Wäre dies alles längst geschehen, würden große soziale Erschütterungen, wie in Rußland und China und kleinere Möglichkeiten von Bewegungen wie seit 1918 in Teilen von Mittel- und Südeuropa, nicht derart enttäuschende Resultate gebracht haben. Aber selbst Bewegungen, wie diese, scheinen im heutigen Europa für absehbare Zeit nicht bevorzustehen und desto mehr ist Zeit dazu, auf die hier skizzierte Weise an der **Ausbreitung freiheitlicher Mentalität** zu arbeiten, etwas was durch noch so häufiges Proklamieren unserer Ideen, **wenn wir unter uns sind**, in Gruppen, Druckschriften, Versammlungen also, nicht ersetzt werden kann. Jeder blicke **um sich** und wirke **selbst** und auf **seinen Kreis** und es dürfte auch praktisch sein, solche neuen Kreise nicht möglichst schnell dem alten Vereinswesen einzuordnen; viel eher sollte von ihnen **weitere private Ausdehnung ausstrahlen** und wenn dann neue weite Kreise bestehen, werden sie selbst beurteilen, ob ihnen das bestehende Vereins- und Zeitschriftwesen genügt, oder ob sie Bedürfnisse anderer Art haben.

Zu dieser Tätigkeit würde auch die Verbreitung von **Kenntnissen** und **Erkenntnisfähigkeit** gehören. Farblose Popularisierungen und Parteiliteratur ersetzen diese nicht, während intensives Studium nur wenigen möglich ist. Zwischen diesen beiden, der oberflächlichen Popularisierung oder Zurechtmachung nach der Parteischablone und der Wissenschaft, liegen aber zahlreiche gute Bücher, besonders aus älterer Zeit, die dem **geistige Selbständigkeit** Anstrebenden einen Einblick in Natur und Geschichte, das Räderwerk des politischen und sozialen Lebens und so viele Geistesströmungen geben. Dann braucht man, weiterer Belehrung stets zugänglich bleibend, keinen geistigen Führer, der beständig Erklärungen suggeriert. Ältere Bücher, aus der Zeit der entstehenden Wissenschaft, sind oft geistig ehrlicher, während viele moderne Bücher sich den verschiedenartigsten Interessen anschmiegen, doch gibt es noch immer unabhängige Bücher, aber wie sie erkennen? Man muß also nicht immer nur nach dem neuesten greifen, sondern durch umfassende Lektüre sich eine zur **Kritik** befähigende geistige Grundlage schaffen und ähnliches bei anderen anregen: sonst werden auch die Bildungsmittel nur Kanäle für sie, durch welche sie **autoritäre Denkweise, einerlei ob kapitalistische oder sozialistische**, in sich aufsaugen.

Diese **beiden** Verknechtungsrichtungen sind in gradezu gigantischer Weise unermüdlich an der Arbeit, die Gesamtmenschheit in der früher von der Kirche besorgten Weise geistig unmündig zu erhalten, sie in Arbeitsmaschinen und zahlende Verbraucher zu verwandeln, die eine technische, bureaukratische und polizeiliche Schichte leitet und beaufsichtigt, eine ähnliche Söldnerschichte geistig füttert und amüsiert und über denen eine kapitalistische Kaste thront, die sich nun einmal durchaus nicht vermindern will, so sehr auch **Marx** sich dies herauskalkulierte. Dieser Schichte mit ihrem Anhang geht es viel zu gut als daß sie daran dächte, sich nach Marx zu konzentrieren; die einfachste Erwägung, daß jede Tier- und Pflanzenart, die **reichlich** Nahrung und Nährboden findet, sich vermehrt und nicht vermindert, erklärt dies. Das **technisch** konzentrierte Kapital gehört eben **als Eigentum** einer unbeschränkten Zahl von Einzelbesitzern (Aktionären), deren Aussterbetendenzen wohl niemand behauptet.

Seit undenklichen Zeiten besorgte **Stammesgebrauch** die geistige Nivellierung und Verdunklung, eine Summe von Regeln, denen oft frühere nützliche Erfahrung zugrundelag, die aber bald zum Hemmschuh der geistigen Entwicklung wurden. Später übernahmen die **Religionen** und **staatlicher Patriotismus** diese Rolle. In der ersten kapitalistischen Zeit, als die Arbeiter und ihre Kinder physisch der Maschine geopfert wurden, mußte der **Alkohol** dazutreten, um ganze Generationen über ihr

Elend zu betäuben. Seitdem bemerkte der Kapitalismus, daß dies wirklich die Arbeiter zu schnell ruiniert und verbraucht, und die modernen Maschinen erfordern auch größere Aufmerksamkeit usw. Daher tritt **neben** den Alkohol, der bei weitem nicht verdrängt ist, seit längerer Zeit die **Vergnügungsindustrie** als mächtigster Faktor auf den Platz, die ja auch, wie der Alkohol, den Arbeitslohn möglichst schnell in die kapitalistischen Kassen zurückführt. Hiermit hat der Kapitalismus einen Hauptschlag gemacht. Denn selbst der religiöse Arbeiter findet schließlich heraus, daß "christliche Nächstenliebe" und Kapitalismus in einem gewissen Gegensatz stehen und auch der alkoholisierte Arbeiter spintisiert, diskutiert und träumt von besseren Zuständen, aber der vom "Sport", vom Kino und ähnlichem Hingerissene und geistig Angefüllte, **der denkt gar nicht mehr**, der läßt sich von anderen etwas vormachen, das er als Zuschauer auf sich wirken läßt, und das genügt ihm. Sein Ideal ist es, auch so etwas zu werden und so viel zu verdienen, und innerhalb seiner Verhältnisse sucht er meist durch Wetten und ähnliches das Glück auf seine Seite zu locken und das füllt sein Leben aus, wie schon seit Jahrhunderten die kleine Loterie und ähnliches das Um und Auf des Lebens vieler bildeten.

Gegenwärtig aber sind in diesem **geistigen Beherrschungsapparat** ungezählte Milliarden international investiert und durch **Kino, Radio** und **Presse** wird jeder Winkel der Erde, an manchen Orten fast jede Familie im Sinn der herrschenden Ideen Tag und Nacht geistig bearbeitet; dazu kommen das gleichartige Spiel der **Politiker**, die im Interesse der Industrie erfolgende Beeinflußung durch die **Mode**, die vom Staat kontrollierte **Schule** usw. So werden die Mentalitäten nivelliert im allgemein kapitalistischen Sinn und im besonderen patriotischen Landesinteresse, es entsteht ein allgemeines künstlich aufgepeitschtes Interesse an Nichtigkeiten — z.B. den Rekordleistungen von unter gänzlich abnormalen Verhältnissen emporgezüchteten Spezialisten, denen der Zeitgenosse zuschauen darf. Dazu Faszinierung durch das Prestige und die pekuniären Erfolge dieser Heroen der Gegenwart, Bewunderung und Verehrung der Stärksten und Erfolgreichsten. Also eigene Gier nach Emporkommen und Geldgewinn und stumpfsinnigste Interesselosigkeit für alles, das nicht auf dem Vergnügungsprogramm von heute und morgen steht. Ebenso ein Vereinspatriotismus und tödlicher Haß der Rivalen; bekanntlich wird auch der Nationalhaß munter am Leben erhalten und der Sieg einer fremden "Mannschaft" als "nationales Unglück" empfunden. Eine Hohe Schule kapitalistischer Denkweise, wie man sie sich wirkungsvoller kaum vorstellen kann! Diese mit allem technischen Raffinement betriebene, anscheinend die Kunst, den modernen Geist und was alles noch fördernde, zugleich internationale und nationalistische **Bewirtschaftung** des geistigen Lebens der Völker, einige "veraltete" Intellektuelle ausgenommen, ist eine Gefahr, die ich keineswegs zu überschätzen glaube und gegen die noch wenig geschieht.

Es scheint, daß alles in diesen Wurstkessel geworfen wird. Nicht schnell genug wird jedes gute Buch erzählender Art und jedes Schauspiel dem Kino überliefert und die neue Produktion erfolgt bereits vielfach mit Berechnung auf eine lukrative Verfilmung, gleicht sich also im vorhinein der Mittelmäßigkeit der Kinomassen an, deren Hauptnahrung aber das ist, was früher als Indianerbüchel, Kriminalgeschichte und Kolportageroman ein bescheideneres Dasein führte. Eine Hetzjagd auf Menschen und der Glanz des Reichtums sind die Hauptgegenstände; denn die rückständige Mentalität ist eben die zahlungsfähigste und wird daher mit Menschenjagd und Bewunderung des Glücks des Reichtums gefüttert, und der seltene Versuch dagegen anzukämpfen ist vergebens, weil der Wille der zahlenden Massen, ihre Ideale zu sehen, maßgebend ist. Bekannt ist auch, wie schnell das Radio, das solche Möglichkeiten unbefangenen geistigen Verkehrs der Menschen unter sich enthält, vom Kapitalismus und Staat usurpiert und in ihren Dienst gepreßt wurde, die Luftschiffahrt ebenso usw.

Die Massen, von deren "Sportbegeisterung" uns vorgeredet wird, sind doch meist viele Tausende von Zuschauern, die einigen Dutzend von Wettkämpfern, über deren sportliche Aufrichtigkeit nur wenige im klaren sind, zappelnd, stampfend und brüllend zusehen und dann sportlich "hochbefriedigt" in ihre Wohnungen zurückkehren, in denen sie sich kaum umdrehen können. Dann nehmen sie die Radiohörer an die Ohren und lassen sich farb- und kraftlose Banalitäten vorreden; dasselbe, wenn auch mit Parteibrühe übergossen, tut ihre Zeitung. Ihre Kleider, ihre Nahrung sind Massenartikel der Industrie, der Schutzmann reguliert ihren Straßenverkehr, die Fabrik stellt sie zur Maschine — ein Sportplatz oder Kino ist ihr Erholungstraum während dieser Zeit: wo bleibt da ein Moment für wirkliche geistige Entwicklung? Denn wenn sie selbst ein Parteiblatt öffnen, finden sie meist Produkte der Parteiroutine, die längst ein sich jahraus jahrein dahinschleppendes ewiges Einerlei ist, dem gegenüber der Einzelne sich ebenso machtlos fühlt wie gegenüber Staat und Kapitalismus.

Das alles wird mit Selbstverständlichkeit als "modernes Leben" betrachtet. Ich will es nicht einmal kritisieren, ich konstatiere nur die fortschreitende Beeinflussung ungeheurer Teile der Menschheit durch diese augenscheinlich in keiner Weise einer freiheitlichen Entwicklung freundliche Absorbierung ihrer Aufmerksamkeit und ich meine, daß unsere Propaganda sich dem gegenüber nicht auf die alten Mittel beschränken darf, wie sie die demokratische Propaganda in England in der zweiten Hälfte des achtzehnten Jahrhunderts wohl zuerst im ganzen Umfang ausbildete und an denen sich seitdem wenig geändert hat. Versammlungen, Zeitschriften, Vereine und größere Organisationen: das sind längst nur noch Mittel, die bereits Überzeugten zusammenzuhalten, aber — wenigstens für freiheitliche Richtungen — nicht mehr hinreichende Mittel, allgemeines Interesse zu erwecken und neuen Zuzug zu finden. Was bedeutet heute eine freiheitliche Versammlung, wenn Dutzende autoritärer Versammlungen, fünfzig Kinos und große "sportliche Ereignisse" an demselben Abend die Massen an sich ziehen und jeder einer Richtung Angehörige ohnedies sich um die Propaganda keiner anderen Richtung mehr kümmert, außer um sie zu stören?

Da kann wohl nur etwas, wie die angeregte individualisierende **private** Propaganda helfen, ebenso die intelligente Betätigung in all den erwähnten freiwilligen Bewegungen (s. Kapitel VI, VII). Ferner ließe sich auch auf dem Gebiet von **Sport** und **Vergnügen** sehr Wesentliches tun, wenn man nur will. Nicht in der jetzt so vielfach, besonders in Deutschland und Österreich, befolgten Weise, **genau dasselbe** zu tun wie die kapitalistische Vergnügungsindustrie und nur den Veranstaltungen das Wort "Arbeiter-" oder "Volks-" oder "sozialdemokratisch" oder "kommunistisch" voranzusetzen und denselben Stumpfsinn systematisch zu züchten wie die Bourgeoisie selbst es tut, — sondern durch Pflege der freundlichen, solidarischen, nicht streberhaft rivalisierenden körperlichen Betätigung und durch Wiederanschluß an die Natur und Kunst in ihrer ganzen Schönheit. Man sollte nicht vergessen, daß, wenn etwa das Militärhandwerk brutalisierend wirkt, das Gewaltsame und gierig nach Sieg Strebende sogenannter sportlicher Betätigungen doch genau dieselbe Wirkung haben muß. Welches ist wohl die Mentalität des Boxers und

Ringers, der Freunde der Hetzjagd und des Taubenschießens, der Motorradfahrer und Fußballhelden? Und ebenso ihrer bewundernden Zuschauer, von denen Hunderte, wenn nicht Tausende auf einen diese Fertigkeiten wirklich Ausübenden kommen? Doch nur die Mentalität des **Fascisten** und keine andere. Mit was begann die Strömung, die zum Fascismus führte, wenn nicht mit der die wirkliche Kunst als der Vernichtung wert bezeichnenden futuristischen Propaganda jenes F.T. Marinetti um 1909? Seitdem ging es abwärts, dem Krieg und dem Fascismus zu. Was kann ein die Natur und Kunst gleichmäßig mißachtender "Kubist" anderes sein als ein Fascist? Das hängt alles zusammen, gradeso wie z.B. der sozial fühlende Mensch Radfahrer wird und niemand stört und der unsoziale Mensch mit fascistischer Mentalität auf dem Motorrad brutal seine Mitmenschen rücksichtslos schädigt. Es sollte wohl noch möglich sein, daß sich die sozialen Menschen zusammenschließen, daß Rohheit und Gier auf der einen Seite bleiben und Güte und Schönheit auf der andern, der freiheitlichen Seite, und hier hätten Anarchisten, die dieses Namens wert sind, genug Gelegenheit, voranzugehen und eine große Menge **freundlicher, freiheitlicher Milieus** zu schaffen, von denen dann immer mehr bewußt freiheitliche Initiativen und Aktionen ausgehen würden.

Naturliebe und individuelle, weder schablonenhafte noch rekordstreberische körperliche Übung, Pflege des guten Geschmacks und persönliche Leistungen auf dem Lieblingsgebiet eines Jeden ohne ehrgeizige Nebenabsichten und ohne Organisationsgetriebe um jeden Preis — hier liegen viele, jetzt fast verschüttete Tätigkeitsfelder. Es ist doch z.B. etwas ganz andres, wenn einige Leute für sich eine schöne Wald- oder Bergpartie machen, als wenn sich das alles immer im Rahmen irgendeiner Organisation mit ihren Kostümen, Gebräuchen, Signalen, obligater Musikmacherei, Führung usw. sozusagen militärmäßig abspielt. Diesem überorganisierten Treiben muß der zwanglose freie Genuß gegenübertreten, den die meisten gar nicht mehr kennen, weil sie nie in einem kleinen Kreis sein wollen, sondern immer in einem möglichst großen. Wenn z.B. ein noch so überfüllter Zug in einem Ausflugsort ankommt, wird man wahrscheinlich die meisten auf dem breitesten Wege dem nächsten allgemein bekannten Gasthaus oder Aussichtspunkt wie eine Prozession zuwandeln sehen, während die wirklichen Naturfreunde beim nächsten Seitenpfad vom Wald aufgenommen werden und sich in der Regel in wenigen

Minuten in voller Einsamkeit befinden und die Natur genießen können. So ist es vergleichsmäßig mit sehr vielem und überall lassen sich bessere Elemente von der Masse loslösen und intelligenterer Betätigung zuführen.

Es kann da nicht genug geschehen und jeder Versuch scheint mir lohnender als die alte Routine, sich in Gruppen und Vereinen unter sich abzuschließen und zu warten, bis irgendwie neue Kräfte auftauchen. Daran hindert längst auch dieses: die allgemeine Verbreitung heftiger sozialer Kritik — dem Nichtkenner wird z.B. die kommunistische Kritik gradeso radikal erscheinen, wie die anarchistische —, die Zugänglichkeit jeder Art von sozialer Literatur, wodurch der frühere Reiz ihrer Seltenheit und ihres "Verbotenseins" in manchen Ländern verschwand, die Übersättigung mit öffentlicher sozialer Propaganda, sodaß der Einzelne entweder alle Richtungen geringschätzt und unwissend bleibt, oder durch irgend einen Zufall sich einer Richtung anschließt, deren feste Organisation ihn dann des weiteren Denkens überhebt — all das hindert also das spontane Zuströmen neuer Elemente und macht es nötig, diese neuen Kräfte durch Ausdehnung und Vertiefung der Propaganda zu gewinnen. Hierzu wollte ich Anregungen geben, denn die Jahre vergehen und die alten Mittel genügen augenscheinlich nicht; das Kräfteverhältnis verschiebt sich zu Ungunsten der Freiheit.

## XX.

Das Wesen der Anarchie ist aus einer großen und vielseitigen Literatur längst bekannt, aber ihre historische Entwicklung brachte mit sich, daß man über die Art ihrer Verwirklichung verschiedener Meinung sein kann. Aus dem Vorhergehenden mag schon hervorgehen, daß mir ihre Verkörperung **in uns selbst**, in unserer Denk-, Gefühl- und Handlungsweise, dann **um uns** in kleinen freiheitlichen Milieus auf jeden Fall das notwendigste erscheint, da ohne dies auch die unerwartet größten revolutionären Möglichkeiten nicht hinreichend benutzt werden können.

Über die ökonomische Grundlage einer anarchistischen Gesellschaft bestehen verschiedene Ansichten; die eine wünscht den denkbar gerechtesten direkten Austausch von Produkten (**Mutualisten**), eine andere wünscht unbegrenzt freien Genuß aller Produkte nach dem Bedürfnis eines jeden (**Kommunisten**); andere wünschen die gemeinsame Produktion, überlassen aber den Verteilungsmodus dem freien Ermessen jeder Gruppe, sodaß Austausch, freier Genuß und Bemessung des Anteils eines jeden nach dem Wert seiner Arbeit von den einzelnen Gruppen zur Anwendung gebracht würden, solange sie nicht Abänderungen beschließen (**Kollektivisten**). Es gibt auch individualistische Richtungen, die entweder strikt mutualistisch unter sich leben wollen und sich ebenso zu den außerhalb von ihnen befindlichen Richtungen verhalten würden (**amerikanische individualistische Anarchisten**) oder die ihrem Individualismus einen allgemeinen gesellschaftlichen Kommunismus zugrundelegen, das heißt, sie würden ein Maximum von sozialen Rechten und ein Minimum von sozialen Pflichten, theoretisch deren vollständige Abwesenheit wünschen – Ansichten, die meist in französischer und italienischer Sprache vorgelegt wurden und die der Natur der Sache nach keinen einheitlichen und definitiven Ausdruck finden konnten: sie wurzeln bei den einen im Aufbäumen ihres Freiheitsgefühls gegen zu weit gehenden Kommunismus, bei andern in von jedem Sozialismus hinwegführenden egoistischen Dispositionen.

Es gab Zeiten, in denen nur **eine** dieser Richtungen zu bestehen schien; so war von 1840 bis 1866 **fast nur** der proudhonsche **Mutualismus** in Europa bekannt; so schien von 1867 bis 1879 der **revolutionäre Kollektivismus** diesen fast ganz verdrängt zu haben und so wurde seit 1880 der

**anarchistische Kommunismus** als die fast einzig für Europa und Nordamerika, zehn Jahre später auch für Spanien und Südamerika in Betracht kommende Theorie betrachtet. Die Namen **Proudhon, Bakunin** und **Kropotkin** vertreten diese drei Stadien und die Neigung herrschte unzweifelhaft vor, in jedem späteren Stadium eine Überwindung und Überflüssigmachung des früheren zu sehen. Hier hat man, meiner Meinung nach, zu schnell und zu apodiktisch abgeurteilt.

Dies wurde **dadurch** wesentlich befördert, daß bei der Schwäche und Zurückgebliebenheit des autoritären Sozialismus, der in den Jahren vor 1871 in Westeuropa wenig in Erscheinung trat (den außerhalb der Internationale stehenden Blanquismus ausgenommen) und der nach 1871 als Sozialdemokratie eine nicht revolutionäre, legalitäre Form präsentierte, der Proudhonismus, dann der Kollektivismus, dann der Kommunismus wirklich Vertreter der ganzen **revolutionären** Arbeiterbewegungen des kontinentalen Westeuropas waren. Man schritt von der Überzeugung Proudhons, daß es möglich sein werde, mit eigener Kraft Produktionsmittel zu erwerben, zur Einsicht der Notwendigkeit der kollektivistischen Expropriation und dann der gleichen Notwendigkeit des sofortigen freien Genußrechts vor. Man glaubte die **ganze** Arbeiterklasse in den Jahren um 1848 und wieder seit 1859, dann in den Jahren vor dem Zusammenbruch des Empires Napoleon III., dann in der revolutionär scheinenden Zeit um 1880 mehr oder weniger entschlossen, wenigstens in West- und Südeuropa im Sinn dieser Ideen vorzugehen. Daher schien Einheitlichkeit der Idee den erwarteten Aktionsmöglichkeiten gegenüber das Naheliegende.

Zu dieser Aktion kam es nun tatsächlich nicht. Die militanten Kräfte verbluteten im Juni 1848 und in der Commune von 1871 und traten seit 1880 überhaupt nur als einzelne sich opfernde Anarchisten und als sozialrevolutionäre Minoritäten in Erscheinung, während die große Masse der Arbeiter sich dem parlamentarischen Sozialismus zuwendete. Die Wahlpolitik und die Großgewerkschaften gewannen das Übergewicht und die erwähnten Minoritäten, wie die sich um Most und die "**Freiheit**" scharenden revolutionären Sozialdemokraten, die amerikanischen Sozialrevolutionäre der gleichen Zeit, die englische **Socialist League** der Zeit von William Morris, die deutschen **Unabhängigen** um 1890, die italienischen revolutionären Sozialisten der Achtziger usw., zerfielen alle bald in solche, die Anarchisten wurden, und in solche, die sich zur sozialistischen Politik zurückentwickelten. Die dann besonders in den Jahren 1887-1894 außerordentlich militanten Anarchisten wurden von den Arbeitern, unter dem Einfluß der autoritären Führer, allein gelassen; das gleiche begegnete der seit 1895 begonnenen Vereinigung vieler anarchistischer Kräfte mit dem revolutionären Syndikalismus (s. Kapitel VI). Seit 1880 ungefähr also steht jeder revolutionären Richtung die geschlossene kapitalistische und sozialdemokratische Phalanx gegenüber, bis unter den ganz besonderen Verhältnissen von 1917 der bolschevistische Staatsstreich erfolgte, der sich nun mit **allen** Mitteln der Gewalt, staatlichen und revolutionären, verteidigt und dadurch abwechselnd ein staatlich-autokratisches und ein sozialrevolutionäres Gesicht anlegt.

All das zeigt, nach meiner Auffassung, daß es **vor allem** notwendig ist, unsern Ideen eine breite Grundlage und weite Ausdehnung zu schaffen, wozu die bisherige Vereinheitlichung der Idee am wenigsten geeignet erscheint, weil sie eben zu eng ist, Kräfte verwandter Art nicht anzieht, sondern abstößt und, von all dem abgesehen, überhaupt den künftigen Lösungen durch Praxis und Erfahrungen **vorgreift**. Kein Mensch kann vorauswissen, ob zu einer unbekannten Zeit unter jetzt unbekannten Verhältnissen soziale Aktionsfreiheit erlangende Anarchisten sich nach den in der früheren Literatur vorliegenden Ideen Proudhons, Bakunins, Kropotkins oder irgendeines andern ihr Leben einrichten werden oder was sie an die Stelle dieser Vorschläge setzen werden. Wir sollten uns daher darauf beschränken, die bis jetzt bekannten und die allmählich sich dazugesellenden Ideen kennen zu lernen und bekannt zu machen, uns eine eigene Meinung darüber zu bilden, nicht aber unsere Meinung nun als die alleinrichtige propagieren: denn sie hat doch keine andere Garantie einer Richtigkeit als daß wir selbst sie zufällig allein kennengelernt oder uns unter mehreren ausgewählt haben, weil sie uns die beste zu sein schien. Aber wer sind **wir** denn? Welches Recht haben wir, andern und gar der Zukunft eine Meinung zu empfehlen, weil sie uns grade gefiel?

Eine Propaganda, die geistig wirkungsvoll sein soll und wie die Anarchie es wert ist, müßte also alle bisherigen Vorschläge berücksichtigen und zur geistigen Weiterarbeit an deren Ausbildung einladen. Wir wollen ja nicht bloß einen Zuwachs von Vereinsmitgliedern, Zeitschriftenabonnenten und Broschürenkäufern, sondern wir wollen in möglichst vielen jene weitblickende, klarsehende anarchistische Mentalität schaffen, durch die in diesem Menschen und um ihn herum ein Stück freiheitlicher Energie, ein Stück Anarchie selbst lebt und von ihm ausstrahlt und weiterwirkt.

Lernen können wir bereits durch manche Erfahrungen, so die bei einigen sich der Revolution nähernden großen Bewegungen in Spanien und Italien gewonnenen – der revolutionäre Streik von Barcelona, 1901, Ferrers rote Woche, 1909, und die rote Woche von Ancona und der Romagna, Juni 1914, sind solche Fälle. Vor allem das grandiose Beispiel der Arbeiterokkupation vieler italienischer Metallfabriken, 1920, deren weitere Möglichkeiten damals der 1927 gestorbene Professor Ettore Molinari so interessant besprochen hat usw.

In Rußland ist in den Monaten relativer Bewegungsfreiheit vor dem November 1917 von anarchistischer Seite vielerlei geschehen und da die Anarchisten guten Glaubens den Bolschevisten in den entscheidenden Tagen geholfen hatten, auch noch bis zum Frühjahr 1918, wo dann die blutige Verfolgung begann, die bolschevistische Kanonade gegen das Haus der Moskauer Anarchisten. All dies ist lehrreich kennenzulernen, ebenso auch Kropotkins damalige föderative Anregungen und später seine an die Kooperativgesellschaften anknüpfenden Aufbauideen.

In Deutschland entwickelte Gustav Landauer längst die sozialanarchistischen Aufbauideen des **Sozialistenbundes** und hätte wie kein zweiter seiner Zeit versucht, manuelle, intellektuelle und künstlerische Kräfte zu freiheitlicher Betätigung zu vereinigen; er übersah diese Probleme in der ganzen Ausdehnung und Tiefe.

Empirisch, durch tatkräftiges Zugreifen löste die mexikanische revolutionäre Agrarbewegung der Zeit der Brüder Magón und von Praxedis G. Guerrero, der im Kampf fiel, manche Probleme. Revolutionäre Anarchisten vertrieben die Behörden und die Besitzer, und die geknechteten Landarbeiter bebauten das Land für sich selbst, das Gewehr bei der Hand. Noch heute sucht die Regierung des als Sozialdemokrat geltenden Präsidenten die damaligen Expropriationen rückgängig zu machen und bekämpft die Yaquiindianer gegenwärtig und kerkert ihre Verteidiger ein.

Es fehlt also nicht an Erfahrungen, aufmunternden wie trüben, und ebenso ist überreiche Erfahrung darüber da, wessen man sich von den autoritären Sozialisten aller Abarten zu versehen hat. Es ergibt sich vielleicht im allgemeinen, daß, sobald irgendwie der Repressionsapparat des Staates erschüttert ist oder aus irgendwelchen Gründen nicht mit voller Wucht eingesetzt werden kann, eine revolutionäre Situation mit sozialer Tendenz schnell entsteht. Dann aber, nach dem ersten Erfolg, scheint die individuelle und kollektive Intelligenz zu stocken, die Initiative zu fehlen, sodaß unrichtig (im alten autoritären Sinn), wenig sozial und unzureichend gehandelt wird und, während die besten Elemente sich bedenken, inferiore Elemente zugreifen und die Sache verpfuschen. Alle Ideen erscheinen dann hilflos oder erdrücken sich gegenseitig. Sehr viele Personen wollen dann **auch dabei** sein und die strebsamsten und früher verbundenen bilden schnell Klüngel und halten ernste Männer fern. Es bildet sich ein Besitzrecht an der Revolution aus, ein Prestigekult, kurz ein Treiben wie um eine Beute und nicht uneigennützige, unpretentiöse Zusammenarbeit. Dazu eignen sich natürlich gewisse Teile des Staatsapparats sehr gut, weshalb sich z.B. so viele mit besonderer Vorliebe in die Polizei- und ähnlichen Ämter hineinsetzen, wodurch grade das Autoritärste am sichersten konserviert wird.

**Es fehlt eben an geistiger und moralischer Vorbereitung um solchen Lagen gewachsen zu sein.** Wenige wissen, ob von nun ab das engere Parteiinteresse oder ein neues allgemeines Interesse für sie maßgebend sein soll, ob sie eine Initiative ergreifen oder innerhalb irgendeines für sie momentan maßgebenden Parteirahmens bleiben sollen, ob sie mit ihnen Unbekannten oder bisherigen Gegnern zusammenarbeiten oder das Mißtrauen bewahren und den Kampf fortsetzen sollen. All das produziert eine Summe von Unentschlossenheit, Zeitverlust und Stillstand, bis dann die schlauesten oder brutalsten oder einfach formell routiniertesten Elemente die Sache in die Hand nehmen und diese sind gewiß nicht freiheitlich.

Hieran wird wohl nicht viel zu ändern sein, weil eben die autoritäre Entartung des Sozialismus mit sich brachte, daß das heutige Proletariat als Privatdomäne der Führerklasse und der heutige Staatsapparat und das kapitalistische Eigentum als deren künftige Beute betrachtet werden, weshalb kein autoritärer Sozialist etwas von seiner heutigen Herrschaft über das Proletariat und seinem künftigen Anteil an der Macht aufgeben will. Darin liegt ein Verrat, so grenzenlos wie der, den die Kirche beging, als sie sich über die naiven urchristlichen Gemeinden erhob, deren Mitglieder wirklich glaubten, eine der früheren gegenüber freiere und gleichheitsfreundlichere Religion zu besitzen; die Kirche wuchs empor zum ausschließlichen Kult ihrer geistigen Herrschaft über Alle und zu ihrer weltlichen Bereicherung und bis heute mächtigen Diktatur über ihre Opfer. Genau so drängt sich der autoritäre Sozialismus in jedes Amt und griff im großen zu, um in Rußland den Jesuitenstaat von Paraguay **mutatis mutandis** zu erneuern.

Trotzdem sage ich, denn wir müssen bis zuletzt hoffen, vielleicht gibt es doch noch menschlich wertvolle autoritäre Sozialisten, die das alles nicht gern mitmachen würden, in denen noch etwas Liebe zum wirklichen Sozialismus lebt, – und in den unscheinbaren, nicht zur Führerhöhe gediehenen Elementen mag dies noch mehr der Fall sein –, die sich über all diese Dinge intelligent verständigen möchten. Es wäre albern, dies als Vorbereitungen oder Verabredungen zu mißdeuten, aber in der ganz unabsehbaren Zeit, die uns von eventuellen künftigen Ereignissen trennt, wäre wohl wirklich Zeit genug, diese oder jene Mißverständnisse zu beseitigen, Hindernisse wegzuräumen, klarer sehen zu lernen. So viel muß einem jeden schon die spätere Entwicklung wert sein, daß man sich die Mühe nimmt, ihr elementare Hindernisse wegzuräumen, statt daß bis zur letzten Minute gestritten wird oder einer den andern nicht anschaut und nicht kennt und daß dann unfehlbar die alten Fehler wieder- und neue dazugemacht werden. Wir sind ja gezwungen, alle zusammenzuleben, und da könnte doch wirklich einmal ruhig festgestellt werden, ob nun alle autoritären Sozialisten ganz und gar entschlossen sind, mit ihren freiheitlich sozialistischen Mitmenschen immer nur **per** Tsche-ka oder **per** Noske zu reden, oder ob sie sich nicht doch menschenwürdige Formen des Nebeneinanderlebens Andersdenkender vorstellen können?

Ist das zu viel verlangt? Seit September 1881, dem Genter sozialistischen Weltkongreß haben beide Richtungen nicht unter gleichen Bedingungen miteinander gesprochen, da sich auch der Pariser Kongreß von 1889, dem ich angehört habe, durch eine Gewalttat gegen einen Anarchisten entehrte, und wie erst die Kongresse von 1891, 1893 und 1896. Es sind also wirklich fünfzig Jahre her und nach so langer Zeit könnten die autoritären Sozialisten sich doch einmal die Frage vorlegen, ob sie stolz darauf sind, sich fünfzig Jahre lang einem freiheitlichen Wort verschlossen zu haben, oder ob sie nicht Grund hätten, sich dessen zu schämen. Daß der antiautoritäre Sozialismus in diesen fünfzig Jahren nicht verschwunden ist, dürften sie wohl wissen, und sehr wahrscheinlich ist er relativ stärker gewachsen als der autoritäre Sozialismus, wofür letzterer durch die Wählermillionen sich das Bleigewicht gering vorgeschrittener Elemente angehängt hat.

Die Lage der anarchistischen Bewegungen wäre geistig und moralisch eine glänzende, da alles die Richtigkeit ihrer Kritik der Autorität bestätigt, wenn sie nur selbst weitausgreifender und vielseitiger tätig sein wollten.

## XXI.

Kann der **Syndikalismus** an der im Vorigen besprochenen Lage etwas ändern? Er vereinigt ja produktiv nützliche Elemente, mit Ausschluß einer Führerklasse also, und seine Bestandteile kennen technisch alle Teile der Arbeit, des Transports und der unmittelbaren Güterverteilung, der sich das nötige Minimum an Buchführung, Statistik und die sachgemäße Pflege der unentbehrlichen allgemeinen Einrichtungen, Hygiene usw. leicht angliedern würden.

Daher lag es sehr nahe, in den Gewerkschaften das Gerüst und den Rahmen einer neuen ökonomisch solidarischen Gesellschaft zu sehen, die nicht mehr daran dachte, sich daneben mit einem unnützen Staatsapparat zu belasten. So dachte man in der alten Internationale. Heute kann man sich so ausdrücken, daß Gewerkschaften, Betriebsorganisationen, Techniker, der genossenschaftliche Verteilungsapparat, die nützlichen Einrichtungen der Gemeinden und einige große allgemein nützliche Betriebe (Post, Hygiene u. dgl.) zusammen einen ökonomischen Organismus bilden könnten, dem gegenüber alle noch widerstrebenden Elemente, Kleinbetriebe, Bauern usw. in einer aussichtslosen Opposition wären, bis sie sich selbst in den großen Organismus eingliedern würden. Ebenso würde jede allgemein nützliche Funktion, mit der sich zufällig der Staat befaßt, ihm durch den Austritt der technisch fähigen Kräfte entzogen und er stünde in kahler Verkümmerung da oder vielmehr, da doch jeder Staat auf zwangsweise eingetriebenen Steuergeldern beruht, es würde kein Geld mehr einlaufen, worauf die Beamten ihrer Wege gehen und der Staat ein Ende haben würde, wie ein aufgelassenes Geschäft, dessen Beamtenkörper sich zerstreut. Derartiges kommt alle Tage seit allen Zeiten vor und die **Auflösung des Staates** würde wirklich nichts wesentlich anderes sein. Denn niemand wird sich vorstellen, daß Beamte ohne Bezahlung das Staatsgeschäft weiter betreiben, und wenn ihnen kein Geld oder keine Zwangsmittel mehr zur Verfügung gestellt werden, so löst sich eben der Betrieb auf.

Konnte und kann der Syndikalismus nun aber diesem theoretisch so deutlichen Ziel praktisch näherkommen? Dazu bedürfte es des überzeugten Willens großer Teile des Proletariats und diese großen Massen stehen eben dem Syndikalismus so fern, wie der anarchistischen Idee selbst. Die Ausdehnung der Syndikate über ein langsames Wachstum hinaus zu den Proportionen von Großgewerkschaften könnte nur durch eine Reformtätigkeit und praktische Erfolge geschehen, die einen Zulauf brächten, der theoretisch wenig vorgeschritten ist und dann das Großsyndikat ebenso in rückständigem Sinn belasten würde wie längst die Großgewerkschaft. Eines **kann** der Syndikalismus nur: seinen Ideen treu bleiben **oder** sich stark ausdehnen, beides zugleich kann er nicht oder es wäre ein momentaner Erfolg, dem ein Rückschlag folgen würde. Jedenfalls aber wird ein **numerisch** fortschreitender Syndikalismus theoretisch nicht fortschreiten, sondern opportunistischer werden, um den Erfolg recht lange an sich zu fesseln. Organisatorische Eingliederung ist eben kein Ersatz für die theoretische Aufklärung.

In derselben Lage sind die Genossenschaften, die auch für Ideen nur Sinn haben, solange sie klein sind und sie, sobald sie groß und reich sind, als geschäftsstörenden Ballast betrachten.

Dazu ist der mit dem praktischen Arbeitsleben unvermeidlich aufs engste verbundene Syndikalismus wirklich nur ein Milieu, in welchem freiheitliche Ideen freundliche Aufnahme finden können, nicht aber eine Macht, dieselben in dem erwähnten großen Umfang zu verwirklichen. Freiheitliche Mittel, direkte Aktion und ähnliches, bilden nur einen Teil der syndikalistischen Kampfmittel, da der praktische Kampf der Arbeit eben **jedes** das unmittelbare Ziel zu erreichen helfende Mittel erfordert. Gewiß wird der gewerkschaftliche Apparat bei einer wirklichen sozialen Revolution eine Rolle spielen: ob er sich aber dann als ein Vorteil oder als ein Hindernis erweisen wird, läßt sich nicht voraussagen und es wäre deshalb nicht zweckmäßig, wenn er zu starr entwickelt wäre und den Gang der Entwicklung im voraus dominieren würde. Das wäre ein neuer Staat, eine neue Diktatur. Bis jetzt haben auch die unpolitischesten und antipolitischesten Arbeiterorganisationen, weil sie eben praktische materielle Interessen der Mitglieder vertreten, einen an Hartnäckigkeit Großes, an Entgegenkommen nur Kleines leistenden Standpunkt eingenommen und es ist nicht abzusehen, daß hieraus auf einmal das Gegenteil werden sollte grade im Moment, wenn ihnen wirkliche ökonomische Macht zufallen würde. Da müßten sie lange Jahre hindurch ganz andere Gefühle entwickeln (s. Kapitel XVIII), wenn so etwas wahrscheinlich werden sollte.

Einen weiteren Grund sehe ich in dem, was ich über die Größenverhältnisse näher besprechen werde im Anschluß an das Nächstfolgende über den Experimentalsozialismus. Die heutige Produktion entspricht ja den Interessen nicht einmal **des** Kapitalismus, sondern der verschiedenen einander feindlichen Kapitalisten und ihres Kampfes unter sich. Sie entspricht also gar nichts wirklich Vorhandenem, sondern wirft die Arbeitskräfte wie die Regimenter auf einem Schlachtfeld hin und her, um den Gegner zu schädigen. Nach einem Zusammenbruch würde also ein diesem interkapitalistischen Kampfzustand entsprechender Zustand der Produktion vorhanden sein, auf Grund welches auch die organisierten Arbeiter sehr unzweckmäßig gruppiert wären. Wenn nun da einfach von einem syndikalistischen Regime angeknüpft würde, würde von vornherein in vielem ein falscher Weg eingeschlagen und die neue Gesellschaft in ihren Anfängen, wenn sie am schwächsten ist, mit Fehlern aus der Vergangenheit belastet.

Der **Experimentalsozialismus** lag immer recht nahe und ist doch wenig versucht worden. Mangel an Mitteln trug nicht allein die Schuld, denn eine Gegend, wo man in Ruhe gelassen wurde, ein Stück Land, einige Geldmittel und Werkzeuge und einige oft sehr begeisterte und opferfreudige Genossen, auch viel guter Wille und moralische Unterstützung der sozialistischen Mitwelt waren in vielen Fällen vorhanden. Die meisten Versuche hatten kurze Dauer, sie waren periodisch zahlreicher, dann wieder seltener. Auch jetzt besteht so eine winzige neue Welt, innerhalb welcher einige wenige von Gruppe zu Gruppe reisen, immer wieder neu anfangen und sich so ausleben, ohne daß die Mitwelt und auch die meisten Sozialisten davon auch nur wissen.

Eigentümlich ist die zunehmende Zwerghaftigkeit und Spezialisierung dieser neuen sozialen Organismen. Wohin sind Robert Owens großes **New Harmony**, die **North American Phalanx, Ikarien** und Weitlings deutsche Kolonialgründungen in den Fünfzigern? Neuere größere produktive Kolonien halten sich als solche nicht; sie werden noch am ehesten zu Siedlungen, in denen jeder auf seine Weise für sein Fortkommen sorgt und die einige gemeinsame Einrichtungen besitzen. Dagegen werden meist von sehr wenigen, die Vegetarier sind, Gegenden mit tropischer Vegetation aufgesucht, die unter diesen Umständen ein primitives Leben ohne viel Mühe ermöglichen. Härtere Arbeit, etwa wie in Dr. Giovanni Rossis brasilianischer Kolonie, reibt die einen auf, macht andere unsolidarisch und führt zu vorläufigem Verzicht auf das freie Genußrecht. Immer häufiger führt sexuelle Freiheit Gruppen zusammen, disintegriert sie aber auch wieder. So wird im ganzen, wie es für ganz kleine Gemeinschaften nicht leicht anders möglich ist, das eigentliche Produktionsproblem immer mehr vermieden und bedürfnislose und durch sexuelle Kameradschaft zusammengeführte intime Milieus oder Niederlassungen außerhalb der großen Städte, Siedlungen ohne gemeinsame Produktionsprobleme werden bevorzugt. So zeigen diese wohl am meisten in Frankreich und Teilen von Amerika, aber auch sonst fast überall zerstreuten sozialen Gemeinschaften mancherlei Arten des freundlichen Zusammenlebens von Menschen, die sich aus dem sie bedrückenden unfreien Leben der Fabriken und Städte resolut herausgerissen haben, oft auf Kosten materieller Entbehrungen, — aber sie stehen ökonomisch selten ganz auf eigenen Füßen oder verstehen so bedürfnislos zu leben, daß sie nicht beispielgebend sind. Sie setzen immer einer große Gesellschaft neben sich voraus, der sie ihre Kraft entnahmen und in welche die meisten zurückkehren. Sie beweisen im Wohnungswesen die bekannte Nützlichkeit des Assoziationswesens, das selbst eine **Gartenstadt** und vieles kleinere dieser Art gründen konnte, — im übrigen aber nur, daß ein Zigeuner- oder Schmetterlingsleben am Rande der Gesellschaft noch immer möglich ist, wenn Zwanglosigkeit und intime Freiheit moralische Entschädigung geben für zeitweilig materiell primitives Leben.

Der Experimentalsozialismus zeigt vor allem, in welchem Grade das harmonische Zusammenwirken von Menschen von deren individueller Veranlagung abhängig ist, und da ein freiheitlicher Sozialismus diese Verschiedenheit der Veranlagung nicht autoritär zu nivellieren wünschen sondern im Gegenteil auf die sozial nützlichste Art sich entfalten lassen wird, so ist das Hauptproblem dieses, **Verhältnisse herzustellen, unter denen diese Verschiedenheit am wenigsten dem Zusammenarbeiten im Wege steht und sich selbst, ohne andere zu stören, am besten ausleben kann.** Die Lösung liegt augenscheinlich **in der richtigen Proportion jedes sozialen Organismus.** Dies ist eine Lebensfrage für jeden Organismus; Riesen- und Zwergformen haben stets ihre schwachen Seiten und bleiben Ausnahmen; eine Mittelform erweist sich als die lebenskräftigste und die Oszillationen über und unter derselben geben dem jeweiligen lokalen Leben seinen bestimmten Charakter und innerhalb dieser Grenzen können Änderungen angebahnt werden. Hierdurch erweist sich der unsoziale Mensch ebenso als bedeutungslose Abnormität, wie der angebliche "Übermensch", der Riesenstaat ebenso wie der Zwergstaat usw.; denn jede Ausdehnung muß im Verhältnis zu einer Anzahl gegebener Faktoren stehen oder sie verliert den Boden unter den Füßen.

All dies erkannte auf sozialem Gebiet am genauesten **Charles Fourier**, dessen 1538 große Seiten enthaltender **Traktat von häuslich-landwirtschaftlicher Assoziation** (1822-23) und andere große Werke sich unermüdlich mit den richtigen Größenverhältnissen einer sich sozial möglichst selbstversorgenden, in geistiger, geschlechtlicher und sonstiger Hinsicht hinreichende Anregung, Anziehung, Abwechslung usw. garantierenden und daher dauernd leistungsfähigen Gemeinschaft, dem **Phalanstère** beschäftigten, und ebenso stellte **Robert Owen** solche Ansprüche an seine geplanten **townships** (Stadtgemeinden mit Ackerland herum). Natürlich geht längst jede praktische Gründung ähnlich vor; man berechnet ihren Wirkungsradius, ihre Ertragfähigkeit und paßt ihre Größenverhältnisse diesen an; dasselbe tut jeder Techniker usw. und der Arzt kennt das Krankhafte jeder einseitigen Vergrößerung oder Verkümmerung eines Organs.

Da ist es nun doch ganz selbstverständlich, daß die neue Gesellschaft erst durch Erfahrung die Größenverhältnisse ihrer unzähligen möglichst solidarisch zusammenwirkenden Bestandteile wird herausfinden können und daß die den freiheitlichen Richtungen obliegende Aufgabe nur **die** sein kann, eine freie und bewegliche Mentalität zu verbreiten, die auf diesen Gebieten klar sieht, schnell und sicher zu handeln weiß und alle heutige und vergangene Kleinlichkeit, Rekriminationen, Unversöhnlichkeit usw. hinter sich läßt und ein wirklich neues soziales Leben einzuleiten weiß. Welche Bruchstücke jetziger Organisationen und jetziger ökonomischer Hypothesen (Mutualismus, Kommunismus usw.) bei diesem Aufbau Verwendung finden können, bleibt uns gänzlich unbekannt und wir haben nur dafür zu sorgen, daß die bisherigen **Systemgläubigen** ihre Illusionen aufgeben und einen weiteren Blick gewinnen. Ihre ihnen lieben Ideen geben ihnen Befriedigung, erhalten ihre Hoffnung und ihre Freude an der Sache – gut, aber dies ändert an der Tatsache nichts, daß die künftigen Entwicklungen nie nach vorherigen Programmen verliefen und daß jeder Versuch, die Zukunft zu vergewaltigen, unglücklich ausfiel. Der Nationalismus preßte 1918-19 großen Teilen Europas seinen Willen auf – wo ist Europa jetzt? Der Bolschevismus zwang Rußland seine Programme seit 1917 auf — wie sieht Rußland jetzt aus? Eine wirkliche soziale Umwälzung wird **selbst Neues** zu schaffen verstehen und man muß ihr nur die alten Hindernisse aus dem Weg räumen; denn sie ist nicht dazu da, daß nun möglichst viele ihren alten Programmen Geltung verschaffen, sondern daß endlich **Neues** geleistet wird.

**Josiah Warren**, unter dem Eindruck des Mißerfolgs kommunistischen Zusammenwirkens in **New Harmony**, gelangte zur Utopie des absolut alleinstehenden Individuums, das mit den Mitmenschen nur im genauesten Austauschverhältnis steht (sein **Time store**, 1827). Die **kollektivistische Internationale** bildete sich die oben geschilderte Riesenutopie eines allumfassenden Syndikalismus. Großen Fortschritt bedeuteten schon **Fouriers** und **Owens** soziale Gemeinschaften, in den besterwogensten Proportionen, noch mehr **William Morris' (Kunde von Nirgendwo**, 1890) Zukunftstraum eines mit Gartensiedlungen sich bedeckenden Landes, dessen Bewohner Arbeits-, Schönheits- und Kunstfreude zu vereinigen wissen, und **Gustav Landauers** Utopie des **Sozialisten-Bundes**, der Vereinigung manueller, intellektueller und künstlerischer Betätigung. Ebenso **Kropotkins** Utopie möglichster Angleichung der Lebensverhältnisse durch Dezentralisation der Industrie und intensive Bodenbewirtschaftung. **Theodor Hertzka (Freiland**, 1890) machte wohl den wertvollsten Versuch, ohne im Bann einer bestimmten sozialen Theorie zu stehen, technisch kompetente Produktionsverhältnisse und möglichst große persönliche und kollektive Freiheit zu kombinieren. Diese Vielheit der Anregungen, die leicht zu vermehren wäre, zeigt, wie vielfach die Möglichkeiten sind und wie kurzsichtig jeder Doktrinarismus auf diesem Gebiet ist.

Man blicke also stets aus dem Engen ins Weite, von dem Starren auf das Bewegliche, von der Einheit auf die Vielheit. Kein Exerzierplatz soll das soziale Leben sein, sondern eine bunte, blumenreiche Wiese. Nicht: **dieser** Idee gehört die Zukunft, sondern: die Zukunft gehört **allen** Ideen, die einen Wert haben! Lernen wir kritisch, skeptisch und tolerant zu sein und seien wir nie gläubig, engherzig und fanatisch.

## XXII.

Wie könnte nun die **Anarchie** ihre Verwirklichung beginnen? Die Frage ist also nicht die: wie sieht die vollendetste Anarchie unserer Hoffnungen und Träume aus, sondern aus welchen Anfängen könnte eine wirklich freie Gesellschaft emporwachsen, Die **soziale Revolution** kann ja ebensowenig die vollendete Anarchie oder irgendeine andere natürliche Gesellschaftsform hervorbringen, wie etwa der stürmische und schmerzhafte Entbindungsprozeß je einen ausgewachsenen Menschen bestimmter Art sozusagen herstellt! Dieser unentbehrliche Prozeß fördert etwas, das in seiner bisherigen Entwicklung günstig oder ungünstig beeinflußt ist, zu selbständiger Existenz, in einem sehr primitiven Zustand, als Kind, zu Tage, und stets ist in der Natur dieses Produkt durch die Vergangenheit bedingt, in einem Anfangszustand hervortretend und weiterhin von günstigen und schädlichen Einflüssen abhängig die in ihm liegenden Kräfte und Fähigkeiten zur Entwicklung bringend.

Die befreiende Revolution war und ist ebenso wie die beständige individuelle und kollektive Reform der Lebensverhältnisse des Einzelnen und Aller ein Entwicklungen beeinflussender, aber nicht selbst schöpferischer Faktor. Das Schöpferische, um dieses Wort zu gebrauchen, ist der in dem Organismus lebende Impuls, die Resultate seiner Lebensenergie, nach welchen der eine träg und passiv dahinlebt und der andere vorwärtsstürmt, — und das Milieu, die Summe der günstigen und schädlichen Einflüsse, und wie diese für den ungeborenen Organismus möglichst vorteilhaft gestaltet werden können — **Eugenik** — und ebenso den noch schwachen neuen Organismus möglichst freundlich beeinflussen sollen — **körperliche Pflege, Erziehung, Unterricht, soziales Milieu** —, so wird es für die junge freie Gesellschaft sein.

Diese **vor** ihrer Entstehung vorzubereiten, indem die in all diesen Kapiteln geschilderten freien Kräfte erweckt und die autoritären Hindernisse beseitigt oder untergraben werden, das ist unsere Aufgabe der **Eugenik der Anarchie** — und den neuen Organismus in günstigen Verhältnissen aufwachsen zu sehen, das ist unsere und wenn wir es nicht erleben, der späteren Menschen Aufgabe **der Pflege und weiteren Ausbildung der jungen Anarchie**. Mehr können wir nicht tun, aber diese

Aufgaben, richtig verstanden, geben uns die umfassendste und intensivste Arbeit.

Obgleich all diese Erwägungen sehr nahe liegen, sind doch viele, wie mir scheint, durch andere Gedankengänge fasziniert. Von der Zeit her, als man die allgemeine Verbreitung eines sozialen Revolutionswillens im Proletariat durch sozialistische Ideen und Organisation annahm und als gar die freiheitlichen Ideen zeitweilig an erster Stelle standen, in den Sechzigern, bis 1870, glaubte man an eine allgemeine freiheitlich-soziale Revolution, und der Syndikalismus belebte diesen Glauben wieder seit etwa 1895. Irgend etwas anderes kam gar nicht in Betracht und man erwartete, daß eine solche Revolution ungeheure schlummernde Kräfte erwecken würde usw.

Wer sich nicht der Wirklichkeit verschließt, sieht aber, daß das alles nicht so ist, daß die Massen den **anscheinend** leichtesten und bequemsten Weg vorziehen, daß sie also ihre Angelegenheiten längst einer Führer- und Beamtenklasse überlassen haben und daß, wenn eine Revolution ihnen ohne viel eigene Mühe alles in den Schoß wirft, sie auch dann sich diese soziale Macht wieder wegnehmen lassen und selbst aus sich heraus nichts leisten, wie in Rußland. Wer da noch glaubt, daß ein anderes Mal statt einem Bolschevismus eine siegreiche Anarchie oder ein allgemeiner Syndikalismus aus einem Zusammenbruch hervorgehen werde, der scheint mir die Sache zu leicht zu nehmen und auch er müßte sich die Frage vorlegen, wie diese bisherigen Minoritätsideen dann auf einmal die Mitarbeit Aller finden würden? Wenn man aber einfach sagt, wir werden auch in jeder autoritär-sozialistischen Gesellschaft unsere Propaganda und unsern Kampf fortsetzen, so mag das eine traurige Notwendigkeit sein und werden, aber man sollte sich nicht resigniert damit begnügen. Wir sehen zwar, daß der autoritäre Sozialismus geneigt ist, freiheitlich soziale Ideen auf das grausamste zu verfolgen, — weil sie sein Monopol bekämpfen und er sie daher genau so tödlich haßt, wie der Kapitalist **jede** soziale Idee haßt —, aber versuchen könnte man vielleicht doch auf der hier vorgeschlagenen Anti-Diktatur-Grundlage festzustellen, ob wir von jetzt ab in **jedem** autoritären Sozialisten einen Todfeind zu sehen haben, oder ob ein Teil derselben soziales Nebeneinanderleben mit Andersdenkenden doch noch für möglich hält und nicht in der Parteidiktatur und dem Parteimonopol das einzige Ziel sieht. Vielleicht gelingt es doch die lebenden Kräfte der Menschheit gegen die Diktatur jeder Art zu erwecken.

Im Folgenden lege ich aber die **Annahme** zugrunde, daß einmal irgendwie irgendwo eine soziale Revolution nicht von der Diktatur verschlungen wurde, sondern daß Anarchisten und Anarchosyndikalisten in die Lage gekommen sind, ihre Ideen zu verwirklichen. Ich **nehme an**, daß der Widerstand aller Gegner gebrochen ist, aber **ich setze nicht voraus**, daß irgendwie eine plötzliche, magische Veränderung der Menschen stattfand, daß alle nun aus Enthusiasmus oder durch die neuen ökonomischen Verhältnisse von gestern auf heute umgewandelt sind. Wer dies voraussetzte, der geht eben jeder Schwierigkeit aus dem Weg und verläßt die Utoipe oder den Doktrinarismus nicht. Er erscheint mir so naiv wie einer, der erwarten würde, daß dann erwachsene Menschen geboren werden würden und nicht hilflose kleine Kinder, wie bisher.

Der maßgebende Faktor wird **in dem supponierten Moment einer freiheitlichen Verwirklichung**, am Tage des freiheitlichen Sieges also, **der Grad der Reichlichkeit oder des Mangels an allen Lebensnotwendigkeiten** sein, worüber nichts hinweghilft als zweckentsprechende Tätigkeit.

Man ignorierte oder bagatellisierte diese Frage sehr oft oder führte durch unbeweisbare Behauptungen irre. Wenn alle arbeiten usw. Man wird vier Stunden arbeiten usw. Die Produktion wird fabelhaft steigen, neue Maschinen werden erfunden werden usw. All solche Argumente gewannen dem Sozialismus viele Anhänger und sind noch beliebt und um ihretwillen verschließt man sich oft der harten Wirklichkeit.

Diese zeigt, daß die Ausbeutungssysteme aller Zeiten dem Volk eine Bedürfnislosigkeit aufzwangen, die gradezu grenzenlos ist. Sobald daher eine noch so geringe Verbesserung, ein Mehrkonsum, eintritt, ist gleich Mangel da; ein Beispiel ist die heutige Wohnungsnot, der die etwas bequemeren Wohnungsverhältnisse der ersten Kriegsjahre bei reichlicherem Verdienst und Mieterschutz zugrunde liegen. Es ist tatsächlich **nicht** "immer genug da für Alle", schon weil ja der Kapitalismus bei aller Planlosigkeit und Konkurrenz, die so vielfach durch Kartelle gemildert werden, möglichst knapp produzieren **muß**, da ja alles Unverkäufliche ruinösen Schaden bringt. Daher sind die "vollen Magazine" oder die "reichen Vorräte" reicher Haushaltungen eine Illusion oder eine Ausnahme. **Niemand sammelt Waren**, alle wünschen Gold, wertvollen Besitz, Grundstücke, Bodenschätze usw. anzusammeln oder zu kontrollieren, d.h. Dinge mit Monopolwert, die aber nur durch Arbeit verbrauchsfähig werden können oder die einen anerkannten Seltenheitswert besitzen und für den Konsum nicht in Betracht kommen.

Wenn aber nach einer Revolution alle Arbeitenden auch nur etwas besser leben und sich weniger abrackern wollen, wird **zunächst** nicht weniger sondern **mehr** Arbeit nötig sein als vorher, selbst wenn die Luxusproduktion eingestellt würde. Die in großem Umfang arbeitsparenden Maschinen werden nicht so schnell erfunden werden; weder die große Not der Blockade von Zentraleuropa in Kriegs- und Nachkriegszeit, noch der Mangel an Allem in Rußland seit 1917 brachten solche Erfindungen in wesentlichem Umfang hervor. Eine Verminderung und Verlangsamung der Produktion und Abnützung des Produktionsapparats stünde also bevor. Die vorhandenen Vorräte würden auch durch Verstecken vermindert werden, was unter einem freiheitlichen System nicht durch Requisitionen verhindert werden kann. Letztere führen, wie Rußland zeigte, nur zu allgemeiner Repression und Korruption und es wäre noch am praktischesten, verschwindende Vorräte durch das Gold der Staatsbanken usw. zu kaufen und ebenso die Bauern durch solches Gold lieferungswillig zu machen. Wenn die Revolution eine gute Grundlage hat, schadet diese Zerstreuung des Goldes nichts und würde über viele Anfangschwierigkeiten hinweghelfen. Auf jeden Fall also würden von Anfang an viele **technische Notwendigkeiten** die sorgfältigste und großzügigste Behandlung erfordern und die gesunde Vernunft und der gute Wille aller würde keine dieser technischen Notwendigkeiten als freiheitsbeschränkend empfinden.

Unter solchen Verhältnissen also, deren genaue Art in jenem Moment wir ja nicht voraussehen können, würde also **sachlich** entschieden werden, in welchem Grad eine Retribution nach den Leistungen des einzelnen oder freies Genußrecht im Ausmaß der von jedem geltend gemachten Bedürfnisse oder ein anderer Modus eintritt. Denn andere Kombinationen sind ja ebenso möglich und jeder Zustand ist provisorisch. Wenn z.B. für 100 Personen nur 20 Liter Milch täglich zur Hand sind, so wird eine Rationierung eintreten, bei steigender Milchproduktion, 50, 100 Liter per Tag und mehr kann jede Beschränkung des Verbrauchs wegfallen. Würden die nur 20 Liter allgemein zugänglich gemacht, bekämen sie nur die Rücksichtslosen oder auch die endlos wartenden "sich Anstellenden" und die meisten hätten gar nichts. All das kennen wir jetzt aus Erfahrung und die alten ängstlichen Argumente, daß jeder nicht kommunistische

Verteilungsmodus gleich die Autorität und den Staat zurückbringe und daß, wenn einer etwas mehr verdient als der andere, dies gleich zur Kapitalbildung und dem Kapitalismus führe — diese Argumente machen einen veralteten Eindruck. Jeder weiß, daß die anfänglichen Schwierigkeiten am schnellsten überwunden werden, wenn das **technisch** Notwendige **pünktlich** und **sachlich** ausgeführt wird, und wer sozial fühlt, wird gern tun, was in seinen Kräften steht: wer in einer solchen kritischen Zeit möglichst viel aus der Allgemeinheit herausschlagen und möglichst wenig leisten will, der kennzeichnet sich als **unsozial** und mag sehen, wie weit er damit kommt.

Das **Wesentliche** ist also, daß die Produktion technisch so organisiert wird, daß ihre **Ergiebigkeit** schnell steigt und so die wachsende **Reichlichkeit** immer mehr Gegenstände und Einrichtungen dem freien Genußrecht eröffnet; hieran mitzuarbeiten wird den Leuten jener Zeit eine große Freude sein. Das Umgekehrte, ein sofortiger Kommunismus, dem dann als Katzenjammer Mangel folgte, wäre der sichere Ruin: denn dann folgten Habsucht, Gier und Hunger, Gewalt und Reaktion.

Die praktische Ausübung des freien Kommunismus, den die Natur selbst dem Menschen so nahe brachte, indem der Mensch, wie alle Lebewesen, inmitten der reichen Natur dieses ganzen Erdballs steht und jedem dieser Lebewesen durch Mutterliebe und andere Vorkehrungen unbemessene Güte zuteil wird, — diese praktische Ausübung ist eines der schönsten Ziele des freigewordenen Menschen und kann nicht ohne Mühe erreicht werden, sonst wäre es längst da. Wenn man erst die Fundamente eines Hauses legt, ist noch kein Platz da für kostbare Teppiche und Gemälde, man muß erst feste Mauern bauen. Oder will man lieber die kostbaren Gegenstände hinhängen wie Theaterdekorationen, sich einige Wochen ihres Glanzes an der Sonne erfreuen und dann dem Regen und der Kälte sich selbst und diese Gegenstände schutzlos überlassen sehen? Den Kommunismus in die erste Stunde der Anarchie zu verlegen war also ein blendender Theatercoup, es wurde ein berückend schönes Bild allgemeiner Solidarität, sich rapid vermehrender Fülle an allem und müheloser Produktion von kürzester Arbeitszeit geschaffen, aber ich denke, daß es an der Zeit wäre, sich über die Verhältnisse der harten ersten Zeit nach der Revolution klarer zu werden.

Selbst wenn innerhalb lokaler Produktonsgemeinschaften der Wille bestände, unter sich auf jede Weise das freie Genußrecht zu fördern und auszuüben, ist dadurch noch nicht entschieden, wie die zahlreichen ähnlichen Organismen überall in Stadt und Land und in allen Ländern, von denen Rohstoffe usw. bezogen und denen billigerweise Gegenleistungen gemacht werden müssen, sich zum Retributionsproblem verhalten werden. Sie könnten ja an ihre Produkte einen ganz andern Wertmaßstab anlegen als den heutigen, das heißt, sie bedeutend höher einschätzen, und sie könnten auch bedeutend weniger zu liefern wünschen als bisher, während eher mehr von ihnen verlangt würde. Wer könnte von dem Kohlenbergmann eine Mehrleistung verlangen oder verhindern, daß er sich weniger anstrengt und kürzere Zeit arbeitet? Doch nur entweder ein autoritäres System – und das wollen wir nicht, oder volles kommunistisches Bewußtsein im freiheitlichen Sinn – und das haben nicht alle im ersten Anfang, – oder – und das sollte unser Weg sein – es würden billige gegenseitige Abmachungen getroffen. Dazu gehört aber eine vom heutigen Geist der Chikane befreite Mentalität, ein guter Wille dem freien Genußrecht zu sich zu entwickeln und nicht neuem Monopol zu, dem eigenen oder dem des Staates. Diese Denk- und Gefühlsweise müssen wir heute anbahnen, um nach der Revolution auf dieser Grundlage sicher weiterbauen zu können. Auf **solche** Weise würden in den Beziehungen **nach fern hin** Gegenseitigkeit, Vertrauen und dann freie und reichliche Zirkulation der Rohstoffe und Produkte nach allen Richtungen hin erreicht – und gleichzeitig würde **innerhalb** der lokalen Organismen das gleiche vorbereitet: **dann** würde man auf beiden Wegen, auf **allen** Wegen dem freien Kommunismus entgegengehen, weil seine Grundlagen: **Reichlichkeit** und **Vertrauen** begründet sein würden.

Auch dann würden Varietäten der Verteilungsart bestehen, denn seltene Gegenstände werden immer anders betrachtet werden als massenhaft vorhandene, aber das sind Kleinigkeiten, die selbst die heutige Gesellschaft halbwegs zu ordnen verstand, indem die meisten seltenen Gegenstände von wirklichem Wert in öffentliche oder private Sammlungen zu gelangen pflegen und dort der Allgemeinheit selten ganz entzogen sind. Der Mensch wird dann entweder wünschen, sich auf den drei Hauptgebieten zu betätigen: geistig, mechanisch und landwirtschaftlich – wir nehmen wenigstens heute an, daß dies die harmonischeste Betätigungsart eines normalen Menschen wäre – oder es werden andere Spezialisationen eintreten. Der Einzelne kann mehreren Gruppen mit verschiedenem Verteilungsmodus angehören, er kann seinen Tätigkeitskreis mit dem Alter ändern usw. All das sind Äußerungen immer größerer Freiheit, der alles zuschreitet, nachdem die technisch notwendige sorgfältige Arbeit der ersten Zeit **Reichlichkeit** und **Vertrauen** geschaffen, die wahren Grundlagen der Weiterentwicklung.

In dieser Zeit muß natürlich auch das **Größenverhältnis** der neuen Organismen technisch erprobt werden. Dann erst wird sich zeigen, ob an irgend etwas in der vorrevolutionären Zeit als Organisation auf Seite der Kapitalisten, sowie der Arbeiter, Vorhandenes, wirklich angeknüpft werden kann. Dabei denke ich nicht an die selbstverständliche Fortsetzung der Arbeit von heute auf morgen, die ja unvermeidlich ist. Aber nichts von dem dann Bestehenden darf als dauernd betrachtet werden oder sich selbst als nunmehr zum Sieg gelangter Organismus betrachten, – nicht das Syndikat, nicht sogar die Genossenschaft. Sie wären sonst sofort Sitze des Konservativismus, Stabiles innerhalb des sich Bewegenden. Es muß neues geleistet werden nach den **technischen Erfordernissen**, die sich sehr wohl bestimmen lassen, wenn den **Technikern** nicht die Anpassung an ein System zur Pflicht gemacht wird. **Ihre einzige Direktive wäre: Produktion mit Hinsicht auf gegenwärtige Leistungsfähigkeit und kommende immer wachsende Leistungsfähigkeit bis eine den Bedürfnissen der Gesellschaft entsprechende Reichlichkeit hergestellt wird, die dann auch durch ein leichtes Nachlassen der Intensität der Arbeit nicht zu erschüttern wäre.** Das ist eine der Technik würdige Aufgabe, der noch folgende Qualifikation hinzuzufügen wäre: **Ausführung nicht im Sinn der Zentralisation, technischer Riesenorganismen, sondern im Sinn der Lokalisation, aber mit Vermeidung des Zwerghaften.**

So könnte man zum freien Kommunismus vorschreiten, den im Anfang zu proklamieren eigentlich die Ausübung einer intellektuellen und moralischen Diktatur durch die von seinem Wert Überzeugten bedeuten würde. Diese Idee ist eine theoretisch oder gefühlsmäßig konstruierte ökonomische Hypothese, die wir ebensowenig berechtigt sind, andern aufzuzwingen, als diese berechtigt wären, uns einen sozialistischen Staat aufzuzwingen. Wir sind berechtigt, das uns Aufgezwungene abzuschütteln und die soziale Revolution wird einst dieses Werk vollbringen, aber wir haben nicht das geringste Recht, der durch die Revolution **frei** gewordenen Gesellschaft **unsere** Ideen aufzuzwingen, nicht mehr als die Bolschevisten das Recht hatten, **ihre** Ideen der russischen Revolution aufzuzwingen. Uns diese Mission zu suggerieren ist nur ein Schritt auf dem Weg zur Diktatur; denn "eine Mission zu haben fühlen", das bedeutet eben nur, Diktator sein zu wollen und noch nicht die Macht dazu zu haben.

Sehen wir all dies, durch die Erfahrungen der letzten zehn Jahre ernüchtert, im richtigen Licht an. Unser ideales Ziel steht an einem Ende, die indifferente, autoritär-sozialistische und nur zum geringsten Bruchteil anarchistische, daneben eine Anzahl relativ freiheitlicher und humanitärer Elemente enthaltende Masse steht am andern Ende und wir mitten in ihr verstreut und vereinzelt. Das nächste große Ereignis könnte eine soziale Revolution sein, die entweder das hier geschilderte Kräfteverhältnis beinahe unverändert ließe und uns also keine Verwirklichung **unseres** Ziels brächte — oder wir könnten in derselben in gewissem Sinn zur Geltung gelangen: dann aber **gleich** unser Ziel erreichen, **das** können wir nicht. Wenn wir den Montblanc von Genf aus betrachten, erscheint er klein, von Chamonix aus erscheint er unendlich größer, aber wir können uns deshalb nicht seine Spitze herunterholen, sondern müssen uns die große Mühe nehmen, den Berg zu besteigen, um sie zu erreichen. So wird uns nach der Revolution die **Anarchie** in ihrer weitgehendsten ökonomischen Auswirkung als freier Kommunismus nahe erscheinen, aber die eigentliche Anstrengung muß dann erst gemacht werden, so wie man von Genf nach Chamonix zwar langsam ansteigt, die Besteigung aber erst jenseits von Chamonix beginnen kann. Politische Revolutionen mit schnellem Regierungswechsel haben uns verwöhnt, an die schöpferische Macht der Revolutionen zu glauben; Revolutionen mit sozialerer Grundlage wurden stets durch eine Diktatur jäh abgebrochen (Cromwell, Robespierre und Bonaparte, Lenin). Wir kennen daher das eigentliche Wesen revolutionärer Entwicklung sehr wenig und müssen auch unsere Beurteilung all dieser Verhältnisse auf die richtige technische Höhe bringen. Hypothese und Gefühl allein genügen hier nicht.

## XXIII.

Alle menschlichen Verhältnisse, die heute als unbefriedigend empfunden werden, würden in einer vom ökonomischen und staatlichen Druck befreiten Gesellschaft neue Entwicklungen erfahren, die wir nicht voraussehen können. Deshalb ist es eine ganz müßige Beschäftigung, sich bereits heute über das mehr oder minder von **Individualismus** oder **Soziabilität**, von **Organisation**, soweit sie technisch zweckmäßig ist, oder in der **Autonomie** vor allem Befriedigung findender gänzlich bindungsloser Handlungsweise den Kopf zu zerbrechen. Vollends ist es zwecklos, schon heute Parteigänger in diesen Dingen zu werden und die künftigen, hoffentlich nur geistigen Kämpfe auf diesen Gebieten, die nicht fehlen werden, bis hinreichende Erfahrung gewonnen und ins allgemeine Bewußtsein gedrungen ist, schon jetzt unter uns zu kämpfen, während der gemeinsame Feind noch aufrecht dasteht. Können wir einer ferneren Zukunft Richtlinien diktieren? Diese Zukunft wird unsere permanenten Disputationen entweder absolut ignorieren — genau so, wie wir die scholastische Polemik vergangener Jahrhunderte und meist bereits die Rede oder Zeitung von gestern ignorieren, — oder wir tragen, wenn die Polemik weitergeht und sich vererbt, dadurch Konfliktstimmung, Gereiztheit, Aufgeregtheit in eine hoffentlich vernünftigere Zeit hinein, die dann entweder zu faktischem Kampf mit den bekannten Mitteln der Tsche-ka und anderer führen — oder man erklärt doch einmal einen **geistigen Frieden**, eine **Amnestie** im inter-sozialistischen, inter-anarchistischen Krieg und dann war der ganze Lärm vergebens.

Wir müssen uns daran gewöhnen, **uns aller Nuancen unsrer Ideen so zu erfreuen**, wie wir die verschiedenen Nuancen einer reichen Rosen- oder Hyazinthenflora willkommen heißen, wie uns alle Blumen einer Wiese, alle Bäume und Vögel des Waldes, alle Vielheit in der Natur erfreuen. Es ist grenzenlos trostlos, daß der autoritäre Fanatismus, der nur **ein Dogma** kennt, das Sektenwesen, die engstirnige Gesinnungseinseitigkeit und -rivalität, in den sozialistischen Bewegungen von Anfang an wüten, wie vordem in den Religionen und jetzt auch in den Nationalitäten. Auch in den anarchistischen Reihen wütet diese Intoleranz, die kein Pochen auf die Gesinnungstüchtigkeit, Liebe zur eigenen Idee und Partei usw. bemänteln und entschuldigen kann. Denn es gehört wirklich viel dazu und es ist ein Zeichen weltfremder geistiger Isolierung, sich einzubilden, daß man im Besitz der alleinigen Wahrheit wäre. Das glaubten oder redeten sich ein alle religiösen Fanatiker, alle expansionistischen Patrioten, und dehnten dann mit Feuer und Schwert die Macht ihrer Kirche, ihres Landes aus. Eine Gewaltherrschaft kann sich auf diese Weise verbreiten; da wir eine solche nicht errichten wollen, haben wir mit fanatischer Intoleranz nichts gemein.

Man war übrigens in den Jahren des **kollektivistischen Anarchismus** der Internationale der wirklich freiheitlichen und weitherzigen Ansicht, daß in der freien Gesellschaft der Verteilungsmodus der Produkte eine innere Angelegenheit der Gruppen sein werde, sodaß Retribution nach der Leistung, gleiche Retribution, direkter Austausch und freier Genuß, neben andern Kombinationen, nebeneinander bestehen könnten, bis die Erfahrung neue Wege weist. Ebenso wird man in den vielen Briefen, durch die **Elisée Reclus**, selbst der überzeugteste kommunistische Anarchist, noch zu uns spricht, nur schöne Duldsamkeit gegen andere Auffassungen und Freude an jedem, auch noch so geringen Fortschritt finden. Seit damals hat sich manches geändert; man glaubte, im Besitz genau festgelegter Wahrheiten zu sein und errichtete Grenzen gegen andere Auffassungen, die man dadurch nicht beseitigte oder verstummen machte, sondern nur erbitterte, sodaß auch ihre Anhänger sich seitdem immer einseitiger entwickeln.

Wir sind alle Kinder unserer Zeit, die tausendfach auf uns zurückwirkt. Das relative Gleichgewicht liberalen Strebens in den großen Ländern Europas in den Sechzigern spiegelt sich in der Internationale wieder, die damals möglich wurde. Kaum war Europa durch den Krieg von 1870-71 und seinen Ausgang in zwei unversöhnlich feindliche Ländergruppen gespalten, spaltete sich die Internationale auf ähnlicher Grundlage und der Anarchismus von 1870 bis 1914 markierte diese Scheidung immer deutlicher. Innerhalb desselben spaltete man sich später weiter und steht sich geringschätzend gegenüber – Organisation, Individualismus sind hier die Schlagworte des Kampfes. Durch die autoritäre Eiszeit, die 1917 für Rußland kam und Europa bedroht, weht auch ein eisiger Hauch aus manchen anarchistischen Äußerungen der letzten Jahre, Versuchen von Absperrung durch Programme, Parteibildung usw. Wenn wir nicht größere innere Kraft und Festigung besitzen, werden wir so der Spielball der jeweilig herrschenden reaktionären Strömungen.

**Eine** Ursache solcher Exklusivitätstendenzen liegt jedenfalls in der persönlichen Verschiedenheit der einzelnen Vertreter der Anarchie, die grade durch ihre Vielseitigkeit ein die Bewegung stärkender Faktor sein sollte. Nicht jeder will und kann sich mit gleicher Intensität an der Bewegung beteiligen; wer dies intensiv tut, verliert oft manche Illusionen und wird Routinier. Viele besitzen die Entsagungskraft, nur für das Endziel zu arbeiten; andere wollen selbst etwas mitmachen, sich selbst möglichst "frei ausleben", und sie nehmen den direkten Kampf gegen die Gesellschaft auf eine Weise auf, die sie wieder unter sich aufs äußerste differenziert. Der eine opfert sich direkt, andere wünschen wieder grade dem Opfer durch Schlauheit zu entgehen und führen einen notwendigerweise verborgenen Kampf, der dann oft ganz ihre Privatangelegenheit wird. So stehen die denkbar sozialsten Menschen neben solchen, die zu einem Individualismus von nur noch wenig sozialer Art gelangt sind, und von letzteren entwickeln sich manche zu einem vulgären Egoismus zurück. Jeder macht nun leider aus seiner eigenen Handlungsweise, die sein Temperament, sein Milieu usw. bestimmen, eine größere oder kleinere Theorie und glaubt allein im Recht zu sein. Hier hilft aber **weder** Abgrenzung **noch** Promiskuität, die beide mehr schaden als sie je nutzen könnten, sondern nur die ganz natürliche Auswahl, die jeder anständige Mensch unter den Menschen trifft, die ihn umgeben: er läßt sich keinen als Freund oder Genossen aufzwingen und sieht sich seine Leute an. Hiermit ist alles gesagt.

Man darf von niemand mehr verlangen und erwarten, als er selbst gern tut, und jede Sprache hat als Spruchweisheit ausgeprägt, daß man ein Geschenk nicht kritisiert. Das Kriterium ist die **soziale** oder **antisoziale** Veranlagung und Handlungsweise eines Menschen, und **Reziprozität**, volle Gegenseitigkeit, ist der Ausdruck sozialen Wesens. Wem der freie Kommunismus etwa deshalb gefiele, weil er viel zu genießen und wenig zu arbeiten wünscht, der ist antisozial und gehört zum heutigen System. Der Individualist, der jede Gemeinschaft zurückweist, aber eine volle Gegenleistung gibt und erwartet, gehört zu uns. Individualist und Egoist sind also leicht zu unterscheiden; ersterer handelt nach gerechter Gegenseitigkeit, der letztere wünscht das Maximum von Vorteil durch ein Minimum von Leistung zu erlangen: seinesgleichen haben den Kapitalismus und den Staat ins Leben gerufen und gehören zu ihnen als Ausbeuter und Parasiten. In der freien Gesellschaft wird der Individualist willkommen sein, um die Opfer der heutigen Routine und Einförmigkeit durch sein Beispiel aufzurütteln, und der freie Kommunist, um ihnen das Beispiel reinster Solidarität zu geben, während der Mutualist die gerechte Gegenseitigkeit praktisch demonstriert. Daß all diese Richtungen der Anarchie, von denen jede der Menschheit so viel Gutes zu bringen hat, noch immer theoretisch zerzankt und praktisch verfeindet oder sich ignorierend dahinleben, ist wahrlich eine Schande und Spott. Wo könnten wir sein, wenn nicht, statt der Menschheit Tor und Türen zu öffnen, um zu uns zu kommen, jede Richtung am liebsten nur eine programmatisch und organisatorisch umgürtete Öffnung von der Größe eines Nadelöhrs offen ließe und erwartete, daß die Menschheit durch dieses Nadelöhr zu ihr, der Anarchie, käme! Unsere prachtvolle, weltbefreiende Idee schaltet sich dadurch selbst aus dem Leben der Gegenwart aus und müßte beginnen, diese Beschränkungen von sich zu werfen.

**Organisation, Individualismus** usw. werden sich also in der freien Gesellschaft den **dann** vorhandenen Kräften, Richtungen, Wünschen, Verhältnissen usw. entsprechend entwickeln, die uns nicht näher bekannt sein können.

Dasselbe betrifft das künftige **sexuelle Leben**. Wir können nicht wissen, wie wirklich freie Menschen über sich in dieser Hinsicht verfügen werden. Auf diesem Gebiet ist ungeheuer viel nachzuholen, da von der Urzeit an in diesen Dingen Willkür und Gewalt entschieden und zur Stütze derselben die ganze männliche und weibliche Mentalität deformiert wurden und es zum allergrößten Teil noch sind. Hier fehlt noch so viel an wirklicher Gleichheit, daß Freiheit allein nur wieder zur Willkür würde, weil sich eben Stärkere und Schwächere gegenüberstehen und unter solchen Verhältnissen von Freiheit keine Rede sein kann. Das Gleichheitsstadium, das nichts weniger als erreicht ist, kann nicht übersprungen werden und wie sich auf seiner Grundlage die Freiheit gestalten wird, wissen wir ja nicht.

Daher ist das Vorwegnehmen eines Freiheitszustandes in Theorie und Praxis, solange ihm kein Gleichheitszustand zur Seite steht, etwas sachlich sehr Unwesentliches und ist analog dem geistigen Schwelgen in einem freikommunistischen Zustand, dessen Grundlagen eben noch fehlen und der erst mühsam wird erreicht werden müssen (s. Kapitel XXII). Theorien hierüber sind beim Mangel an Erfahrung nur Wünsche und Vermutungen und praktische Betätigung kann alle Grade sozialer oder antisozialer Aktion annehmen, das heißt, auf bereits begründeter möglichster Gleichheit kann die schönste soziale und persönliche Freiheit erblühen, oder bei fehlender Gleichheit kann ein sehr einseitiger, anti-sozialer, egoistischer Genuß daraus werden, dem auf der andern Seite Opfer gegenüberstehen. Der wirkliche Mann und die wirkliche Frau werden sich in diese Dinge weder heute noch später etwas dreinreden lassen und zu solcher Selbständigkeit sollten wir anregen, nicht aber uns um jeden Preis als theoretische und praktische Ratgeber betätigen. Wenn sich hier viele Anarchisten in gradezu unglaublichem Umfang neo-malthusianisch spezialisiert haben, so mag das ihr gutes Recht sein, aber diese Tatsache sollte für alle andern ein Ansporn sein, der Bewegung auf vielfache andere, nach meiner Auffassung wesentlichere Weise erst recht zu helfen, damit diese Ungleichförmigkeit ausgeglichen wird und die Menschheit möglichst viel Gelegenheit hat zu erfahren, daß es neben Neo-Malthusianismus und sexuellen Spitzfindigkeiten doch noch andere Ideen gibt, die den Anarchisten am Herzen liegen.

Die **Erziehung** in einer freien Gesellschaft würde derselben Aufgabe gegenüberstehen, wie die Erziehung in allen Zeiten: menschlichen Wesen niedrigen Alters, denen Kräfte, Kenntnisse, Erfahrung noch fehlen, die zur Selbsterhaltung durch Arbeit noch unfähig sind, deren Gehirn eine sich in späteren Jahren vermindernde große Aufnahmsfähigkeit, aber eine noch über kein Vergleichsmaterial verfüge, also kritisch ungeübte Urteilskraft besitzt, und die von ihrem Milieu stark beeinflußbar sind, — solchen unfertigen Wesen also sozial-nützliches Erfahrungsmaterial auf die zweckdienlichste Weise mitzuteilen.

Hier ist also aus allen Wesen gemeinsamen physischen Gründen Gleichheit nicht vorhanden und volle Freiheit ist daher unmöglich, aber das Ziel ist, das Kind zur geistigen Mündigkeit heranzuziehen, die es dem Erwachsenen gleich macht, worauf es dann die Freiheit des Erwachsenen teilt. Deshalb muß diese Freiheit graduell mit der Gleichheit wachsen: das Kind wird dem Lehrenden geistig gleicher und erwirbt dadurch ein steigendes Recht auf Freiheit. Die Erziehungsarbeit ist also notwendig, da ein seiner Freiheit formell preisgegebenes Kind eben in der Lage eines hilflos ausgesetzten Kindes wäre, das zugrundeginge. Dem Kind wird also geholfen, wie einem Schwachen, bis es selbst später einer kommenden Generation ähnlich hilft.

In der freien Gesellschaft werden neue Wege gefunden werden, die verschiedenen Erziehungsmilieus – häusliche und öffentliche Erziehung und kameradschaftliches Kindermilieu und Selbststudium – zweckmäßig und vielartig zu kombinieren und Neues dazu zu finden. Niemand weiß, welche Richtung dies im allgemeinen nehmen wird, und, wie heute und immer, wird vielerlei **nebeneinander** bestehen. Viele Familien werden sich die häusliche Erzeihung ihrer Kinder nicht nehmen lassen und das Kind würde dadurch meist mit einer Liebe, Sorgfalt und Abwesenheit mechanischer Autorität umgeben, die keine öffentlche Erziehung erreicht. Letztere kann aber unendlich viel mehr leisten als heute, allein durch Vermehrung der Lehrkräfte, eine Angleichung des Schulunterrichts an den häuslichen Privatunterricht, wodurch ein reichlicheres Lehrziel schneller erreicht und die Ausbildung individualisiert würde. Was der durch Kameradschaft geförderte Unterricht leisten kann, wissen wir noch gar nicht und das Selbststudium, das dem Schulzwang und den Routineerfordernissen der Lehrpläne gegenüber sich heute nur selten entwickeln kann, würde dann zu voller Geltung kommen. Guter häuslicher Unterricht, von den Eltern begonnen, individualisierender Privatunterricht, intelligent gefördertes Selbststudium und einige durch das kameradschaftliche Leben gewonnene Erfahrung würden wohl einen Erziehungsgang bilden, der sich mit der öffentlichen Erziehung messen kann: daher wissen wir wirklich nicht, welche Methoden sich als die besten erweisen werden und täten hier, wie überall, gut daran, nicht im voraus zu theoretisieren. Auch die experimentelle Pädagogik von heute ist nur ein Herumtasten, das keine die Zukunft bindenden Dogmen schaffen kann und darf.

Das **internationale Leben** der Zukunft kann nicht früh genug auf die festeste Basis gestellt werden und dies sollte, wie im Vorigen mehrfach begründet, bereits längst früher, **hic et nunc**, lieber heute als morgen, angebahnt werden, wozu Anregungen und Anknüpfungspunkte nicht fehlen. Sonst verelendet ein Teil der Menschheit – wie das sich in inneren Krämpfen windende und zuckende Wien und das jetzige Österreich, die nun grade heute (18. Juli) seit drei vollen Tagen von der Menschheit hermetisch abgesperrt und innerem gegenseitigen Zerfressen frivol überlassen sind –, die Menschheit spaltet sich noch mehr und jeder Sozialismus – ohnmächtigen Ausbrüchen zum Trotz, die die übrige Menschheit kaltlächelnd betrachtet – ist im voraus untergraben. Wieviel internationales Leben zur Zeit einer wirklichen sozialen Revolution vorhanden sein wird, ist gänzlich unberechenbar. Die revolutionären Ausbrüche nehmen seit dem Herbst 1917 derart den Charakter von Orgien der Autorität an und zeigen, mangels umfassender, nicht doktrinärer, anarchistischer Propaganda, eine derartige Atrophie jedes Freiheitsgefühls der Massen, daß sie gegenwärtig nur abschreckend wirken und daher keinerlei Ausbreitungsfähigkeit besitzen. Die Zuckungen des 1918-19 zum Tode verurteilten und langsam sterbenden Wien sind international bedeutungslos, aber auch die 9 1/2 Jahre des bolschevistischen Rußlands haben nirgends auf der ganzen Erde Nachahmung gefunden, von den durch besondere Verhältnisse veranlaßten kurzen Episoden in Ungarn und Bayern (1919) abgesehen, und schon das Grollen italienischer und spanischer revolutionärer Bewegungen brachte diesen Ländern nicht die Revolution sondern den Fascismus und den meisten Ländern mehr oder weniger philofascistische Regierungen.

Aber nehmen wir für die hier supponierte Zeit einer gesicherten freiheitlichen Revolution das Beste an. Das Ziel kann nur sein, daß zwischen allen Bewohnern der Erde freundliche Beziehungen bestehen, wie wenn sie eine Familie bildeten und die gesamte Erde deren Wohnhaus und Garten, Feld und Wiese, Werkstatt, Vorratskammer und Studierraum wäre. **Alles gehört Allen** und reelle Gegenseitigkeit, intelligente statistische Beobachtungen, Großzügigkeit, Konzilianz, Pünktlichkeit, Solidarität ermöglichen die Hin- und Herdirigierung der Rohstoffe und fertigen Produkte mit einem Minimum von Kräfteverlust. Hierzu gehören Vertrauen und Gegenseitigkeit, und diese wieder müssen durch den humanitären, freiheitlichen, internationalen Geist und das Aufhören des Parteistrebertums, der Parteirechthaberei, der Prinzipienrechthaberei, des zänkischen Treibens überhaupt, wie ich sie im Vorigen besprochen habe, vorbereitet werden — etwas, das wirkliche Bemühungen erfordert und durch die üblichen Internationalismusbeteuerungen bei fortdauernder nationalistischer Mentalität nicht ersetzt werden kann. Will man das schöne Ziel erreichen, muß man sich in jeder Hinsicht wesentlich mehr Mühe geben.

Übrigens werden wohl in beinahe schon absehbarer Zeit die gesteigerten Transport- und Verkehrsmöglichkeiten, Kraftübertragung, Television und ähnliches alle Teile der Erde derart eng verbinden, daß die heutigen kleinen nationalen Wirtschaftsgebiete als veraltete Zwergmaschinen erscheinen werden, die von großen Wirtschaftsmaschinen, in manchen Fällen von einer einzigen Erdmaschine ersetzt werden, wo es technisch zweckmäßig ist: auf einer solchen Grundlage erst könnte sich das lokale Leben natürlich entfalten, während es jetzt hier prosperiert und daneben darniederliegt.

Alle werden diesen Zustand freilich nicht mehr erleben, denn der 1918-19 in Mitteleuropa nach-Krieg-siegreich gewordene Nationalismus wird einige Opfer ganz eliminiert haben, zunächst das heutige Wien, das seine Machthaber im Zeichen der Sozialdemokratie seit drei Tagen von Europa durch den Verkehrsstrike abgesperrt halten, nachdem der Kommunismus mit fascistischer Brandstiftung einen Tag darin gewütet hat, während an den Grenzen, die sehr nahe sind, nachbarlich-feindliches Militär zum Einmarsch bereitgehalten wird. Trotzdem träume ich heute (17. Juli) in dieser Hölle von der einst kommenden **internationalen freien Gesellschaft**. Aber ich sage auch ganz ruhig, daß vorläufig das Gegenteil von allem, was ich wünsche und hier zu begründen versucht habe, **wahrscheinlicher** ist: es wird nichts von allem geschehen, man wird sich weiterzanken oder der alten Routine weiterfolgen und es ist unwahrscheinlich, daß sich an all dem etwas ändert, denn die Zahl derjenigen, die Einsicht, guten Willen und Energie haben, ist wirklich heutzutage zu gering und alle andern leben auch so dahin und finden irgendwie im Privatleben Unterhaltung und Trost. Es ist ihnen noch immer am bequemsten, dem Staat seine Steuern, wenn es sich nicht umgehen läßt, hinzuwerfen, den Gesetzen nach Möglichkeit auszuweichen, sich bei der Arbeit, wo es geht, nicht besonders anzustrengen oder zu drücken und so unscheinbar dahinzuleben und sich in den freien Stunden zu amüsieren. All dies tun auch die Millionen, die gelegentlich sozialistisch wählen; die Hunderttausende bewußter Sozialisten haben dazu noch die Parteigeschäftigkeit und auch die meisten Vorgeschritteneren machen es nicht viel anders. **Damit** hebt man kein kapitalistisches System aus den Angeln und erweckt nicht die Menschheit zum Sturz der Knechtschaft. **So** bleibt man nur eine Begleiterscheinung, die aufgeregte Kommentare zu den Ereignissen gibt und sich einredet, in Sehnsucht nach einem großen Ziel zu leben, während in Wirklichkeit die Jahre vergehen und doch nichts Rechtes geschieht. Will man, daß dies anders wird, muß man **die freiheitlichen Bewegungen erweitern und vertiefen**, sonst bleibt man liegen, wie man sich gebettet hat.

## XXIV.

Durch das in den Kapiteln dieser Schrift Angeregte will ich keine der üblichen Methoden herabsetzen oder auch nur kritisieren, auch wenn ich sie manchmal mit dem Sammelnamen Routine bezeichne. Ich habe mich seit vielen Jahren – es sind jetzt 46 – über jede ihrer Tätigkeitsarten nur gefreut und zwar auch über solche, die nicht jeder ungetadelt ließ. Ich sagte immer: es ist übergenug Platz da für jede Art der Betätigung, und ebenso beurteilte ich das früher Geschehene nach möglichst guten Quellen und hatte auch Sympathie für die freiwilligen, außerstaatlichen Bestrebungen der verschiedensten Art (s. Kapitel VI und VII).

Ich glaube nun seit längerer Zeit zu sehen, daß der Fortschritt unserer Ideen ein unverhältnismäßig geringer ist und daß schon lange vor 1914 und wie erst seit 1914 und 1918 die autoritären Strömungen aller Art rapid zunehmen. Nach dem Kriegsende erwartete ich naiverweise eine Wiederbelebung des freiheitlichen Geistes, aber dies war wohl nach den Kriegsjahren objektiv nicht möglich und außerdem führte die kritiklose Bewunderung des bolschevistischen Staatsstreichs zu wahren Autoritätsorgien des Sozialismus und es dauerte lange genug, bis sich klare anarchistische Stimmen dagegen erhoben. Gegen den auf die Spitze getriebenen Nationalismus erhob sich sogar bis heute keine anarchistische Stimme: man sieht wohl, daß die neuen Staaten so schlecht oder schlechter als die alten sind, aber man gönnt doch jedem Volk von Herzen seinen Nationalstaat und so verbrennt man sich an dem ganzen Problem nicht die Finger. Manche sagen, daß selbst der jetzige Zustand der Bewegungen schon anzuerkennen ist, da in so trauriger Zeit auch ihr fast vollständiges Versickern möglich gewesen wäre. So resigniert bin ich nun nicht gewesen und ich habe deshalb versucht, die Möglichkeiten größerer Ausdehnung der freiheitlichen Bewegung zu besprechen. Denn ich kann mir bei aller Hochachtung für die tägliche anarchistische Kleinarbeit wirklich nicht vorstellen, daß die Menschheit zu uns kommen und sich die Anarchie aus den paar Gruppen, Versammlungen, Zeitschriften, Broschüren und Büchern holen werde. Nein, **wir müssen zur Menschheit gehen und alle Keime des Freiheitswillens in ihr** intelligent und ausdauernd **zur Entfaltung zu bringen suchen** und ihr unser Ideal auf die vielfachste Weise näher bringen. Nicht als Programm noch durch rhetorische Diktatur, sondern klug und sinnreich, auf das wirkliche Leben angewendet, die mehr oder weniger trostlose Lage und alle freiheitlichen Möglichkeiten, Hoffnungen, Ausblicke usw.: dann werden wir bei manchem einem Interesse begegnen, das Doktrinarismus, zu summarische Kritik und Aufregung nicht erwecken können. An Gegenständen fehlt es nicht; wir müssen bloß selbst verstehen, sie freiheitlich durchzudenken.

So wie ich kein revolutionäres Mittel verwerfe — ohne sie hierdurch anzupreisen, was, da ich sie nicht selbst anwende, geschmacklos wäre —, schätze ich auch keine Reform gering. Das Leben der Volksmassen ist ein so hartes und sie sind von so vielen Errungenschaften der Zivilisation so gut wie ausgeschlossen, daß nur herzenskalter Doktrinarismus ihnen zumuten könnte, auf irgendeine Verbesserung ihrer Lage deshalb zu verzichten, weil eine Reform doch keine vollständige Erfüllung ihrer Wünsche bringe. Ebenso beleidigt man nur den Verstand und das Gefühl der Massen, wenn man behauptet, daß Reformen sie nur zufrieden machen oder gar gleich korrumpieren. Soweit Reformen wirklich die Massen berühren und nicht etwa von der sozialistischen Bureaukratie zur Erhöhung ihrer eigenen Machtstellung benutzt werden, führen sie aus dem Elendstadium heraus, das überhaupt unbefangenes Denken ausschließt, und nun ist die Möglichkeit da, wirkliches Freiheitsgefühl zu erwecken, wenn zielbewußte Mühe darauf verwendet wird. Dies wird in steigendem Grade eine dringende Notwendigkeit, wenn wir den geistigen und moralischen Bankrott des **autoritären Sozialismus** sehen, dem Millionen ihr Schicksal anvertrauen. Von 1914 (Krieg) und 1917 (Bolschevismus) und den Wirren in Zentraleuropa bis zum 15. Juli 1927 (Wien) stehen wir der sozialdemokratischen und kommunistischen Unfähigkeit gegenüber, in einer Reihe der verschiedensten Situationen, mit Massen und materieller Macht (dem Produktionsapparat eines großen Landes, bewaffneter Macht, Millionen von Stimmen, zahllosen Mandaten und Ämtern, Gemeindeverwaltungen, allgemeinem Streik, widerstandslosem Verkehrsstreik, großen öffentlich organisierten Parteischutzformationen, vielfach weitgehendster Rede- und Pressfreiheit, Riesengewerkschaften mit manchmal ausschließlicher Geltung in großen Betrieben), Betriebsräten, fügsamen Massen, deren Leidenschaften die Partei wie eine Klaviatur dirigiert und die für die Partei wohl mehr Blutopfer brachten als das Jahr 1848 kostete, usw.) . . . Nun all diese sich darbietenden, in den Schoß fallenden Gelegenheiten und Möglichkeiten — was brachten sie hervor? Stets und immer ein leeres nichts, das heißt etwas, an das der wirkliche Sozialismus nicht anknüpfen kann, etwas, das manchmal die Führer in sehr angenehme Verhältnisse bringt, die Massen aber immer unfrei, elend und vor neuen Opfern stehend läßt. Was hätten nicht freiheitlich fühlende Massen in all diesen Situationen anstreben, vielleicht auch erreichen können? Aber auch nur der Gedanke daran ist diesen Massen ungewohnt; es wird für sie von der Partei gedacht, wie die Kirche für den Gläubigen denkt. So spielen sich all diese Kämpfe nicht nur nutzlos ab, sondern sie lassen die große Idee des Sozialismus im denkbar entstelltesten Licht erscheinen, und daß es noch und immer einen **freiheitlichen Sozialismus** gibt und gab, das wissen viele Menschen heute schon gar nicht mehr: sein Wort dringt nicht in erheblichem Grade an die Öffentlichkeit.

Wie viel hätten wir also den Massen zu sagen, die im **Gehorsam** gegen die Partei dieselbe höchste Pflicht sehen, wie einst einfache Gemüter im Gehorsam gegen den Katechismus und den König! Was wissen sie von der "freiwilligen Knechtschaft", die sie so recht verkörpern, der untrennbaren Hauptstütze der Autorität; denn der Gehorchende ist der Mitschuldige des Befehlenden. Man lehrt sie die Verantwortungslosigkeit der nur Gehorchenden, was die oberste Regel des Militarismus und der bureaukratischen Hierarchie sein muß, die eben einen geschlossenen autoritären Apparat zu bilden bestimmt sind, was aber aus den Köpfen des zur Selbstachtung gelangten Teils der Menschheit heraus muß — oder es bleibt immer alles beim alten. Noch immer baut der Arbeiter die Kerker und schmiedet die Ketten, noch immer gießt er Kanonen, baut Kriegsschiffe, hilft Lebensmittel fälschen und schlechte Ware anpreisen und noch hörte man nicht, daß die von den Chemikern aller Länder zu ihrer Schmach und Schande erfundenen Giftgase auf die Laboratorien beschränkt blieben, weil die chemischen Arbeiter ihre Massenherstellung verweigerten. Noch immer bereiten sich Kriege immer drohender vor, werden Waffen und Kriegsmaterial immer massenhafter angehäuft, ohne daß die Waffen- und Waffentransportarbeiter — oblgleich ihnen die Möglichkeit solcher Handlungsweise längst sehr gut bekannt ist und die ganze Welt ihnen zujubeln würde, wenn sie es täten — ihre Dienste je ernstlich versagten. Solange also unzählige Arbeiter selbst die gehorsamen Mithelfer der Staaten und des Kapitalismus sind und bleiben, **können sie nicht erwarten, frei zu werden.**

Denn es ist doch zu naiv, sich die Entstehung einer neuen Gesellschaft etwa so vorzustellen, daß z.B; der Transportarbeiter von 8 − 12 der Reaktion Waffen zuführt gegen das Volk und dann, wenn die Revolutionäre die Oberhand haben, von 2 − 6 diesen Waffen zuführt gegen die Reaktion. So gemütlich geht es zu, wenn eben keine wirkliche Revolution stattfindet und z.B. der Beamte am Vormittag schreibt: im Namen des Königs, und am Nachmittag seelenruhig schreibt: im Namen der Republik ... So war es ja wirklich und am 15. Juli 1927 in Wien ergaben sich z.B. folgende Situationen: die Strafgefangenen rüttelten an den Kerkertüren und hofften, von den Arbeitern befreit zu werden, während die Gefängniswache zum Proteststreik abzog, aber die Kerker wohlversperrt zurückließ. Oder die sozialdemokratische Presse mußte konstatieren, daß unter den von den Arbeitern im glühenden Rachekampf erschlagenen Polizisten sich mehrere Mitglieder der sozialdemokratischen Polizeigewerkschaft befanden ... Solange da moralisch alles drunter und drüber geht und jeder am alten System so lange möglichst sicher haftet, bis er glaubt sich eben so sicher dem neuen System anhaften zu können, wird sich nichts wesentliches ändern: einige werden immer ein Opfer bringen, aber die Masse wird in dieser moralischen Stumpfheit verharren und dann eben **aus einer Autorität unter eine andere gelangen und unfrei bleiben.**

Theorien helfen da nicht; aber durch individualisierende Behandlung sie endlich den Wunsch erwachen sehen, wirklich frei zu werden. Mit viel Geduld und gutem Beispiel und ohne Tadel der Vergangenheit müßten Interesse, Energie, Initiative erweckt werden. Dann erst sind weitere Fortschritte möglich. Wir müssen also die schrecklich simplistischen Methoden aufgeben, durch die eben grade die jetzt vorhandene und wahrlich nicht übergroße Mitgliederzahl unserer Organisationen aus den vielen Millionen herausgezogen wurde und nicht mehr ....

In diesem Sinn also wünschte ich die zu sehr eingeschränkte Sphäre des heutigen **Anarchismus** erweitert zu sehen, da das Mißverhältnis zwischen der menschenbefreienden Idee der Anarchie und ihrer, heute allerdings durch schwere Verhältnisse ganz besonders eingeengten, Verbreitung ein zu großes ist. **Der gesunde Keim ist da**, aber auch der gesündeste Keim bedarf günstiger Entwicklungsverhältnisse und diese, die **Eugenetik der Anarchie also**, zu schaffen, kann durch diese Skizze gewiß nicht erreicht werden, sollte aber durch sie wenigstens angeregt und zur Diskussion gestellt werden.

13. Juni – 19. Juli 1927.

## Anstelle von Anmerkungen

Wer — in einschlägigen „kritischen Editionen" durch diese Art von Kompliment an den Leser verwöhnt, — bis hierhin auf der Suche nach Erläuterungen oder Anmerkungen („Karl Marx — dt. Philosoph, der 1818 einen irdischen Verdauungsprozeß antrat und sich 1883 überlebte.") geblättert hat, soll das doch nicht ganz umsonst getan haben und füglich hier eine Erklärung finden, warum wir bei diesem Text, und wie, anders verfahren.

Daß Nettlau sich für eine „Erläuterung" gerade dieses Textes nicht unbedingt bedankt und im Ergebnis mehr eine Karikatur als angemessene Edition gesehen hätte, halte ich nach ein wenig Beschäftigung mit ihm und seinem Werk für mehr als wahrscheinlich — das mag für einen müden Vorwand halten, wer in der chemischen Analyse jedes Furzes eines Autors einen Service am Leser sieht. Natürlich weiß auch dieser Herausgeber, daß über die Auffassungen und Standpunkte eines lange verstorbenen Autors sich hinwegzusetzen nicht nur ziemlich risikolos ist: die Einspruchsmöglichkeiten des Betroffenen sind beschränkt, sondern heute schon eine eher vornehme Pflicht ist, um so mehr, wenn es jahrelange öffentliche Förderung zu rechtfertigen gilt. Von diesem lästigen Zwang — das ist zu gestehen — war ich allerdings frei. Dennoch wäre mir wohler, könnte ich auch ausschließen, daß der Hauptgrund für den Verzicht auf eine so ehrenwerte Betätigung die ein wenig schnöde Überlegung war, daß bei konsequenter Annotation der Umfang des Buches um mehr als die Hälfte gestiegen wäre — mit entsprechend unangenehmen Konsequenzen.

Ein kleiner Ausgleich soll aber doch geschaffen werden, und darum hier die Nachschlagewerke genannt werden, in denen selbst der Herausgeber direkte oder — durch Verweise — indirekte Antworten auf alle (ihm) möglichen Fragen finden konnte.

Soweit es um Allgemeinhistorisches geht, läßt sich mit dem von Theodor *Schieder* herausgegebenen „Handbuch der europäischen Geschichte" erstaunlich weit kommen — einschlägig sind hier Bde. 5-7 (Stuttgart: Klett 1968-1981);

Für Sozialistisches und die meisten in diesem Zusammenhang genannten Personen möchte ich zuerst auf die unter der Leitung von Jacques *Droz* publizierte „Histoire générale du Socialisme" (4 Bde., Paris 1972-1978) verweisen, die auch deutsch erschienen ist: „Geschichte des Sozialismus", Bd. I-XV, Frankfurt/M.–Berlin–Wien: Ullstein 1974-1979.

Weiter G.D.H. *Cole*, „A History of Socialist Thought", London: Macmillan 1953-1960, 5 in 7 Bdn.

Für alles Anarchismus, aber auch allgemeiner Sozialistisches Betreffende ist als erster Griff der zu Nettlaus eigener, in der Einleitung erwähnten „Geschichte der Anarchie" zu empfehlen. Für Personen und Zusammenhänge, die in den bisher genannten Werken nicht oder jedenfalls nur mißverständlich kurz Erwähnung (und weiterführende Hinweise) finden, sind zwei Bände der „Dokumente der Weltrevolution" von Nutzen, und zwar Bd. 1, „Die frühen Sozialisten", hg. von Frits *Kool* und Werner *Krause*, Olten: Walter-Vlg. 1968, und Bd. 4, „Der Anarchismus", hg. und eingeleitet von Erwin *Oberländer*, ib. 1972. Darüber hinaus soll hier nur noch auf ein paar Titel zu Themen hingewiesen werden, die in allem bisher Genannten keine Berücksichtigung finden, die aber zum Hintergrund der „Eugenik" wesentlich und auch im Text angesprochen sind.

Für die Gartenstadtbewegung möchte ich hier nur das grundlegende Werk vom Initiator der Bewegung nennen, das in deutscher Übersetzung vorliegt und in der zuletzt publizierten Ausgabe auch ein die Geschichte der Bewegung resümierendes und weiterführende Hinweise gebendes Vorwort enthält: Ebenezer *Howard*, „Gartenstädte von morgen. (Tomorrow)." Das Buch und seine Geschichte, hg. von Julius *Posener*, Berlin–Frankfurt/M.–Wien: Ullstein (1968).

Die gelegentlich angesprochene „Plattform" ist die von russischen Emigranten (Arschinow, Machno) publizierte „Plate-forme organisationnelle des communistes libertaires", Paris, Juni 1926; s. daneben „Supplement à la Plate-forme d'organisation de l'Union générale des anarchistes. Questions et réponses", Paris, November 1926, und die dagegen gerichteten Polemiken und Diskussionsbeiträge, die alle in deutsch nur in einer zeitgenössischen Übersetzung in einer anarchistischen Zeitung vorliegen, in „*Der Freie Arbeiter*", Berlin Jge. 1926-1927. Zu den im Text immer wiederkehrenden Hinweisen auf anarchistische Pädagogen gibt es — mit der Ausnahme von Tolstoi und Ferrer — nicht viel deutschsprachige Literatur; genannt seien allgemein Joel *Spring*, „A Primer of libertarian education", New York: Free Life, (1975), deutsch „Erziehung als Befreiung", (Wilnsdorf-Anzhausen: Winddruck Verlag (1982); William *Archer*—David *Pool*—Pierre *Ramus*, „Francisco Ferrer. Über den Begründer der anarchistischen Modernen Schule", ib. (1982), und *Ferrers* „Die Schule", 2. erw. und verbesserte Auflage, Berlin: Karin Kramer Verlag 1975.

Schließlich sei noch zu weiteren Pädagogen, die Nettlau mehrfach nennt und die historisch von einiger Bedeutung sind — über die aber in deutsch nichts vorliegt — einiges angeführt:

Gabriel *Giroud*, „Cempuis. Education intégrale — Coéducation des sexes", Paris: Schleicher frères 1900; ders., „Paul Robin", Paris: Mignolet & Storż (1973); Jeanne *Humbert*, „Une grande figure. Paul Robin (1937-1912)", Paris: La Ruche ouvrière (1967); Maurice *Dommanget*, „Les grandes socialistes et l'éducation: de Platon à Lénine", Paris: Colin 1970.

In keiner dieser moderneren Arbeiten (außer in einem späteren, noch unpublizierten Band der „Geschichte der Anarchie") figuriert Henri *Roorda* van Eysinga; da er Nettlau sehr interessierte und in der „Eugenik" mehrfach genannt ist, sollen hier zum Schluß zumindest seine wichtigsten Arbeiten genannt werden (den bisher ausführlichsten Überblick über Leben und Werk gibt Jean *Wintsch* in einem Nachruf in „Plus Loin", Nr. 14: 15 mai 1926, und Nr. 19: 15 octobre 1926); „L'Ecole et l'apprentissage de la docilité", Paris: Librairie de l'Art social 1898; „Mon Internationalisme sentimental", Lausanne: Librairie C. Tarin 1915; „Le Pédagogue n'aime pas les enfants", Lausanne: Impr. réunies 1917; „Les Tendances de l'enseignement mathématique dans les Ecoles secondaires du Canton de Vaud", Lausanne: Imprimerie A. Bourgeaud 1920; und „Avant la grande reforme de l'an 2000", Lausanne—Genève—Neuchâtel etc.: Librairie Payot 1925.

## Zu Titel und Text

Nettlau bezog sich in Briefen und Aufzeichnungen auf diesen im Manuskript als „Eugenetik einer freien Gesellschaft" überschriebenen Text mit einigen wenigen Ausnahmen als „Eugenik der Anarchie" — dem folgen wir in der Betitelung dieses Buches.

Im Text wurden beide Versionen belassen. Überhaupt habe ich in diesen „so wenig wie möglich" eingegriffen; für Nettlau *typische* Alter- und Eigentümlichkeiten wurden beibehalten.

Korrigiert habe ich *gelegentliche* „Rückfälle" in alte Schreibweisen (Tal für Thal, Hilfe für Hülfe). Substantivisch gebrauchte Adjektive werden einheitlich groß geschrieben, obwohl Nettlau sie mehrheitlich klein beginnt, ohne dabei aber in irgendeiner Weise systematisch zu verfahren. Bestimmte Inkonsistenzen allerdings habe ich beibehalten, wenn es mit sinnvoll erschien; daher findet sich etwa Wahlrechtschwärmerei neben Stimmrechtskultus (in diesem Zusammenhang mag es von Interesse sein, daß auch Nettlau gerne seine Zeit den Produkten des Herrn J.P.F. Richter widmete); Rücksichtsnahme neben Rücksichtnahme mag im übrigen für einen Setzfehler halten, wer nicht anders kann.

Die Zeichensetzung folgt grundsätzlich dem Manuskript; nur sehr selten (für Statistiker: ein knappes Dutzendmal) wurde zugunsten grösserer Übersichtlichkeit ein Komma eingefügt, dabei aber sorgfältig darauf geachtet, daß nicht auch nur irgendwie mögliche Sinnbezüge abgeschnitten bzw. die typische Nettlausche Sprachmelodie gestört wurde: Nettlautexte fordern andere Lotsen als Herrn Duden.

Alle **Hervorhebungen** im Text gehen auf den Autor zurück.